同济英烈

李昂题

英烈精神
永垂不朽

李国豪

一九九七年四月廿七日

继承英烈遗志，发扬同济光荣革命传统！

吴君迪
九七.五.

同济英烈

（第二版）

同济大学档案馆（校史馆）编著

同济大学出版社

内 容 提 要

在追求民族独立、人民解放的斗争和社会主义建设过程中，一批批同济人为挽救国家危亡、维护人民利益，英勇地献出了自己宝贵的生命，为新时代同济人留下了大量可歌可泣的历史故事和不屈不饶的精神传统。本书以大量的档案史料为依据，以英烈事迹为主题，兼顾可读性需求，通过文字和图片相结合的方式，详细介绍了同济历史上二十五位烈士的学业生涯、革命历程和英雄事迹，彰显了同济先烈们与国家同呼吸、共命运的感人故事和深厚的爱国情怀，讴歌了同济人坚韧不拔、敢于奉献的豪迈壮举。同济大学档案馆（校史馆）通过前期研究所取得的编研成果，在对原有英烈人物进行素材完善、文字修订和图片补充的基础上，挖掘、新增了部分英烈人物和事迹，使对英烈人物事迹的描述和介绍更加完整、翔实，可读性也更强。

图书在版编目(CIP)数据

同济英烈 / 同济大学档案馆（校史馆）编著.—2版.—上海：同济大学出版社，2021.6

ISBN 978-7-5608-7176-9

Ⅰ. ①同… Ⅱ. ①同… Ⅲ. ①革命烈士—生平事迹—中国—现代 ②同济大学—校友—生平事迹 Ⅳ. ①K820.6

中国版本图书馆CIP数据核字（2021）第117049号

同济英烈（第二版）

同济大学档案馆（校史馆） 编著

出 品 人 华春荣 责任编辑 翁 晗

责任校对 徐春莲 封面设计 陈益平

出版发行 同济大学出版社 www.tongjipress.com.cn

（地址：上海市四平路1239号 邮编：200092 电话：021-65985622）

经 销 全国各地新华书店、网络书店

排版制作 南京展望文化发展有限公司

印 刷 上海安枫印务有限公司

开 本 710mm × 1000mm 1/16

印 张 15.25

字 数 305 000

版 次 2021年6月第1版 2021年6月第1次印刷

书 号 ISBN 978-7-5608-7176-9

定 价 158.00元

序　贺建党百年　忆英烈忠魂

今年是中国共产党成立 100 周年，百年大党风华正茂。习近平总书记深刻指出，我们党的一百年，是矢志践行初心使命的一百年，是筚路蓝缕奠基立业的一百年，是创造辉煌开辟未来的一百年。回望过往的奋斗路，眺望前方的奋进路，必须把党的历史学习好、总结好，把党的成功经验传承好、发扬好。

1921 年 7 月，中国共产党在上海成立。在党的领导下，在追求民族独立、人民解放的斗争中，在如荼如火的社会主义建设中，在改革开放的伟大洪流中，一批同济人或为挽救国家危亡、或为维护人民利益、或为民族复兴大业，英勇向前、不懈奋斗，奉献了青春乃至生命。他们的英雄事迹，成为同济血脉中红色基因的重要组成部分。

1997 年，在庆祝建校 90 周年之际，同济大学档案馆编写出版了《同济英烈》一书，生动翔实地介绍了同济师生中革命先烈的光辉思想和生平事迹，为同济人留下了宝贵的精神财富。近期，为迎接中国共产党成立 100 周年，在学校开展党史学习教育的过程中，档案馆（校史馆）对同济英烈的事迹进行了进一步整理和挖掘，补充了一些新发现的珍贵史料，并在深入考证的基础上新增了 6 位同济英烈，取得了传承红色血脉的重要成果。经过一年多的精心校编，收录了 25 位英烈事迹的《同济英烈》终于再版面世了。这是学校档案编研和校史研究的一项重要成果，也是党史学习教育的生动教材，更是传承英烈精神、赓续红色血脉的重要载体。在此，我向此书的出版表示热烈祝贺，向所有参与此项工作的同事们表示感谢。

我怀着深深的敬仰之情认真阅读了每一位同济英烈的生平事迹，一个个响亮的名字、一段段热血沸腾的峥嵘岁月重现眼前，深深打动了我。参与五卅运动的反帝先锋尹景伊血洒南京路，气荡同济园；红色诗人殷夫以笔为剑，唤起民众爱国热情；同济地下党支部书记朱觉勤勉工作，首次刻下同济党建浓重印记；郑香山果敢机智奋勇争先，拉响赴京请愿的火车汽笛；刘宗歆不惧危险转战一线，用生命扑灭日本帝国主义散布的鼠疫；郑文道深入虎穴传递百余件重要情报，为反法西斯斗争做出重大贡献；郑太朴、周均时等民主战士与中国共产党肝胆相照，在反独裁斗争中英勇顽强；阎镇家、刘敬光踊跃参加西南服务团，誓死捍卫新生人民政权；李桦深入川藏公路塌方段科考，守护祖国边疆大动脉；陈瑞生舍己救人、绽放青春……在他们身上，深深镌刻着忠诚不渝的信念、无私无畏的担当、舍身为民的坚守、坚贞不屈的品格。天地英雄气，千秋尚凛然！

习近平总书记深刻指出："一个有希望的民族不能没有英雄，一个有前途的国家不能没有先锋。"同济英烈们慷慨激昂的誓言、视死如归的信念体现了同济青年一代对伟大理想的坚定追求，淬炼形成了爱国荣校的光荣传统，树立了崇高的精神坐标，彰显了中华民族生生不息的气节血脉。

站在"两个一百年"的历史交汇点，英烈们的精神必将激励我们进一步弘扬"同济天下、崇尚科学、创新引领、追求卓越"的文化内涵，传承"与祖国同行，以科教济世"的办学传统，为建设中国特色世界一流大学而不懈奋斗！

方守恩

同济大学党委书记

原 序

正值同济大学建校90周年之际，大家所盼望的《同济英烈》一书出版了。这是一项极有意义的成果，值得庆贺。

一个多世纪以来，中国人民为争民主、求解放，与帝国主义、封建主义和官僚资本主义进行了长期的不屈不挠的斗争，终于在中国共产党的领导下取得了新民主主义革命的伟大胜利；继而经过艰难曲折，探索前进，又取得了社会主义革命和社会主义建设的伟大胜利。同济大学作为一所历史悠久的高等学校，在中国社会大变革大发展中，也经历了翻天覆地的变化。

解放前，在中国共产党的领导下，同济大学学生运动如火如荼，享有"民主堡垒"之称。同济英烈在第一次大革命、土地革命战争、抗日战争和全国解放战争各个历史时期，为了国家的独立和民族的解放，不惜抛头颅、洒热血，开展了艰苦卓绝的斗争。解放后，同济英烈为恢复国民经济和巩固人民民主专政，英勇拚搏，光荣献身；为社会主义现代化建设，开拓创新，呕心沥血。其英雄业绩，可歌可泣，令人敬仰，发人深思。他们忠贞不渝的爱国主义精神，坚定不移的共产主义信念，英勇顽强的战斗作风，艰苦奋斗的高尚品格，无私无畏的奉献精神和视死如归的浩然正气，为我们留下了极其宝贵的精神财富，激励着一代又一代的同济人为美好的明天奋斗、拚搏。

《同济英烈》的作者通过深入调查访问，收集了许多珍贵的历史资料，并以纪实的笔法，展示了21位同济英烈的光辉思想与英雄业绩。这些英烈们，有的曾在同济园里求学，有的执教，也有的曾出任过同济大学的校长。他们大多数是优秀的共产党员和共青团员，也有的是优秀的民主党派成员和无党派人士；多数是风华正茂的青壮年，也有的是久经锻炼的中老年。他们有的在对敌斗争的战场上冲锋陷阵，饮弹捐躯；有的在法西斯囚牢里顽强斗争，威武不屈；有的面对敌人的屠刀从容就义，视死如归；有的为了抢救战友、掩护群众，不惜牺牲自己；有的数十年如一日地鞠躬尽瘁，无私奉献；也有的遭到错误路线的迫害，坚持真理，忠贞不渝，后来才得到昭雪。他们是千千万万同济师生的楷模。书中每一个篇章都是我们今天进行爱国主义教育、革命传统教育的极好教材。

“为有牺牲多壮志，敢教日月换新天”。每当我们缅怀英烈们的业绩，就会使自己受到深刻的教育。从英烈们的身上反映出中华民族的希望和未来，显示出杰出的同济人的光辉，也启迪我们如何树立马克思主义的世界观、人生观和价值观。

英烈们的丰碑永远是激励我们奋进的巨大力量。通过缅怀、学习英烈，广大同济人必将坚定不移地继承他们的遗志，在以江泽民同志为核心的党中央领导下，遵循邓小平同志建设有中国特色的社会主义理论和党的基本路线，努力贯彻党的十四届五中、六中全会决议，发扬“同舟共济，振兴中华”的精神和“严谨、求实、团结、创新”的校风，面向21世纪，为建设祖国，振兴上海，把同济大学建设成为世界一流的大学而努力奋斗！

王建云

一九九六年十一月

目 录

尹景伊：五卅运动中的反帝先锋*

“宣传，斗争，打倒帝国主义！”
这是同济反帝反封建历史上第一位烈士
五卅英魂尹景伊
倒在血泊之中的最后呐喊……
他怀揣革命理想
潜心读书，立志报国
从阅读进步书籍到密切联系工人
从宣传进步思想到组织爱国运动
以行动见证了渴望真理的孜孜追求
他响应党的号召
从开展宣传动员到筹备示威活动
从率领游行队伍到挺身救护同学
不畏生死，冲在前列
他用生命践行了报国救国的铮铮誓言

铭记同济英烈
让我们缅怀革命先烈尹景伊
感悟这位爱国青年的热血赤诚和责任担当

* 原文名：“宣传，斗争，打倒帝国主义——尹景伊烈士传略”，屠听泉、刘作民著，有删改。

尹景伊（1905—1925），字希农，山东日照人。1921 年考入同济医工专门学校（1923 年更名为同济大学）机师科。他刻苦钻研，勤于实践，学习成绩名列前茅，曾任同济大学学生会执行委员。1925 年初，他加入中国共产主义青年团，后根据党组织决定，以个人身份加入中国国民党，从事统一战线工作。他响应中国共产党的号召，积极组织和策划抗议日企大班枪杀顾正红的斗争，率领同济学生奔赴南京路，参加五卅反帝大示威。在英巡捕对示威的镇压过程中，为营救同学，尹景伊不幸中弹牺牲，时年 20 岁。

一、潜心读书　立志救国

尹景伊，字希农，原籍山东省日照县涛雒镇张家庴头村。尹景伊 1905 年出生于上海，3 岁时其生母在上海病故。1909 年，父亲尹锦堂带着他到江苏省赣榆县祝其镇经商。辛亥革命后，尹景伊一家回到山东原籍。他 7 岁进入私塾，13 岁起在涛雒镇小学就读。

尹景伊从小聪敏好学，尊敬长辈，善于与同伴和睦相处。同时，他的性情也很刚直，当受到别人欺侮时，他决不会示弱。

尹景伊的祖父和父亲均为商人。1919 年，尹景伊的父亲在大连经商期间遭遇盗劫，损失惨重，家道从此中落。次年，其父病故。其父病故前曾立下遗嘱，要求尹景伊学习经商，并以此养家糊口。但在五四爱国运动的感召和影响下，尹景伊逐渐有了自己的理想和抱负，决定违背其父让其经商的遗愿。

十五六岁时，根据当时的封建习俗，尹景伊的嫡母要求尚属少年的尹景伊按照早年缔结的婚约娶亲成家。尹景伊对此竭力反对，一再表示自己年龄还小，不宜早婚，并要求去上海求学。他的恳求得到了长兄的支持和帮助。1921

年秋，尹景伊考入刚迁入吴淞不久的同济医工专门学校机师科（1915年创设时为同济德文医工学堂附设机师学校，1917年同济迁址吴淞后更名为同济医工专门学校机师科；1923年同济改称大学后定名为同济大学附设中等机师科，1926年再次更名为附设机师学校；其招生对象为小学或初中毕业生，办学性质相当于现在的中专）。收到录取通知单的那一刻，他恨不得立刻变成一只海燕，从黄海之滨的日照直接飞到东海之滨的上海。

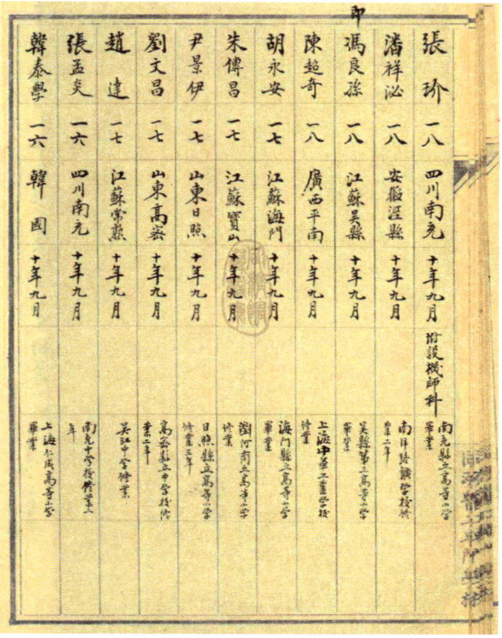

張玠	一八	四川南充	十年九月	附設機師科	南充縣立高等小學畢業
潘祥泌	一八	安徽涇縣	十年九月		南洋路礦學校肄業二年
馮良孫	一八	江蘇吳縣	十年九月		吳縣第三高等小學畢業
陳超奇	一八	廣西平南	十年九月		上海中華工業學校肄業
胡永安	一七	江蘇海門	十年九月		海門縣立高等小學畢業
朱傳昌	一七	江蘇寶山	十年九月		瀏河商立高等小學肄業
尹景伊	一七	山東日照	十年九月		日照縣立高等小學肄業三年
劉文昌	一七	山東高密	十年九月		高密縣立中學校肄業二年
趙達	一七	江蘇常熟	十年九月		吳江中學肄業
張孟炎	一六	四川南充	十年九月		南充中學校肄業二年
韓泰學	一六	韓國	十年九月		上海[illegible]高等小學畢業

1921年，同济医工专门学校的录取名册

就读期间，尹景伊刻苦努力，各科学习成绩均名列前茅，并掌握了各种教学机器的性能、使用方法和不少工业方面的知识。然而，尹景伊并未满足于此，他还有更为宏大的理想。

1924年，在青岛行医的长兄让尹景伊于暑假期间前去避暑。为了更好地学习工艺，尹景伊决定借此机会到当时著名的青岛四方机车厂参加实习，并特意请校方出具了介绍信。实习期间，他不顾盛夏酷暑，每天早出晚归，和工人们一起挥汗操作，虚心学习生产技艺，努力提高自己的实践能力。一天晚上，长兄对他说道："我本意想让你利用假期来青岛避暑休息，不料你反而比平时还要辛苦。"尹景伊却乐滋滋地回答道："我觉得和工人们在一起乐趣很多，没感到疲劳。"

实习归来的尹景伊经常与长兄畅谈。有一天，长兄对他说："你的未婚妻已长大成人。旧式女子道德可取，生活俭朴，体贴丈夫。你明年即将毕业，今年该办婚事了。现在有一些青年大唱婚姻自由的高调，不值得你学习。"尹景伊则坚决表示："我还在读书，不能有家室牵累。何况，国家面临的形势越来越危急，救国的重任落在我们青年身上。所以，我绝不能早婚。大哥不要以为我在找新的对象，其实我也讨厌那些徒有其表但没有真才实学的新式女子。今后，如果没有志同道合的女子，我宁愿独身，决不结婚。”通过这次交谈，长兄进一步了解到了尹景伊的“志趣高远”和“非同流俗”。尹景伊回校后，长兄又去信称：女方家长催促他早日成婚。他立即复信，郑重声明解除长辈代订的婚约，并祝愿对方找到理想的对象，不要为了他而耽误青春。

二、追求真理　投身革命

1924 年，以国共合作为基础的反帝反封建统一战线建立后，国民革命运动取得蓬勃发展。这股汹涌澎湃的革命浪潮同样也冲击着五四运动以后沉默了多年的同济大学。

1924 年 2 月，毛泽东、恽代英等共产党人来到上海，分别担任国民党上海执行部组织部秘书、宣传部秘书等职，并参与了国民党基层组织的建立和发展工作。3 月，国民党同济大学区分部成立。同年秋季，在同济、复旦等区分部的基础上，国民党江湾区党部宣告成立，毛泽东为此特地从法租界的环龙路（今南昌路）赶到江湾出席江湾区党部的成立会议。因与担任同济区分部负责人和江湾区党部委员的同济工科学生丁立俱为同乡，尹景伊与丁立俱来往较多，还经常向其借阅进步书刊，并因此深受革命思想的影响。恽代英在同济强调“人民要站起来，打倒狐群狗党”的演讲也给尹景伊和同学们留下深刻印象，大家更加痛恨骑在人民头上的军阀和买办官僚。

1924 年暑假后，尹景伊开始了第四学年新学期 9 门课程、每周 38 个学时的紧张学习。与此同时，帝国主义列强欺压中国，军阀连年混战，国民经济凋敝，人民生活处于水深火热之中。面对严酷的现实，陆续接受党的教育的尹景伊逐步认识到，“读书救国”可能只是一种空想，光靠读书救不了中国。因此，尹景伊不仅继续刻苦攻读专业课程，还挤出时间如饥似渴地阅读进步书刊，积极参加社会活动，探寻革命真理。1925 年寒假，他将成绩单寄给长兄，并在附信中写道："兄视此次考试分数，当觉逊于从前，不知此学期弟多作课外事，故不能不稍废所学。弟以国是日非，良用忧伤。勤读亦为国耳，国亡则读何益？不如即于读时，早留意国事，旦夕可用也。"

1925年初，尹景伊加入中国共产主义青年团，并根据党组织决定以个人身份加入中国国民党，开始从事统一战线工作。他订购了《向导》等进步报刊，不仅自己认真学习，还推荐给周围的同学阅读。他特别重视宣传工作，深信"党的力量需要依靠宣传党的主义来壮大。宣传是我们的责任，必须积极努力做好，无论何时何地，千万不要忘记宣传。"尹景伊不仅身体力行，还常常向一些进步同学宣传这个道理。

尹景伊还经常深入到工人群众中宣传反帝反军阀的国民革命思想。在同济实习工厂实习期间，他常常和艺徒们一起议论形势；他与学校附近的中国铁工厂、永安纱厂的工人积极分子交朋友，并将《水浒》等小说借给他们阅读；虽然工人的宿舍拥挤狭小、光线昏暗、空气混浊，但他仍经常深入宿舍与工人促膝谈心；他还利用和工人一起在吴淞海滨散步的机会，为他们讲述林则徐"虎门销烟"的故事。通过这些方式，尹景伊不仅向工人们宣传了反帝爱国思想，同时也从工人身上学到了许多书本上学不到的东西。

1925年3月12日，伟大的民主革命先行者孙中山不幸逝世。噩耗传来，尹景伊悲痛不已。他认为，"国本动摇，大乱将至，天之欲丧吾中国也，可为奈何？"为了寄托对孙中山的哀思，他积极参加追悼孙中山大会的筹备工作。在学校举行的追悼会上，尹景伊臂戴黑纱，胸佩黄花，心情沉重。恽代英在追悼会上讲话时指出，革命者不能悲观失望，应化悲痛为力量，为实现孙中山的遗愿而努力奋斗。

4月12日，尹景伊参加了全市公祭孙中山的仪式和纪念游行，听取了何香凝关于孙中山人生轨迹和光辉业绩的讲演。13日，尹景伊和同济大学的国民党员又一起参加了全市国民党员在"九亩地小世界"举行的追悼孙中山大会，并宣誓"遵守总理遗嘱，继续奋斗，以实现三民主义、建国大纲、建国方略以及第一次代表大会宣言”。追悼大会由何香凝主持，宋庆龄、恽代英、杨杏佛等到会讲话。通过一系列悼念孙中山的活动，尹景伊不仅看到了领袖的历史作用，也看到了人民群众的伟大力量，加深了对“革命尚未成功，同志仍须努力”的理解。他放弃了“无可奈何”的思想，决心完成孙中山未竟的事业，“宁为国家而死，不愿惜身而生”。

五一国际劳动节期间，恽代英再次应邀到同济大学演讲，同济大学、中国公学的部分学生和永安纱厂的部分工人等600多人听取了演讲。通过恽代英对政治局势和革命任务所作的精辟分析，尹景伊和与会者普遍受到了教育，提高了认识，增强了信心。

为了广泛地团结同学，扩大革命影响，尹景伊积极参加了重建学生会的筹备工作。在广大同学的支持下，已经中断几年的同济大学学生会终于于1925年5月4日重新建立，尹景伊当选为执行委员会委员。

三、冲锋在前　勇护战友

1925年5月15日，上海发生了日企大班枪杀中国工人、共产党员顾正红，打伤10多名工人的流血事件。5月28日，青岛又发生日本帝国主义和军阀镇压中国工人罢工的“青岛惨案”。一个接一个的屠杀事件，激起了中国人民及尹景伊等爱国青年的无比愤怒。

5月28日晚上，中共中央和上海党组织分别召开紧急会议，分析了当时的形势和上海各阶级的动向，并决定发动群众于30日在上海租界举行反帝大示威，将工人反对日本资本家的经济斗争发展成为全民族反对帝国主义的政治斗争。

29日，恽代英以国民党上海执行部宣传部的名义召集会议，决定由国民党牵头、上海学联出面，组织宣传员到各学校传达中共中央的决定，发动学生参加五卅反帝大示威。

当天下午，上海学联代表梅电龙、何秉彝来到吴淞镇，向同济大学国民党区分部负责人何志球（共青团员）及学生会负责人吴鼎（羹梅）、袁文彬、尹景伊等传达党中央指示，并商定于当晚7时召开全校学生大会，开展游行的动员工作。

为了保证大会按时召开，尹景伊等分头到食堂和学生宿舍向同学们作口头通知和宣传，希望大家迅速行动起来，准时参加会议。当天下午，尹景伊还抽空前往附近的中国铁工厂、张华浜火车头修理厂等处，与当地工人们取得联系，并约定于30日一大早共同到南京路开展宣传、募捐活动和示威游行，伸张正义。

当晚，学校大礼堂内灯火通明。大会开始后，梅电龙首先通报了顾正红被惨杀的经过，分析了中国人民反帝浪潮日益高涨的形势，动员大家积极投入反帝斗争；接着，同学们争先恐后地上台发言。大家含着泪水愤怒地高呼："打倒帝国主义！""誓死为顾正红报仇！"尹景伊在发言中表示："我们要不惜粉身碎骨，同帝国主义斗争到底！"

会议一致决定，第二天（5月30日）上午组织学生到上海租界举行反帝大示威，并推举陈宝骢、吴鼎、袁文彬、尹景伊为示威游行的领队。会后，尹景伊等几个领队又带领30多位同学一起写标语、做小旗、印传单、准备救急包等，通宵达旦地做游行示威前的准备工作。

5月30日清晨，300多名同学（占全校学生总人数的80%）按时聚集在学校的大操场上，中国铁工厂的工人队伍也准时赶到。集合完毕后，尹景伊等率领学生与工人队伍从吴淞乘小火车来到天通庵车站，与张华浜火车头修理厂的工人小队汇合。随后，他们一路上挥动着旗子、高呼着口号，列队向南京路进发。

同济学生参加五卅反帝大示威，强烈抗议帝国主义暴行

来到永安公司（今永安百货）门前后，尹景伊率先发表了慷慨激昂的演讲。他用高亢的山东口音愤怒声讨帝国主义的暴行，高呼“打倒帝国主义，为顾正红报仇！”此时的南京路上早已人山人海，上海大学、南洋大学（交通大学前身）、同济大学的学生宣传队员们纷纷发表演讲和散发传单，现场的口号声此起彼伏，一浪高过一浪。

为了镇压示威游行，英租界当局出动了大批巡捕，示威现场很快便有100多名学生被捕。下午3时，各界群众近万人聚集在老闸巡捕房门口，要求释放被捕学生。尹景伊、陈宝骢等人挤到离巡捕房门前几丈远的地方，和群众一齐高呼“打倒帝国主义！”“释放被捕的中国人！”

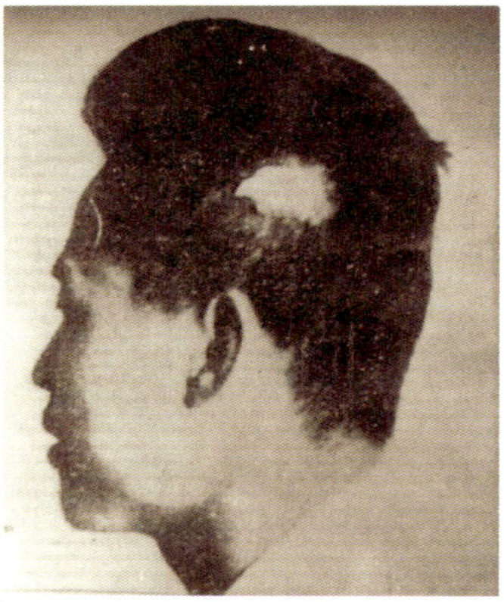
陈宝骢同学被巡捕用警棍击伤头部，鲜血直流

恼羞成怒的英租界当局安排20多名英国巡捕在巡捕房门口架起了机枪，瞄准了赤手空拳的游行群众。面对敌人的枪口，尹景伊及示威人群丝毫没有退缩。不久，大批巡捕疯狂地向示威群众冲了过来。他们手舞枪棍，见人就打，现场秩序顿时大乱，站在尹景伊前面的陈宝骢头部被巡

五卅惨案发生现场

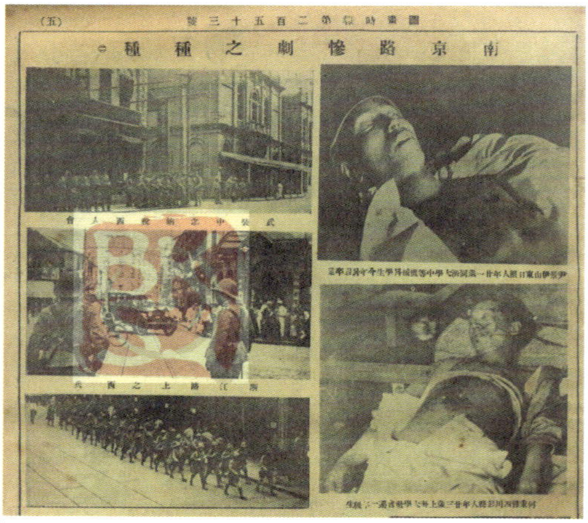
圖畫時報第二百五十三號 （五）
南京路慘劇之種種。
当年报纸对尹景伊牺牲的报道（右上为其胸部中弹照片）

捕打伤，鲜血直流。尹景伊见状连忙冲上去拉着陈宝骢，准备护送他离开。此时，随着英巡捕头子爱活逊下达的开枪命令，现场突然枪声大作。枪声中，一颗罪恶的子弹从陈宝骢的右边飞过射中尹景伊胸部，尹景伊的胸前顿时血流如注，倒在地上的他仍用全身的力气呼喊着：“宣传，斗争，打倒帝国主义！”

人们当即将尹景伊送往仁济医院抢救。由于伤势过重，尹景伊不幸于当天晚上7时许逝世。

四、纪念英烈　铭记英名

1925年5月31日上午，同济大学、中国公学的学生和中国铁工厂、蕰藻浜几个纱厂的部分工人冒着蒙蒙细雨不约而同地奔向吴淞火车站，乘上小火车赶往上海市区，继续开展宣传和示威斗争。他们的耳畔似乎又响起了尹景伊“宣传，斗争，打倒帝国主义！”的呐喊。大家满怀悲痛，决心踏着烈士的血迹，把反帝斗争进行到底！

在上海学联的号召下，6月1日，上海大学、南洋大学、复旦大学、同济大学等高校和大部分中学纷纷罢课。一些教会学校也宣布罢课，抗议帝国主义的血腥暴行。

6月2日上午，同济学生会和有关单位联合在斜土路同仁辅元堂隆重举行尹景伊烈士遗体入殓仪式，社会各界代表共700余人参加悼念活动。尹景伊灵堂的正中悬挂着“为国捐躯”的横幅，四周则布满了花圈、挽联，现场气氛庄严肃穆。12时许，同济学生代表和烈士家属抬着尹景伊的灵柩前往徐家汇东谨记路的齐鲁别墅停厝。送殡队伍和沿途群众齐声高呼“打倒帝国主义”“收回租界”等口号，悼念活动已演变成爱国群众对帝国主义血腥暴行的强烈抗议和为烈士报仇雪恨的庄严宣誓。

上海友联影片公司还将入殓送柩等一幕幕悲壮情景拍摄制作成《“五卅”沪

尹景伊烈士遗体入殓仪式

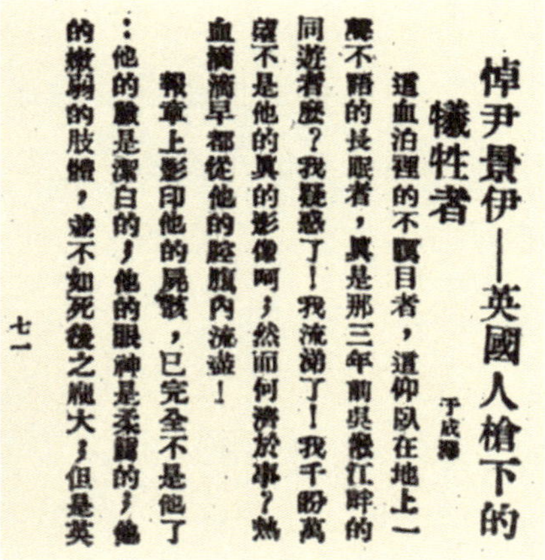

悼尹景伊——英國人槍下的犧牲者

于成澤

這血泊裡的不瞑目者，這仰臥在地上一聲不語的長眠者，眞是那三年前吳淞江畔的同遊者麼？我疑惑了！我流涕了！我千盼萬禱不是他的眞的影像啊；然而何濟於事？熱血滴滴早都從他的腔腹內流盡！

報章上影印他的屍骸，已完全不是他了：他的臉是潔白的；他的眼神是柔靜的；他的嫩弱的肢體，遠不如死後之腫大；但是英

七一

1925 年 6 月 11 日《晨报》的报道

潮》纪录片，并陆续在国内各大城市和南洋等地放映，以介绍五卅惨案真相，揭露敌人的狰狞面目。此后，英帝国主义曾试图以高价收买这部影片以毁灭罪证，但始终没能得逞。

8 月 24 日，山东青岛地区各界人士在烈士家乡的齐燕会馆举行了尹景伊烈士追悼仪式，77 幅挽联表达了各界人士敬仰英雄、同仇敌忾的决心。青岛学生联合会的挽联写道：

什么是人道公理？要雪耻，只有热血！

那（哪）里有天命定数？想胜利，必掷头颅！

全国商会联合会的挽联为：

列强弄权，率用武器戕文士，惨（残）忍专横，遐迩共愤；

烈士爱国，牺牲一己护同人，激昂慷慨，中外同钦。

为了纪念烈士，尹景伊家乡的各界人士集资建立了五卅景伊小学；1931 年

当年尹景伊的家乡为烈士举行的追悼会

3 月，1 000 多人参加了该小学的开学典礼。抗战全面爆发后，五卅景伊小学被迫停办。

1978 年，尹景伊被山东省民政局重新认定为革命烈士。1984 年，为了永远纪念尹景伊烈士，共青团同济大学委员会发动全校共青团员和青年学生集资建

1985 年 5 月，同济大学在一二·九大楼旁（现一二·九纪念园）隆重举行“尹景伊烈士塑像揭幕仪式”

造烈士塑像。1985 年 5 月，在纪念五卅运动 60 周年之际，同济大学隆重举行了尹景伊烈士塑像揭幕仪式。2005 年，在烈士诞辰 100 周年、牺牲 80 周年之际，烈士家乡恢复了“景伊小学”，位于该小学内的烈士塑像、“尹景伊烈士事迹陈列馆”也同时落成并正式对外开放。2016 年，“景伊小学”改为“景伊幼儿园”。

金世杰：机敏掩护战友的有志青年 *

"人生应当做有益于人类的事"
这是金世杰投身革命事业的初心
也是他的人生宗旨和远大抱负
他投身民族解放
参加五卅学运，抗议血腥迫害
抵制"誓约书"压迫，毅然奔赴光明
革命意志坚定不移
他追求革命真理
接受党的教育，开展政治宣传
无畏敌人抓捕，机敏掩护战友
革命气节矢志不渝
不忘先烈抛忠骨，复兴中华忆英魂

铭记同济英烈
让我们缅怀革命先烈金世杰
感悟这位革命青年的爱国情怀

* 原文名："保护战友　牺牲自己——金世杰烈士传略"，丁原、朱钢著，有删改。

金世杰（1904—1927），四川江安人，共青团员。1923 年考入同济医工专门学校德文补习科，1925 年升入同济大学医科。在校期间，他积极参加五卅等爱国运动。在反对帝国主义、封建主义压迫的反“誓约书”斗争中，他率领一批学生离沪赴穗。转入广东大学（今中山大学）医学院后，他一边读书，一边继续参加革命活动。1927 年 4 月 15 日，他在国民党反动派实施的大逮捕中被捕，其间曾挺身而出机敏地掩护战友。广州起义爆发后，他和被一同关押的部分革命青年于同年底遭敌人杀害，时年 23 岁。

金世杰，字朗霄，1904 年生于四川省江安县汉安镇。金世杰幼年丧母，其父亲金育群是清朝的一名秀才，曾教过书。在兄弟 5 人中，金世杰年龄最小。1922 年，金士杰毕业于四川省立第三中学（今江安中学）。此后，金世杰与同班同学李剑彬一起赴北京报考大学，但因错过各校招生时间，他便来到北京绒线胡同的励群学院补习功课。1923 年，金世杰转赴上海并考入同济医工专门学校（同年更名为同济大学）德文补习科。1925 年，金士杰升入同济大学医科学习。

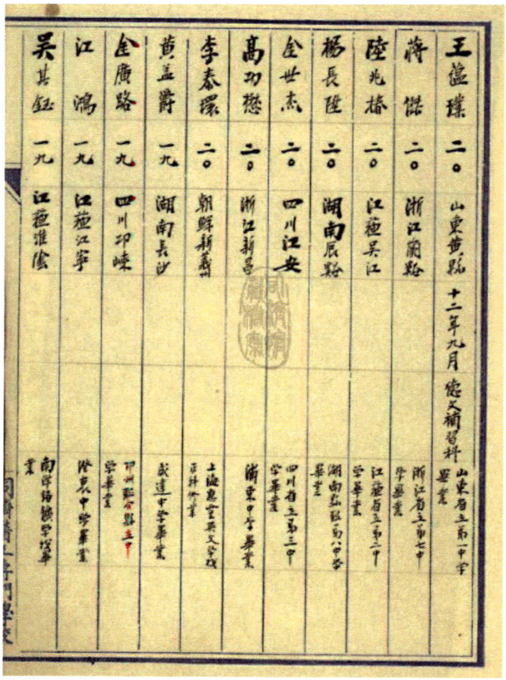

王蘊璞	二〇	山東黄縣	十二年九月 德文補習科	山東省立第一中學畢業
蔣[illegible]	二〇	浙江蘭谿		浙江省立第七中學畢業
陸兆椿	二〇	江蘇吳江		江蘇省立第二中學畢業
楊長陞	二〇	湖南辰谿		湖南[illegible]八中學畢業
金世杰	二〇	四川江安		四川省立第三中學畢業
高功懋	二〇	浙江新昌		衛東中學畢業
李泰環	二〇	朝鮮新義州		上海惠靈英文學校畢業
黄益爵	一九	湖南長沙		[illegible]達中學畢業
金廣路	一九	四川邛崍		邛崍縣立中學畢業
江鴻	一九	江蘇江寧		滬東中學畢業
吳其鈺	一九	江蘇淮陰		南洋路礦學校畢業

1923 年，同济医工专门学校德文补习科的录取名册

同济大学是一所具有光荣革命传统的高等学府。在校就读期间，金世杰深受同济爱国学生运动的影响。1924 年 1 月，国民党召开第一次全国代表大会，以国共合作为基础的民主革命统一战线正式建立。1924 年 3 月，同济大学成立国民党区分部。此后，恽代英、肖楚女、沈雁冰等先后应邀来校发表演讲，宣传国民革命

和“联俄、联共、扶助农工”三大政策的重大意义，分析国内外政治形势，提高学生的反帝反封建政治觉悟。通过参加这些活动，金世杰陆续受到启示和教育，投身革命的意识和自觉性不断提高，逐步形成了“人生应当做有益于人类的事”的信念，并最终加入中国共产主义青年团。在1925年的五卅运动中，金世杰积极参加在南京路举行的反帝大示威和抗议尹景伊同学被杀害的一系列斗争，进一步坚定了推翻帝国主义、封建主义的决心。

为了扼杀爱国学生运动，在上海的帝国主义分子和封建军阀的指使下，学校当局于1926年春抛出了所谓的“誓约书”，要求学生不再参加爱国运动，并强迫学生签字画押。面对校方的无理要求，广大学生给予了强烈反对和坚决抵制。于是，帝国主义分子和封建军阀与学校当局再次勾结起来，不惜动用武力包围学校，强行搜捕并开除进步学生。为了突破敌人的重围，追求革命真理，同济近百名学生分三批搭乘“醒狮”号货轮奔赴当时的国民革命运动中心——广州。其中，由金世杰、王季甫带队的第二批同济南下同学共30余人于5月18日启程。

金士杰就读时期的同济大学德文补习科校舍

到达广州后，金世杰转入国立广东大学医学院就读。国立广东大学由伟大的民主革命家孙中山先生于 1924 年创办。孙中山先生逝世后，为了纪念他的丰功伟绩，国民政府于 1926 年 7 月 17 日宣布将国立广东大学更名为国立中山大学。

国立广东大学医科大楼

当时，广东大学校园内的革命氛围非常浓厚。平日里，校内各级组织每周均要开一次党、团员会议，交流情况，研究工作。学校还经常邀请周恩来、中共粤区区委和团区委的领导施存统（由团中央派驻广东工作）等来校讲演。

作为学生骨干，金世杰积极参加政治活动，认真听取报告和讲演，从中不断受到教育和鼓舞，并积极推动和开展宣传工作。正因为如此，转学中山大学后不久，金世杰就受到国民党右派反动势力的特别关注。1926 年 6 月 30 日，《国立中山大学日报》刊登了《中大特别党部改组委员会列送名单如下——应开除学籍或职位之有证据 C.Y. 分子》，金世杰名列其中。

1927 年，北伐革命军到达上海后，蒋介石策划并发动了四一二反革命政变。国民党在广东的右派随后也背叛革命，大搞所谓的“清党”，并实施血腥镇压，到处抓捕共产党人和进步学生。一时间，广州和全国其他许多地区均处于白色恐怖的笼罩之中。

1927 年 4 月 15 日晨，国民党一批军警冲入中山大学学生宿舍点名抓人。当叫到陈志方（金世杰的同学，因参加反“誓约书”运动由同济大学医学院转学至中山大学医学院）的名字时，见在场的陈志方未应声，金世杰便机敏地掩护道：“他昨晚外出看电影没有回校。”军警见此也只能作罢，便将金世杰及十多名中山大学学生运动骨干带走并关押在了惩戒场。被捕后，面对敌人的软硬兼施和残酷迫害，金世杰始终保持着坚定信念和革命气节，从未屈服。

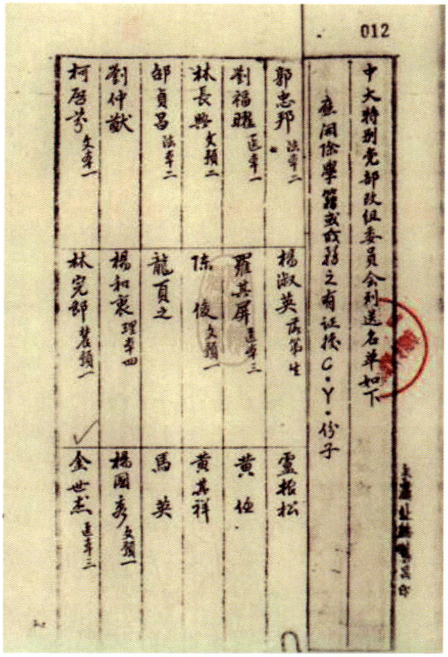
012
中大特别党部改组委员会列送名单如下
应开除学籍或职务之有证据C.Y.分子
鄧忠邦 法本二
劉福醒 医本一
林長興 文預二
劉仲猷
柯啓荣 文本一
楊淑英
羅其屏 医本三
陈俊 文預一
龍貞之
楊和衷 理本四
盧根松
黄佐
黄其祥
馬英
楊國彥 文預一
金世杰 医本三

《国立中山大学日报》刊登的《中大特别党部改组委员会列送名单如下——应开除学籍或职位之有证据 C.Y. 分子》

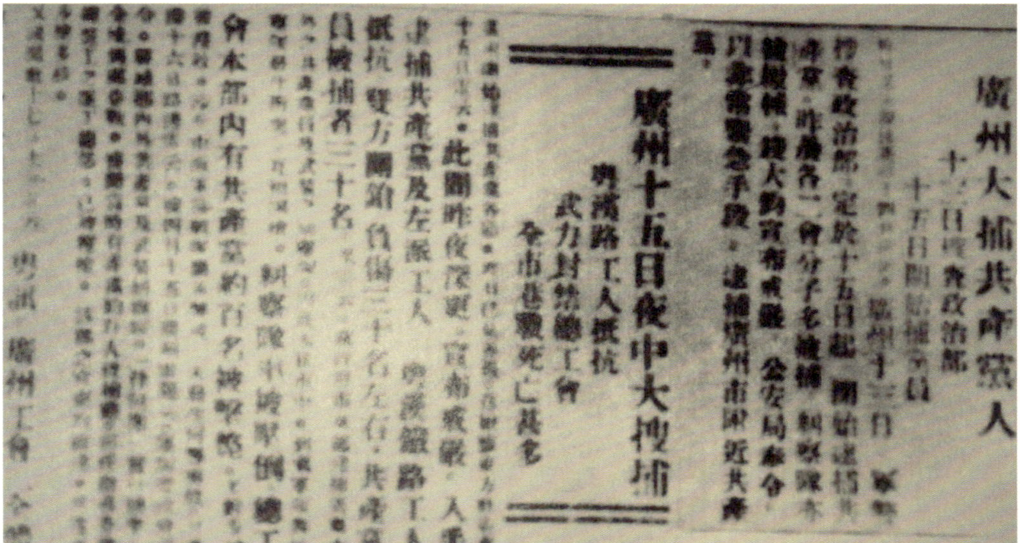
廣州大捕共產黨人
廣州十五日夜中大搜捕
粵漢路工人抵抗
武力封鎖總工會
全市巷戰死亡甚多

《广州国民日报》关于 1927 年 4 月 15 日国民党军警搜捕共产党人的报道

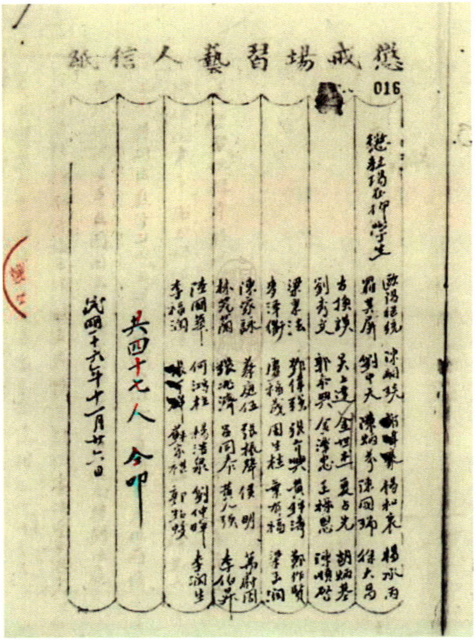

懲戒場習藝人信紙

016

懲戒場在押學生

共四十七人

民國十六年十二月廿六日

惩戒场的在押学生名单

革命虽然遭受了挫折，但革命的烈火是扑不灭的。继南昌起义、秋收起义之后，1927 年 12 月，张太雷、叶挺等共产党人领导了广州起义。国民党反动派对此惊恐万状，立即枪杀了金世杰等一批共产党人、共青团员和进步学生，并将他们的遗体装入麻袋投入大海。金世杰牺牲时年仅 23 岁。

由于金世杰的掩护，陈志方幸免于难。不久，陈志方即离开广州回到上海，转入吴淞第四中山大学医学院继续学习（陈志方，江苏无锡人，1926 年加入共产主义青年团，1927 年 8 月转为中共党员。1931 年进入苏区参加红军，后曾任闽西军区军医处长、中共军委代总军医处长、红军总卫生部医政局长、红军军医学校校长等职。新中国成立后，自 1956 年起从事外交工作，曾任我国驻瑞士等国大使）。

杨达：抗击江西反动势力的革命斗士

“我要改造家庭，改造社会”
这是革命志士杨达
在社会变革洪流中为国求索的激情告白
他接受新思想的洗礼
辗转多校，求学立志，以改造社会为己任
投身学运，反帝爱国，以民族解放为使命
他响应党组织的号召
赴穗参军，跟随朱德为革命奔走驱驰
配合起义，深入敌军为胜利争取力量
无惧白色恐怖笼罩
他坚守阵地，毫不退缩
将个人安危置之度外
面对敌人严刑拷打
他坚贞不屈，视死如归
视对党忠诚高于一切
岁月留痕记英名，精神赓续兴中华

铭记同济英烈
让我们缅怀革命先烈杨达
感悟这位共产党人的殷殷爱国情、拳拳报国心

杨达（1902—1928），原名杨先达，字闻非，四川彭县人。1923年考入华西协合大学，1924年夏考入同济大学德文补习科，1925年初转入上海大学，同年加入中国共产党。1925年在五卅运动中负伤。同年6月，出席在上海召开的中华全国学生联合会第七届学生代表大会。1926年春赴广州参加国民革命军第三军，任教导团团部秘书。1927年3月，朱德兼任南昌市公安局长，杨达随同兼任秘书。4月，任南昌市公安局代理局长。为配合南昌起义，后奉命赴江西丰城的杨池生师，任政治部宣传科长。1928年2月在南昌被捕，后遭杀害，时年26岁。

杨达，原名杨先达，字闻非，1902年出生于四川彭县（今四川省彭州市）濛阳镇。1919年，杨达考入彭县县立中学，被编入14班。在校期间，杨达与13班、17班的进步学生何秉彝、杨石琴交往甚密。1923年，杨达考入华西协合大学医预科，何秉彝考入上海大同大学。1924年8月，何秉彝转入上海大学社会学系。其间，杨达与何秉彝保持着通信联系，何秉彝则经常鼓动他来上海求学。

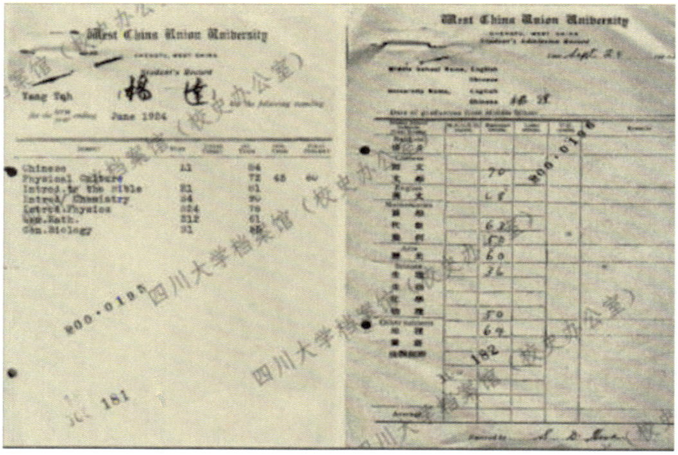

杨达在华西协合大学就读期间的成绩单（四川大学档案馆提供）

1924年4月21日，何秉彝在接到杨达和杨石琴来信后写给父母的信中说道：“他们也要出来了……目的地大致在上海、南京。他们两个亦可钦佩，两个人的家庭都像没有说好，所以他们的信中说，要窃负而逃。”①果然，在克服重重困难、告别新婚妻子卿季兰后，杨达于4月底来到上海，并积极准备报考同济大学。同年夏天，杨达顺利考入同济大学德文补习科。

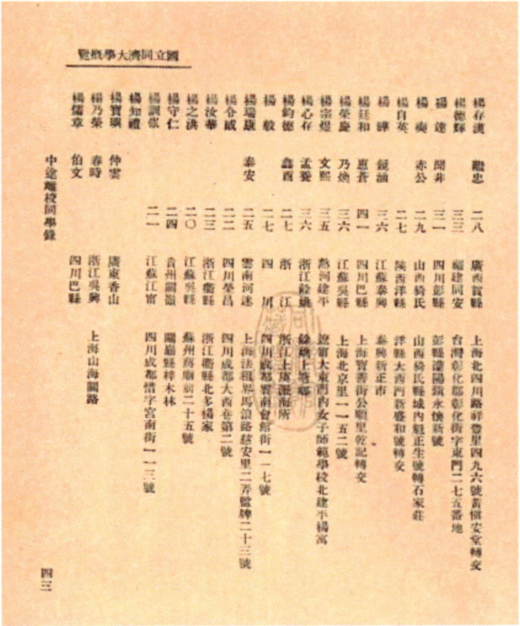

國立同濟大學概覽

楊存讃	繼忠	二八	廣西賀縣	上海北四川路祥豐里四九六號黃慎安室轉交
楊德輝		三三	福建同安	台灣彰化郡彰化街字東門二七五番地
楊達	闢非	三一	四川彭縣	彭縣濛陽鎮永陳新號
楊奭	赤公	二九	山西猗氏	山西猗氏縣城內魁正生號轉石家莊
楊自英		二七	陝西洋縣	洋縣大西門新泰和號轉交
楊鑠	鐵涵	三六	江蘇泰興	泰興新正市
楊廷和	惠蒼	四一	四川巴縣	上海寶善街公順里乾記轉交
楊學龢	乃燒	三六	江蘇吳縣	上海北京里一一五二號
楊宗堤	文熙	三五	熱河建平	遼甯大東門內女子師範學校北建平楊寓
楊心存	孟燮	三六	浙江餘姚	餘姚上塘鄉
楊鈞德	鑫西	二七	浙江	浙江上虞瀝海所
楊毅		二七	四川	四川成都實南會館街一一七號
楊瑞康	泰安	二五	雲南河迷	上海法租界馬浪路慈安里二弄監牌二十三號
楊令葳		二二	四川榮昌	四川成都大西巷第二號
楊汝華		二三	浙江衢縣	浙江衢縣北乡楊家
楊之洪		二〇	江蘇吳縣	蘇州齊廟前二十五號
楊守仁		二四	貴州關嶺	關嶺縣梓木林
楊調傢		二一	江蘇江甯	四川成都惜字宮南街一一三號
楊知禮				
楊寶璵	仲雲		廣東香山	
楊乃榮	春時		浙江吳興	上海山海關路
楊儒章	伯文		四川巴縣	

中途離校同學錄

四三

《国立同济大学概览（1934）》中的“中途离校同学录”

来到同济就读后，杨达一次次目睹了帝国主义列强的侵凌和政府的软弱无能，感受到了因频频内战导致的国力羸弱。杨达逐步认识到，只有推翻帝国主义、封建主义和反动派，国家才能走上发展之路；国难当头，单靠学医只能救人，不能治国。1925年1月，杨达怀着救国救民的满腔热忱毅然放弃学医，考入上海大学社会学系学习社会科学，并插班进入何秉彝的班级。

进入上海大学后，杨达与当时在上海大学执教的邓中夏、瞿秋白、恽代英等共产党人有了直接接触。在这些共产党人的引导下，他一边学习课堂知识，一边学习马列主义，追求真理，并积极参加反帝、反封建斗争，逐步成为上海大学进步学生运动的积极分子，真正走上了革命道路。不久后，他加入了中国共产党。

杨达还积极深入工人阶层开展宣传工作，并利用在学校举办的平民夜校授课的机会向工人传播谋求解放的道理。1925年3月12日孙中山逝世后，平民夜校于3月29日举行追悼大会。杨达在追悼会上慷慨陈词，揭露反动派与帝国主义狼狈为奸、蹂躏人民的罪行，表示要继承总理遗志，为民族解放事业奋斗终身。

1924 年 5 月，杨达（左五）报考同济前与彭县同乡在上海游玩时的合影

因将大量课余时间和假期用于参加爱国学生运动和宣传工作，故杨达在上海读书期间很少回家探亲。为此，他的父母经常写信嘱其返乡，其襟兄陈碌如亦代为劝说。但杨达不为所动，并援引大量古今事例答书万言，阐明自己对社会、人生、家庭、妇女等问题的看法和顾不上回家的理由。他在家信中写道："现在的社会，是黑暗的社会，是自相残杀的社会，是污浊的臭不可挡的社会。""上自总统，下至警察，哪一个不是吃人的禽兽？""社会如此黑暗，家庭如此恶劣，过去我不知道，如入鲍鱼之肆，久而不闻其臭，固然不说了。现在我知道了，就要去掉臭不可挡的东西。我的紧急任务，就是预备这种力量，换言之，我要改造家庭，改造社会。"

1925 年 5 月，杨达以"闻非"为名在上海《蜀评》杂志上发表了《民团之敌》一文，揭露四川军阀连年混战给人民带来的深重灾难。5 月 15 日，日企大班枪杀顾正红的事件发生后，杨达与何秉彝等同学一道走出校门，沿街讲演和张贴标语，抗议帝国主义当局的暴行，要求惩办凶手，赔偿工人损失。

5 月 30 日下午，杨达响应党的号召，加入上海大学学生讲演队，和进步学生一起到租界讲演和散发传单。恼羞成怒的英国巡捕在老闸捕房一带向手无寸铁的游行群众开枪，当场打死打伤数十人，制造了震惊中外的五卅惨案。何秉彝也在事件中身负重伤，并于 5 月 31 日去世。闻知何秉彝受伤后，杨达立即赶到仁济医院看望，其间因被一外国人蛮横地推下楼梯而不幸跌伤。在校养伤期间，他写信给家乡的彭县中学，详细叙述了五卅惨案和同学何秉彝惨遭杀害及自己的负伤经过，控诉帝国主义罪行。杨达的信激起了母校师生对帝国主义暴行的无比愤怒。母校立即召开大会，声援上海的反帝爱国斗争。6 月 26 日，全国学生联合会第七届代表大会在上海召开，并通过了反对帝国主义运动的决议案。杨达、阳翰笙、李硕勋、余泽鸿等作为上海大学的代表出席了大会。

1926 年春，遵照党组织指示，杨达与部分同志奔赴广州参加国民革命军。此后，杨达任由朱德担任团长的国民革命军第三军军官教导团团部秘书。1927 年初，国民革命军第三军驻防江西，军长王均任南昌卫戍司令。3 月，朱德经早年讲武堂同学、时任江西省长朱培德的推荐，兼任南昌市公安局局长，杨达亦随同前往并兼任朱德秘书。当时，受蒋介石委派，段锡朋也以中央特派员身份前往江西，并网罗了一批反动分子和国民党右派，组成反共组织“AB 团”（Anti-Bo1shevik 的缩写，意为反布尔什维克）开展分裂活动。该组织还以武力占领了江西省国民党省党部，并大肆逮捕、屠杀共产党员和革命群众。

针对紧迫的形势，4 月 1 日，杨达和方志敏、刘九峰等在南昌市总工会紧急商议，约定于 4 月 2 日在新舞台召开群众大会，会后举行反“AB 团”游行示威，并计划挑选一批机敏、彪悍的党团员组成战斗队，攻入伪省党部捉拿藏匿在内进行反革命阴谋活动的“AB 团”头目。

为了确保大会的顺利进行，杨达挑选军官教导团中的部分学员和公安局少数警察组成了一支便衣队，并担任指挥。4 月 2 日，便衣队来到中山路一带作巡逻保障；与此同时，战斗队捣毁了伪省党部，当场抓获程天放、曾华英等首要分子，其他漏网的“AB 团”分子则丧魂落魄地逃离南昌，彻底终结了“AB 团”把持江西省党部的局面。

4 月 10 日，朱德受命赶赴临川，并委托杨达代理南昌市公安局长职务。6 月，朱德于临川来电表示辞去公安局长职务。

此后，为了配合八一南昌起义，杨达奉命赴江西丰城的杨池生师任政治部宣传科长，以借此遏制杨部行动，并伺机开展争取敌军的工作。1927 年 8 月 1 日南昌起义枪声打响后，杨池生部被击溃，杨达随即隐蔽下来。起义军于 8 月 3 日撤离南昌后，南昌卫戍司令王均开始大肆逮捕共产党人，白色恐怖顿时笼罩着整个南昌城。为保存和发展革命力量，杨达奉组织命令潜伏下来，并在丰城至南昌一带秘密从事革命活动。

八一南昌起义（油画）

1928年2月的一天傍晚，杨达在南昌联络工作后欲乘船离开南昌返回丰城，恰巧遇到在码头值勤的南昌市公安局第五分署署长燕秩。因同在南昌市公安局任过职，知悉杨达为共产党员身份的燕秩随即下令以“拐带民女”为借口将杨达逮捕。移交至卫戍司令部后，王均立即指派杨给华对杨达进行严刑审讯。面对敌人的威逼利诱和残酷折磨，杨达始终坚贞不屈，坚持不暴露身份。此后，因反革命分子蓝仲和指认，杨达的共产党员身份最终被确认，并终遭杀害。杨达牺牲时年仅26岁。

参考文献

1.《中华著名烈士（第5卷）》，中华人民共和国民政部编，中央文献出版社，2000年9月版，第111～114页。

2.《甘洒热血拯中华　成都革命烈士传（第1辑）》，中共成都市委党史工作委员会编，成都科技大学出版社，1987年3月版，第19～22页。

3.《那些年的青春与热血——何秉彝、何秉钧书信论文选》，中共彭州市委党史研究室编，中国文史出版社，2015年12月版，第42页（注①）。

罗其屏：保持革命乐观精神的爱国青年

“革命终有一天会胜利”
这是罗其屏的坚定信念
也是他坚持革命的力量源泉
成长于广州，点燃了他红色理想的星星之火
阅读进步刊物，参加进步学社
在新思想的熏陶下誓志报国
求学在同济，印下了他革命斗争的深深足迹
投身五卅洪流，参与罢工运动
在反封建的征途上冲锋前行
转战回广州，践行了他中共党员的第一身份
捍卫民主权利，抗击反动暗流
在血与火的洗礼中练就气节
他用坚定信仰傲视敌人利诱
他以乐观精神无惧残酷迫害
将对党和国家的满腔热爱融于血色青春
追忆革命先辈，传承红色基因

铭记同济英烈
让我们缅怀革命先烈罗其屏
感悟这位共产党人的信仰和忠诚

罗其屏（1905—1928），1905 年 1 月出生于广东惠州博罗县。1923 年 9 月考入同济大学附中，1925 年升入大学部医科。1926 年转学至广东大学（今中山大学）医学院，同年加入中国共产党。1927 年 4 月被捕，1928 年春英勇牺牲，时年 23 岁。

罗其屏，1905 年 1 月出生于广东省惠州市博罗县。其父罗楚良是基督教传教士，曾先后在河源县今河源市南湖、古岭及紫金县临江一带传教，母亲江思贞为家庭主妇。

罗其屏从小随父生活，6 岁就读于河源城内的乐育小学。后因其父在紫金县古竹镇一带传教，1919 年 8 月，罗其屏考入紫金县古竹镇乐育中学。受 1919 年 5 月爆发的五四运动影响，罗其屏开始利用课余时间阅读进步书报，逐步受到进步思想熏陶，并经常与同学谈论国家前途和救国道路等话题。

1922 年秋，罗其屏转学至广州市英语补习学校，1 年后结业。受广州如火如荼的爱国学生运动影响，罗其屏的视野迅速开拓，不久后便加入了阮啸仙等领导的广东进步学生组织——新学生社。此后，他满腔热忱地投身学生运动，积极参加学校及新学生社组织的抵制日货、反对不平等条约等宣传和示威游行活动。

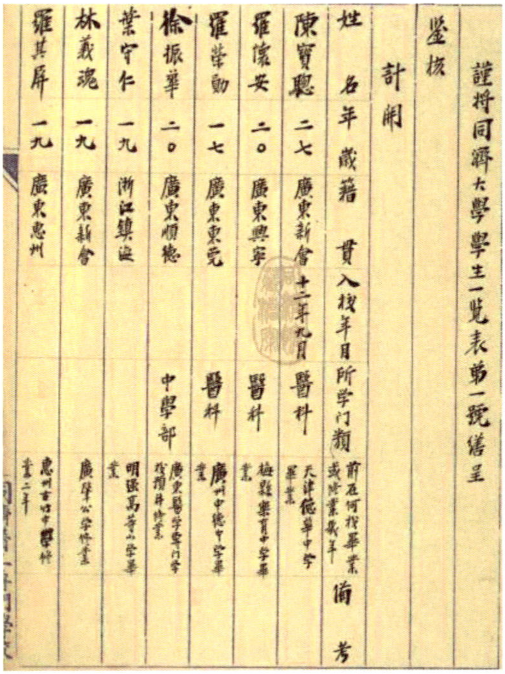

謹將同濟大學學生一覽表第一號繕呈

鑒核

計開

姓名	年歲	籍貫	入校年月	所學門類	前在何校畢業或肄業幾年	備考
陳寶聰	二七	廣東新會	十二年九月	醫科	天津德華中學畢業	
羅懷安	二〇	廣東興寧		醫科	梅縣樂育中學畢業	
羅榮勛	一七	廣東東莞		醫科	廣州中德中學畢業	
徐振華	二〇	廣東順德		中學部	廣東醫學專門學校預科修業	
葉守仁	一九	浙江鎮海			明強高等小學畢業	
林義魂	一九	廣東新會			廣學公學修業	
羅其屏	一九	廣東惠州			惠州古竹中學修業二年	

1923 年《同济大学学生一览表》中的附中学生名册

1923 年 9 月，罗其屏考入同济大学附中，1925 年升入大学部医科。在同济就读期间，他积极参加街头宣传、示威游行等反帝反封建斗争，并加入中国共产主义青年团。1925 年 5

月 30 日，罗其屏和同学们一起参加了五卅反帝示威大游行。6 月 1 日，他参加了由新成立的上海总工会发起的总同盟罢工运动，在反动势力的镇压中遭到逮捕。

抱着对革命的信仰，罗其屏出狱后曾报考莫斯科东方大学，后因旅费等原因未能成行。1926 年春，因帝国主义和军阀势力抓捕进步学生、学校当局也抛出所谓的“誓约书”限制学生的爱国运动并开除部分学生，为继续追求真理，罗其屏和部分同学一起离开上海赴广州，并转入广东大学（今中山大学）医学院继续学习。

1926 年初，中山大学成立党支部。此后，罗其屏由青年团员转为共产党员。1926 年 7 月 9 日，国民革命军正式出征北伐。为支持北伐，罗其屏曾应国民党河源县党部进步人士邀请到河源宣传国共合作和北伐战争节节胜利的消息。

此时，学校的内部斗争也日益尖锐。戴季陶出任中山大学校长后，为了控制中山大学，他在中山大学组织了“士的党”，企图利用“士的党”把中山大学党支部领导的进步学生运动镇压下去。在中山大学党支部的领导下，进步学生奋起反击，与“士的党”展开了一次又一次的斗争。

1926 年秋，在中山大学学生会换届选举之际，为了将学生会的领导权重新掌握在进步力量手中，学校党组织制定了“联合左派、团结中间派、孤立右派”的方针，努力强化统一战线工作，积极联络和争取中间状态的学生。当时，因年初由上海高校转入中山大学的二三百名学生中包括几十位进步学生，学校整体的进步力量已有所增强。但“士的党”分子也在四处活动，并对中间状态学生进行利诱、威胁，要求他们投票支持参选的“士的党”分子。

选举当日，“士的党”分子手执拐杖等杀气腾腾地进入选举现场，为参选的“士的党”分子造势。面对“士的党”咄咄逼人的攻势，罗其屏与部分进步同学一起挺身而出，竭力维护选举会场秩序，保证了选举工作的顺利进行，挫败了“士的党”企图通过破坏选举秩序进而篡夺学生会领导权的阴谋。在本次改选中，罗其屏本人也当选为中山大学学生会执委、卫生股长[①]。

1927年初，北伐军占领武汉后，设在广州的国民政府决定迁都武汉。但蒋介石以总司令部设在前线南昌，而政治应与军事配合、党政中央应与总司令部在一起为由反对迁都武汉，并竭力主张迁都南昌，其目的是企图将党政军大权控制于自己一人之手。消息传出后，在党组织的领导下，罗其屏与进步同学再次走上斗争前线，并一起张贴“打倒右派”“拥护政府迁都武汉”等标语。3月24日，追随国民党右派的中山大学孙文主义学会盗用中山大学学生会、政治训育部、特别区党部等名义联名通电拥护迁都南昌。孙文主义学会分子还损毁了罗其屏等进步学生张贴在校内的墙报、标语，并行凶打人。对此，罗其屏和进步同学坚持不懈，与孙文主义学会分子的恶劣行径开展了坚决斗争。

1927年4月12日，蒋介石策划并发动了四一二反革命政变。追随蒋介石的广东军事当局紧随其后，于4月15日派军警包围了中山大学。在孙文主义学会党徒的引导下，中山大学的300余名师生不幸被捕，已在中山大学医学院三年级就读的罗其屏也落入了敌人的魔掌。罗其屏被捕后先被关押在学校图书馆，后被转解到珠江南岸的南石头国民党监狱。

在狱中，罗其屏虽被种种酷刑折磨得瘦骨嶙峋，但他仍然保持着革命乐观主义精神，从未屈服。由于长时间戴着脚镣，罗其屏的脚背被磨破了，因得不到及时医治，脚疮化脓流血，他就用一根绳索系在脚镣中间，提着绳索走路，以减轻脚镣对脚的摩擦，防止再磨破脚疮。其间，其弟罗其伟曾前往南石头国民党监狱探监，当看到兄长被折磨成如此模样时，不禁潸然泪下。罗其屏见状则安慰弟弟，鼓励要坚强起来，要相信苦日子一定会有尽头，革命终有一天会胜利[②]。

在狱中近一年的时间里，罗其屏顽强地与反动派进行着不屈不挠的斗争。1927年12月广州起义失败后，国民党反动派对革命党人和进步人士再次进行大屠杀。1928年春，罗其屏遭残忍杀害后被沉尸于广州珠江段的白鹅潭，时年23岁。

参考文献

1.《东江英烈传（第2辑）》，中共惠阳地委党史办公室、惠阳地区中共党史学会编，第280～284页。

2.《广东青年运动回忆录，柯麟：早年参加学生运动的回忆》，广东青运史研究委员会办公室编，广东人民出版社，1986年9月版，第54页（注①）。

3.《南粤英烈传（第6辑）》，中共广东省委党史研究委员会办公室等编，广东人民出版社，1989年12月版，第62～64页（注②）。

殷夫：以诗歌为革命号角的红色诗人*

"我们要用血用肉用铁斗争到底！"
这是左联五烈士之一的殷夫写下的革命决心
他是东方的微光，林中的响箭
民主、自由的先觉者
编辑革命刊物，翻译外国作品，与鲁迅志同道合
手中的笔是他战斗的武器
他是冬末的萌芽，进军的号角
革命、斗争的实践者
从事工人运动，发起成立左联，与工农并肩作战
犀利的诗是他反击的利剑
四次惨遭迫害，每每坚贞不屈
甘为革命献身，屡屡经受考验
他的诗歌，为党而生，为民而作
他的生命，虽然短暂，但却璀璨
殷夫，这个难忘的名字
将永远闪耀在历史的丰碑上

铭记同济英烈
让我们缅怀革命先烈殷夫
感悟这位红色诗人的英雄气魄和高贵品格

---

* 原文名："英勇的战士　革命的诗人——殷夫烈士传略"，屠听泉、刘作民著，有删改。

殷夫（1910—1931），浙江象山人。1920年代，先后加入中国共产主义青年团和中国共产党。1924年开始创作诗歌。1927年9月考入同济大学德文补习科。1928年加入“太阳社”。1929年任共青团中央宣传部干事，曾任团中央机关刊物《列宁青年》主编、青年反帝大同盟刊物《摩登青年》主编。1930年参加中国左翼作家联盟（简称“左联”），是著名的左翼作家、红色诗人。他革命意志坚强，虽四次被捕入狱，但始终坚贞不屈。1931年2月7日被国民党反动派杀害，时年21岁。

一、先觉先知的爱国少年

殷夫本姓徐，名柏庭，曾先后用过徐祖华、徐白、徐文雄等学名；开始写作后，又分别用过任夫、殷夫、白莽、沙洛、洛夫、殷孚、莎菲、Ivan等笔名，而殷夫是他常用的笔名。

殷夫1910年6月11日出生于浙江省象山县怀珠乡大徐村（今属大徐镇）的一个农民家庭。殷夫的父亲徐孔甫（1864—1921）读过书，也学过一点医术，后来成为一名乡间医生；母亲钱月嫦（1872—1941）是一位善良能干的农妇。殷夫有三个哥哥、两个姐姐，大哥徐培根曾留学德国，并在国民党军队中担任要职；二哥、三哥也在国民党军队中任职；大姐一直居家，未曾从业；二姐徐素云曾任象山县立女子小学校长。

殷夫幼年时就学习识字，五岁起就在父亲的要求下背诵《神童诗》和唐诗。六七岁时，他进入徐姓义塾（免收学费的私塾），读了几年“四书五经”和初小课程。1920年秋，殷夫进入曾深受五四运动影响的丹城镇县立高等小学读书。就读期间，殷夫跟着国文老师背诵秋瑾的《宝刀歌》、文天祥的《正气歌》，和同学们一起瞻仰张苍水、文天祥等民族英雄的遗迹，并积极参加学校组织的新诗写作与新剧的演出活动。1923 年夏，殷夫高小毕业后被大哥徐培根接往上海，并以“徐白”之名考入上海民立中学。因该校开设的课程中有不少采用英语教材，加之个人勤奋，殷夫的英语水平很快有了很大提高。

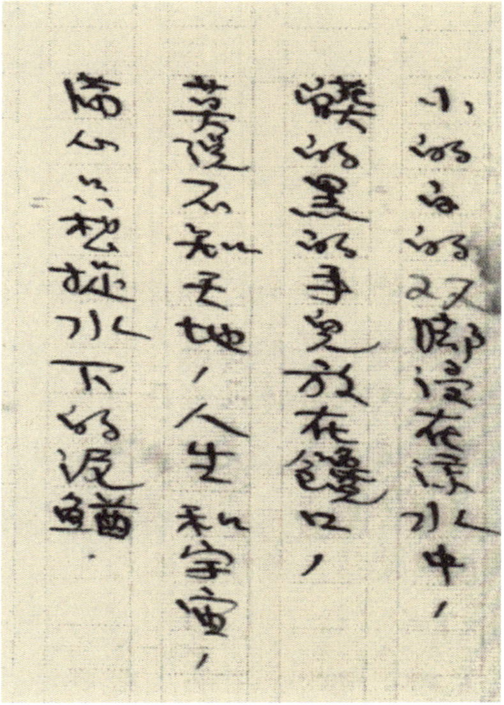
小的白的双脚浸在绿水中，
嫩的黑的手儿放在镬口，
莫说不知天地，人生和宇宙，
满心只想捉水下的泥鳝。

殷夫描写童年生活的手迹

1924 年，殷夫开始创作诗歌。他的《放脚时代的足印》等 8 首诗反映了一个出身于小资产阶级知识分子家庭的少年对黑暗社会的不满和改变现状、寻求光明的渴望。

1925 年五卅惨案发生后，民立中学师生罢课游行，抗议帝国主义暴行，并募捐支援罢工工人的斗争。殷夫积极参加了这些活动。五卅运动后，他一度回乡，阅读了不少革命书刊，并参加了由象山旅甬进步学生组成的革命团体“新蚶社”的活动。

1924 年殷夫（左）与大哥徐培根（右）等家人在杭州的合影

1926 年 7 月 6 日，殷夫以“徐白”之名跳级考入浦东中学高三年级。当年暑假，经二姐徐素云介绍，在杭州大哥家度假的殷夫与浙江省立女子蚕桑讲习所的女生盛淑贞相识。之后，两人常以通信方式交流思想，逐渐成为心心相印的挚友。此后，应殷夫建议，盛淑贞改名盛孰真。其间，殷夫还多次给盛孰真寄赠《奔流》《妇女杂志》《拓荒者》等进步书刊，鼓励她不断进步，并指导她读书和写作。

进入浦东中学后，殷夫积极参加革命活动，并秘密加入了共青团。1927年4月初，当时的上海依然沉浸在“第三次工人武装起义胜利”与欢迎“北伐军进驻上海”的气氛中，但作为热切关注革命形势与前途的青年学生，殷夫以敏锐的政治嗅觉察觉到了政治上的反常迹象。4月3日，他在给同乡何志浩（1926年2月加入中国共产党，不久考入复旦大学）的信中写道：“许多朋友在革命军未（来）上海之前，是非常革命，秘密的（地）做工作，也很感兴味。但是到现在，可以公开了，就不感趣味，开起倒车来了。这是很危险的。”①

1927年4月12日，国民党发动四一二反革命政变，殷夫因有人告密而被捕入狱。在狱中的3个月里，他经受住了严峻考验，并写了一首512行的长诗——《在死神未到之前》，严厉谴责了卑鄙无耻的告密者，表达了对慈爱的母亲及同学们的怀念和对工农劳苦大众与光明自由未来的期望。这首长诗也反映了他面对摧残折磨和死亡威胁，更加痛恨国民党反动派统治的旧世界，坚定了为革命不惧牺牲的决心，展示了一个被革命思想照亮的知识青年在敌人残酷迫害下大无畏的英勇气

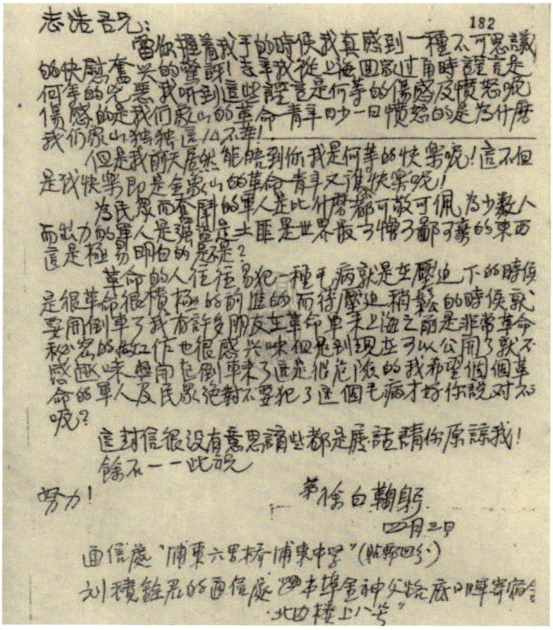
志浩吾兄： 182
当你握着我手的时候我真感到一種不可思議的快慰奮兴的驚訝！去年我從上海回家过年時謠言是何等的兇惡我听到這些謠言是何等的傷感及憤怒呢傷感的是我們家山的革命青年日少一日憤怒的是为什麽我們家山独独這么不幸！
但是我前天居然能晓到你我是何等的快樂呢！這不但是我快樂即是全家山的革命青年又得快樂呢！
为民衆而奮鬥的軍人是比什麽都可敬可佩为少數人而出力的軍人是强盗是土匪是世界最可憎可鄙可毒的東西這是極易明白的是不是？
革命的人往往易犯一種毛病就是在壓迫下的時候是很革命很積極的前進的而待壓迫稍鬆的時候就要開倒車了我有許多朋友在革命軍未上海之前是非常革命秘密的做工作也很感兴味但是到現在可以公開了就不感趣味要開起倒車來了這是很危險的我希望個個革命的軍人及民衆絕對不要犯了這個毛病才好你說对不呢？
這封信很没有意思通些都是廢話請你原諒我！
餘不一一此祝
努力！
弟徐白鞠躬
四月三日
通信處“浦東六里橋浦東中学”（貼郵四分）
刘積銓君的通信處“本埠金神父路底日暉寄宿舍北四樓上八号”

1927年4月3日，殷夫写给何志浩的书信

概和甘愿为革命献身的高贵精神。

1927 年 7 月，殷夫被大哥徐培根保释出狱，并被软禁在大哥住处“悔悟”。当月底，得知母亲思念成疾，大哥才让他回象山探亲。

二、睿智敏捷的革命青年

1927 年大革命失败后，在蒋介石和各地军阀的反革命屠刀之下，白色恐怖笼罩着全国。当年秋天，殷夫离家返回上海。为此，母亲和大姐一直送他到离家乡十里外的虎啸铺。临别时母亲叮嘱殷夫：“象山风声很紧，到处在捉‘乱党’分子，你在外面要小心。”为了宽慰老人，殷夫淡淡一笑说：“我有数。”

1927 年 9 月，殷夫托女友盛孰真借到一张浙江上虞徐文雄的中学毕业文凭，便以“徐文雄”之名考入同济大学德文补习科。到同济大学就读后，殷夫不仅与陈元达同班、同宿舍，且志趣相投、理想一致，两人很快就成为挚友。他们一边刻苦学习德文，一边积极参加进步学生运动。平时，他还经常阅读《文化批判》《创造月刊》《奔流》《太阳月刊》等进步刊物。

1928 年 1 月，《太阳月刊》在上海创刊。不久后，殷夫就投寄了一组诗稿给该刊编辑部。编辑部负责人、共产党员钱杏村（阿英）看到这组充满热烈革命感情的诗稿后立即回信，约殷夫到上海市区见面。见面后，两人围绕这组诗稿和文学创作活动进行了交流。殷夫还告

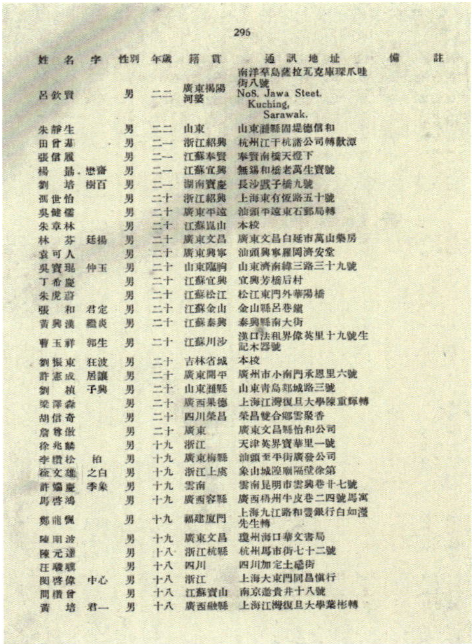
296

姓名	字	性別	年歲	籍貫	通訊地址	備註
呂欽賢		男	二二	廣東揭陽河婆	南洋荸島薩拉瓦克庫琛爪哇街八號 No8. Jawa Steet. Kuching, Sarawak.	
朱靜生		男	二二	山東	山東濰縣固堤德信和	
田曾基		男	二一	浙江紹興	杭州江干杭諸公司轉歖潭	
張信履		男	二一	江蘇奉賢	奉賢南橋天燈下	
楊　晶	愍齋	男	二一	江蘇宜興	無錫和橋老萬生寶號	
劉　培	樹百	男	二一	湖南寶慶	長沙戥子橋九號	
孤世怡		男	二十	浙江紹興	上海東有恆路五十號	
吳健儒		男	二十	廣東平遠	汕頭平遠東石郵局轉	
朱章林		男	二十	江蘇崑山	本校	
林　芬	廷揚	男	二十	廣東文昌	廣東文昌白延市萬山藥房	
袁可人		男	二十	廣東興寧	汕頭興寧羅岡濟安堂	
吳寶琨	仲玉	男	二十	山東臨朐	山東濟南緯三路三十九號	
丁希慶		男	二十	江蘇宜興	宜興芳橋后村	
朱虎蔚		男	二十	江蘇松江	松江東門外華陽橋	
張　和	君定	男	二十	江蘇金山	金山縣呂巷鎮	
黃興漢	鑑炎	男	二十	江蘇泰興	泰興縣南大街	
曹玉祥	郭生	男	二十	江蘇川沙	漢口法租界偉英里十九號生記木器號	
劉振東	狂波	男	二十	吉林省城	本校	
許憲成	居讓	男	二十	廣東開平	廣州市小南門承恩里六號	
劉　禎	予興	男	二十	山東濰縣	山東青島郯城路三號	
梁澤森		男	二十	廣西果德	上海江灣復旦大學陳重輝轉	
胡信奇		男	二十	四川榮昌	榮昌雙合鄉雲聚香	
詹尊傲		男	二十	廣東	廣東文昌縣怡和公司	
徐兆麟		男	十九	浙江	天津英界寶華里一號	
李禮松	柏	男	十九	廣東梅縣	汕頭至平街廣發公司	
徐文雄	之白	男	十九	浙江上虞	象山城隍廟隔壁徐第	
許嬌慶	季象	男	十九	雲南	雲南昆明市雲興巷廿七號	
馬啓鴻		男	十九	廣西容縣	廣西梧州牛皮巷二四號馬寓	
鄭龍佩		男	十九	福建廈門	上海九江路和豐銀行白如瀅先生轉	
陳明涉		男	十九	廣東文昌	瓊州海口華文書局	
陳元達		男	十八	浙江杭縣	杭州馬市街七十二號	
汪曦積		男	十八	四川	四川加定土橋街	
閔啓偉	中心	男	十八	浙江	上海大東門同昌慎行	
問積曾		男	十八	江蘇寶山	南京邀貴井十八號	
黃　培	君一	男	十八	廣西融縣	上海江灣復旦大學葉彬轉	

殷夫化名徐文雄就读同济德文补习科的登记信息

殷夫当年经常投稿的《太阳月刊》

诉钱杏村，学校环境对自己不利，但自己还是想坚持学好德文；大哥徐培根唯恐他参加革命，总想把他带在身边。殷夫的表达虽然简洁，但态度诚恳、朴实，钱杏村对其非常欣赏。此后，殷夫成了太阳社的社员，并经常给太阳社主办的刊物供稿。

1928年2月，殷夫写信给《文化批判》编辑部，围绕马克思《黑格尔法哲学批判·导言》原文中的“批判不仅是解剖刀，乃是一种武器”和“不把普罗列塔利亚特‘奥伏赫变’，哲学决不能实现”等发表看法。他还引用《创造月刊》第9期上刊载的成仿吾《从文学革命到革命文学》中的有关言论，就《文化批判》1月号上彭康发表的《哲学的任务是什么?》中的有关译文提出商榷意见，认为对原著的翻译应力求准确地体现马克思主义的原意。殷夫当时年仅18岁，学习德文也只有半年，但已能阅读马克思的德文原著，并敏锐地指出当时在学术界颇有名望的彭康译文中的瑕疵，实属难能可贵。

5月3日，日本帝国主义出兵侵占我国山东省济南市，屠杀国民政府公使蔡公时及中国军民6 100余人，制造了震惊中外的“济南惨案”。面对血腥屠杀，蒋介石却发出通令，强调务必竭力阻止民间的抗议和示威活动。消息传到同济后，广大学生义愤填膺。然而，学校当局和学生会却秉承国民政府旨意，要求大家等待政府“妥善处理”。为此，殷夫慷慨激昂地表达了态度，竭力主张全校同学集会游行，抵制日货，声讨日本帝国主义的罪行。在同学们的强烈要求下，5月6日，学校学生会决定罢课3天，抗议日本帝国主义的暴行。

面对国内外敌人蹂躏祖国的险恶环境，殷夫经常在吴淞海滨散步沉思。他关

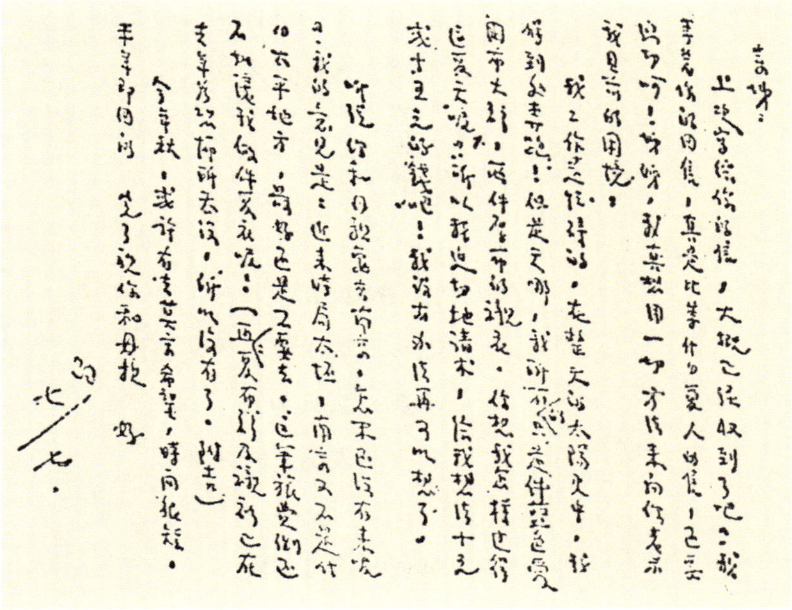

殷夫写给二姐徐素云的信

注民族的危急、人民的苦难，向往光明的前途、共产主义的未来。其间，他办了一份名为《漠花》的油印文艺刊物。可惜的是，这份刊物宛如茫茫文艺沙漠中一朵难能可贵的小花，仅出了两三期就夭折了。那些日子里，身处白色恐怖中的殷夫只能时常迎着初升的旭日或在夜深人静时写下诗篇，抒发自己的情怀。

殷夫向往中国共产党，渴望与中国共产党接上关系。在焦急等待中，他写下了《白花》《祝——》《独立窗头》《孤泪》等诗篇。他在《独立窗头》中写道：

我眩然地沉入伤感，
懒把飘零的黑丝掠上，
悲怆的秋虫鸣歌，
岂是为我诉说苦想？
…………
不！我的英勇终要回归，
热意不能离我喉腔，

暂依夜深人静，寂寞的窗头，
热望未来的东方朝阳！

他在《孤泪》一诗中又写道：

忍耐吧！可怜的人，
忍耐过这漫长的夜，
冷厉的暴风加紧，
秋虫的哀鸣更形残衰。

鲜红的早晨朝曦，
也是叫他们带来消信，
黑暗和风暴终要过去，
你呀！洁圣的光芒，永存！

1928年5月，党组织委派一位年轻同志与殷夫取得了联系。为此，他感到无比喜悦和激动，并于事后怀着崇敬的心情写下了《我们初次相见》一诗。殷夫终于从一名共青团员成长为一名中共党员。从此，在党的直接领导下，他更加积极地投入到火热的斗争之中。

纸、笔、诗成了殷夫投身斗争的武器。《给某君》一诗描述了他和战友冒着被敌人追袭的危险书写、张贴革命标语的情景，表达了他的内心充满着对敌人的仇恨、蔑视和对革命风暴来临的殷切期待。而同年6月所写的《呵，我们踯躅于黑暗的丛林里》则反映了他和战友们正在斗争中锻炼成长：

呵，我们踯躅于黑暗的，黑暗的丛林里，
世界大同的火灾已被我们煽起，煽起，

我们手牵着手，肩并着肩，喷着怒气……

在火中我们看见了天上的红霞，旖旎！

殷夫木刻像

如果说，殷夫在中学时代所写《放脚时代的足印》还夹杂着抑郁、惆怅、迷茫和无所适从，那么，由于受到革命思想和共产党人的直接影响，他进入大学后所写的这些诗歌除了对旧世界的痛恨外，还充满着对新世界的热切向往，变得更加积极向上，不仅反映了当时革命青年的共同心声，也反映了殷夫本人从一个小资产阶级知识分子逐步向无产阶级战士转变的过程。

1928 年 8 月，殷夫第二次被反动当局逮捕入狱。在狱中，面对残暴的敌人，他坚贞不屈，时刻准备为革命事业牺牲生命，并毅然决然地向深爱的姑娘告别。他在《宣词》一诗中写道：

亲爱的姑娘，真，

…………

明晨是我丧钟狂鸣，青春散殒，

潦倒的半生殁入永终逍遥。

我不能爱你，我的姑娘！

不久，殷夫由其大嫂转托大哥徐培根的朋友保释出狱。当时，陈元达及德文补习科同年级同学王顺芳也遭到敌人追捕。10 月，殷夫、陈元达、王顺芳等先后转移到象山，在殷夫二姐徐素云任校长的县立女子小学任代课教师。在讲课中，殷夫运用启发的方式传播革命思想，鼓励同学们努力学习。他说：“读书就是为了上进，上进就是为了能为劳苦大众做点好事。”他支持部分毕业班同学赴外地中学读书，以摆脱封建家庭束缚。课余，他还热情参与和辅导学生的文体活动，教同学们打篮球，并与陈元达一起担任导演，指导学生排演了话剧《逼债》、歌舞剧《小小画家》等剧目。

在象山期间，殷夫、陈元达和王顺芳一同住在西寺。在教学之余，他们还以游览名胜为名，在东乡珠山、爵溪沙滩等地讨论国内形势，商讨斗争对策。其间，殷夫还创作了《地心》《归来》《给母亲》《我醒时……》等诗篇，不仅诅咒黑暗统治，礼赞光明的未来，歌颂纯真的爱情，也表达了他献身革命的决心。

三、奋笔疾书的红色诗人

1929 年春，王顺芳、陈元达、殷夫先后离开象山重返上海，并寻找党组织。回到上海后，因缺少家庭的资助和经济来源，殷夫过着极其艰苦的生活，经常是有了上顿没下顿，有时一天就啃两只大饼，甚至不得不靠典当衣物维持生活。为了防备敌人搜捕，他还多次迁居。尽管环境恶劣、生活艰辛，但他以诗歌为武器，坚持革命的决心丝毫没有动摇。经过一段时间的流浪生活后，他终于与党组织恢复了联系。从此以后，他专门从事共青团和青年工人运动工作，成为一名职业革命家。在紧张的群众工作之余，他坚持创作，其作品与前几年相比思想性更加成熟，艺术上更趋精美，内容和形式也更加丰富和多样。仅 1929 年，他创作的诗歌、散文、小说等就超过了 50 篇。

在四一二反革命政变两周年之际，殷夫写下《别了，哥哥》一诗，正气凛然地宣布与仍在国民党反动当局任职的大哥彻底决裂：

别了，哥哥，别了，
此后各走前途，

再见的机会是在，

当我们和你隶属着的阶级交了战火。

在五卅运动4周年到来前，他在组诗《血字》中写道：

“五卅”哟！

立起来，在南京路走！

把你血的光芒射到天的尽头，

把你刚强的姿态投映到黄浦江口，

把你的洪钟般的预言震动宇宙！

…… ……

“五”要成为报复的枷子，

“卅”要成为囚禁仇敌的铁栅，

“五”要分成镰刀和铁锤，

“卅”要成为断铐和炮弹！……

他在组诗《一九二九年的五月一日》中还写道：

我们的五一祭是誓师礼，

我们的示威是胜利的前提，

未来的世界是我们的，

没有刽子手断头台绞得死历史的演递。

这些义正词严、气势磅礴的诗篇，既是殷夫与反动阶级彻底决裂的宣言书，也是他宣传革命斗争的红色鼓动诗，在当时的社会产生了积极而广泛的影响。

1929年5月，殷夫将《裴多菲诗集》（裴多菲，匈牙利民主革命诗人；诗集为殷夫的大哥为帮助其学习德语所赠）中的《裴多菲传》由德文翻译成中文，并投寄给鲁迅主编的《奔流》杂志。6 月，鲁迅从北平回到上海，见到稿件后非常激动，当即写信给殷夫索要德文版原稿核校。

6 月 24 日，殷夫拿着《裴多菲诗集》去见鲁迅。鲁迅约请他再译 10 多篇诗，表示要和这篇传记一起发表。为了帮助殷夫翻译裴多菲诗稿，鲁迅还委托柔石将自己珍藏多年的两本裴多菲集子送给了殷夫。不久后，殷夫如约将译稿交给了鲁迅。这些译诗很快发表在《奔流》第 2 卷第 5 期上。从此，殷夫与鲁迅建立起十分亲密的师生关系。鲁迅不仅在创作上精心指点殷夫，在生活上也给予他诸多关照，甚至经常为他提前垫付稿费，以帮助他解决生活上的困难。鲁迅十分赏识殷夫的创作和翻译作品，总是想方设法尽快予以发表。

殷夫的刻苦勤奋和外文天赋不得不令人叹服。在校读书期间，他便已较熟练地掌握了英文和德文。成为职业革命家后，通过 5 个月的刻苦自学，他又掌握了俄文，并达到能够翻译的水平。

1929 年 7 月，在参加上海丝厂罢工斗争的过程中，殷夫第三次被捕。在狱中，面对严刑审讯，他依然坚贞不屈，拒不泄露半点秘密。一个多月后被释放时，由于个人衣物均被敌人没收，他只得从友人处借了件棉袍穿上。8 月 18 日，殷夫去见鲁迅。鲁迅热情接待了汗流满面的殷夫，鼓励他继续从事革命创作，还垫付了 20 元稿费，让他买一件夹衫穿上。

1929 年秋，殷夫开始担任共青团中央宣传部干事，并参加《列宁青年》和《摩登青年》的撰稿和编辑工作。《列宁青年》为共青团中央机关主办的半月刊，是一个以革命青年为主要读者的综合性政治刊物；1930 年下半年改为周刊后由殷夫担任主编。《摩登青年》是共产党领导下的青年反帝大同盟主办的刊物，殷夫是该刊主编之一。其间，殷夫除继续写诗、翻译外国进步作品外，还写了 20 多篇历史人物传记和政论文，作品包括《过去文化运动的缺点和今后的任务》《拥护全国苏维埃代表大会》《在红军中的宣传教育工作》《李卜克内西生平事略》《军国主义批判》《中国青年反帝运动的战术》等。其中，《李卜克内西生平事略》介绍了德国人民的伟大领袖李卜克内西光辉的一生，激发了人们对无产阶级领袖的热爱和对反动阶级、叛徒与机会主义者的仇恨；《军国主义批判》分析了军国主义的表现、实质和根源，着重指出了反军国主义与当时政治斗争、经济斗争、工人运动、农民运动、学生运动等中国革命各方面任务的密切关系。当然，受中央领导机关“左”倾错误影响，殷夫当时发表的部分政论文和红色鼓动诗中也存有些许“左”倾痕迹。

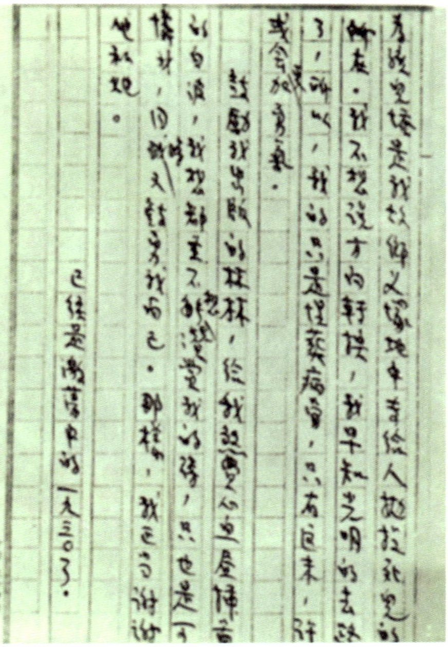

殷夫手迹：《孩儿塔》上剥蚀的题记

1930 年初，殷夫将自己保存的部分诗稿编集成册，题名《孩儿塔》，并写了《〈孩儿塔〉上剥蚀的题记》，表明自己要“埋葬病骨”，鞭策自己“更向前，更健全”，以适应“现在时代需要”。

同年 3 月 2 日，中国左翼作家联盟在上海成立，殷夫作为发起人之一出席了成立大会，并成为“左联”的正式成员。之后，他积极为“左联”创办的《萌芽》《拓荒者》《巴尔底山》等刊物供稿，发表了许多诗歌、散文和小说。这一时期，殷夫在政治、艺术上更趋成熟，体现了作为革命者和革命诗人完美的统一。他在《五一歌》中写道：

我们过的是非人的生活，
唯有斗争才解得锁链，
把沉重的镣枷打在地上，
把卑鄙的欺骗扯得粉碎，
我们要用血用肉用铁斗争到底！
我们要把敌人杀得干净，

管他妈的帝国主义国民党，
管他妈的取消主义改组派，
豪绅军阀，半个也不剩，
不建立我们自己的政权——
我们相信，我们相信，永难翻身！……

1930年5月30日是五卅运动5周年的纪念日。为了缅怀先烈，遥望未来，殷夫满怀热血地写下了《我们是青年的布尔塞维克》的诗篇，以此庄严宣告：

我们生在革命的烽火里，
我们长在斗争的律动里，
我们是时代的儿子，
我们是群众的兄弟，
我们的摇篮上，
招展着十月革命的红旗。
我们的身旁是世界革命的血波，
我们的前面是世界共产主义。

当年冬天的某一天，殷夫和阿英（钱杏村）约定在四马路（今福州路）一家书店见面。两人从四马路边走边谈到五马路（今广东路）、六马路（今北海路），之后又走了回来。在大约两个小时中，两人“彼此谈得很有兴致，中间还夹着愤慨，一直到两人都走得很疲乏，才依依不舍地分开”。

四、坚贞不屈的英雄楷模

1931年1月17日，殷夫在上海三马路东方旅社（今汉口路666号）参加党的会议。由于叛徒告密，他与柔石、李伟森、胡也频、冯铿等一起被英租界巡捕逮捕，后被关押在龙华淞沪警备司令部监狱。在狱中，殷夫置生死于度外，还帮助柔石学习德文。2 月 7 日晚，殷夫等 5 位“左联”作家与党的重要干部何孟雄、林育南等共二十余人被国民党反动派秘密杀害于监狱旁的一块空地上。殷夫牺牲时不足 21 岁。

2 月 12 日，中共中央机关报《红旗日报》沉痛地发布了殷夫等烈士遇难的消息。《群众日报》发表了《反对国民党残酷的白色恐怖》的社论，严厉谴责敌人的血腥暴行。鲁迅闻讯后写了一首七律，以寄托哀思和表达对反动派的愤慨：

惯于长夜过春时，挈妇将雏鬓有丝。
梦里依稀慈母泪，城头变幻大王旗。
忍看朋辈成新鬼，怒向刀丛觅小诗。
吟罢低眉无写处，月光如水照缁衣。

两年后，鲁迅又连续写了《中国无产阶级革命文学和先驱的血》《为了忘却的记念》等文章，揭露和抗议国民党反动派勾结帝国主义杀害革命作家的滔天罪行。此后，鲁迅又为殷夫的诗集《孩儿塔》作序并撰写续记，对他的诗歌给予了高度评价：“这是东方的微光，是林中的响箭，是进军的第一步，是对于前驱者的爱的大纛，也是对于摧残者憎的丰碑。”

其中，鲁迅在为纪念“左联”五烈士所作的《为了忘却的记念》（刊载于 1933 年 4 月 1 日出版的《现代》第二卷第六期）中写道：“较熟的要算白莽，即殷夫了，他曾经和我通过信，投过稿，但现在寻起来，一无所得，想必是十七那夜统统烧掉了，那时我

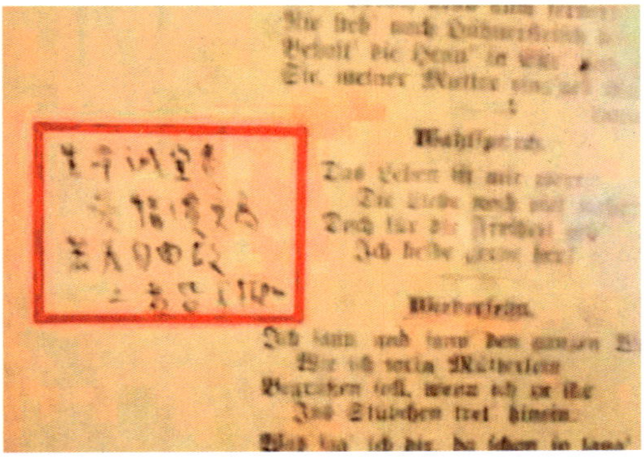
当年殷夫交给鲁迅的《裴多菲诗集》中所译的《自由与爱情》手稿

包括殷夫在内的上海龙华烈士陵园内的“龙华二十四烈士墓”

还没有知道被捕的也有白莽。然而那本《彼得斐诗集》却在的，翻了一遍，也没有什么，只在一首《Wahlspruch》(格言)的旁边，有钢笔写的四行译文道：‘生命诚宝贵，爱情价更高；若为自由故，二者皆可抛！’又在第二页上，写着‘徐培根’三个字，我疑心这是他的真姓名。”由此，殷夫所译裴多菲的诗句《自由与爱情》方为世人所知并传颂至今。

1945 年，中共中央在《关于若干历史问题的决议》中对 1931 年 2 月牺牲的包括殷夫在内的上述二十几位烈士给予了高度评价：“他们为党和人民做过很多有益的工作，同群众有很好的联系”；他们被捕后，“在敌人面前坚强不屈，

殷夫烈士殉难处，该遗址于 1988 年被国务院列为全国重点文物保护单位

位于浙江省宁波市象山县大徐镇大徐村的殷夫故居

同济大学学生运动纪念园中的殷夫浮雕像

上海多伦路“左联”会址纪念馆内的“左联”五烈士雕像，前右一为殷夫

慷慨就义”；他们的“无产阶级英雄气概，乃是永远值得我们纪念的”。

新中国成立后，党和人民政府为了永远纪念殷夫等革命先烈，在他们当年的就义处发掘遗骸，并安葬于大场公墓，后迁葬于龙华烈士陵园。殷夫当年的许多珍贵诗文原稿虽然因在遭逮捕时被敌人搜走而散失，但新中国成立后，他先后登载在报刊上的著译等陆续被找到，开明书店和人民文学出版社以此为基础先后整理、出版了《殷夫选集》《殷夫诗文选集》等。这些作品充分表明了殷夫不仅是一名无产阶级革命家，还是一位才华四溢、成就卓著的优秀革命诗人。

1986 年，殷夫故居被象山县人民政府列为县级文物保护单位。1991 年，在烈士牺牲 60 周年之际，经过修缮后的殷夫故居重新向社会开放，当地的“大徐中学”也同时更名为“殷夫中学”。

1987 年 5 月，同济大学学生运动纪念园在同济大学一·二九爱国学生运动的发源地正式落成，殷夫的浮雕像位列其中。作为当年的爱国学生之一，殷夫坚贞不屈的爱国精神激励着一代又一代青年学子奋发图强，开拓前进！

参考文献

1.《象山文史资料（第 1 辑）》，象山县政协文史资料委员会编，1986 年 12 月，第 33 页（注①）。

陈元达：以写作为斗争利器的青年志士*

“一切寄生的东西，完全歼灭！”

这句话表达了陈元达对反动势力的无比痛恨

也体现了他对革命取得胜利的坚定信念

他深受爱国思想影响

毅然背井离乡来到上海

探寻救国救民之路

他投身反帝爱国运动

誓与进步同学并肩战斗

踏着烈士足迹前行

参加反帝斗争，深入工农群众

他用行动践行爱国誓言

宣传革命思想，揭露反动统治

他将写作作为斗争武器

坚定理想信念，抛生死于度外

他以生命诠释革命意志

铭记同济英烈

让我们缅怀革命先烈陈元达

感悟这位青年志士爱党爱国的热诚之心

---

* 原文名：“献身革命　血洒龙华——陈元达烈士传略”，忻渊、祝明、储岗著，有删改。

陈元达（1911—1931），浙江诸暨人，中共党员。1925 年秋至 1926 年春在同济大学附设中等机师科学习，后因参加反“誓约书”斗争而转学至广东大学就读。1927 年夏受组织派遣从穗返沪，并考入同济大学德文补习科继续学业。1928 年秋，因遭追捕而转移至浙江象山。1929 年春重返上海后，一边参加工人运动，一边从事写作和翻译工作。1931 年 7 月 25 日，在从事联络工作过程中被捕；同年 8 月 5 日被秘密杀害于龙华，时年 20 岁。

陈元达，1911 年出生于杭州，祖籍浙江诸暨。陈元达在 7 名兄弟姐妹中排行第三，其父曾在旧军阀部队中任军官。陈元达曾在浙江镇海国民小学读书，1923 年考入宁波教会开办的浸会中学（同年与崇信中学合并后更名为四明中学，现为宁波市第四中学）。由于学习勤奋、成绩优异，他仅用两年时间就读完了初中三年的课程。

五卅运动爆发后，受革命思想影响，陈元达深感中华民族已处于危险境地。为寻求救国救民之路，他毅然决定离开宁波来到上海。1925 年暑期，陈元达跳级考入同济大学附设中等机械科。进入同济后，他亲身体验了同济校园内强烈的反帝爱国氛围，坚定了踏着尹景伊等五卅烈士足迹奋勇前行的决心。

随着国民革命形势的迅猛发展，帝国主义和封建军阀感受到了极大压力，也对此愈发恐惧和仇视，并开始采取迫害和镇压措施。1925 年 8 月 20 日，国民党左派领袖廖仲恺在广州被暗杀；9 月 18 日，上海总工会被奉系军阀查封。1926 年 3 月中旬，在全国人民纪念孙中山逝世周年之际，日本帝国主义和奉系军阀联合进攻国民革命军，制造了“大沽口事件”。3 月 18 日，在李大钊等的领导下，北京各界群众在天安门前召开国民大会并游行请愿，抗议日军暴行，要求政府拒绝列强的最后通牒。面对群众的反帝爱国诉求，段祺瑞卖国政府不仅不予响应，还对示威群众进行了疯狂镇压，制造了47人死亡、200余人受伤的“三一八”惨案。惨案引起了上海市民和同济学生的极大愤慨。在上海市各界联合举行的悼念北京死难烈士的追悼大会上，陈元达和同学们与三万名市民一起齐声高呼“打倒段祺瑞！”“取消辛丑条约！”“促成国民会议！”“取消一切不平等条约！”等口号，严厉声讨日本帝国主义和北洋军阀的野蛮行径。

当时的上海不仅是帝国主义在华利益最集中的地方，也是国内反动势力集聚的重要场所。为了阻止高涨的学生运动，平息社会各界的抗议声浪，上海租界工部局曾于3月18日专门宴请军、警、商界头面人物和部分大学校长，商量对策，强调“‘五一’‘五四’‘五九’‘五卅’将届，中外当局当合力预防”，并承诺将来英国庚子赔款退还时，他们（赴宴者）享有优先权。

时任同济大学校长阮尚介参加宴会后于3月30日在校内张贴布告，攻击“五四”以来的历次爱国运动“收效甚微，殊属得不偿失”；污蔑五卅运动是学生一时义愤，造成了“重大损失，至今尚有余痛”；指责学生罢课纪念孙中山逝世周年和声援“三一八”惨案“与重视学业之旨大相违背”；声称国家处内忧外患之中，事端频发，若每次都停课，学生就无法安心读书，“学校当局为良心所驱使，不能不取纠正之方法”[①]。而他提出的“纠正方法”就是要求学生在学校印发的“誓约书”上签名，否则“即令退学”。该“誓约书”规定：“一、非得学校之命令公布不得停课或全体请假；二、学生大会须于三日前呈请校长许可，且不许用学生会名义邀请校外之人演讲。”显然，校方抛出“誓约书”的目的就是想将学生束缚在校园内，让学生既不关心国事，也不参与任何爱国行动。

学生们接到学校发放的“誓约书”后深感惊愕和无比愤慨。学生会当即致函校长提出抗议，学生们也纷纷退还“誓约书”。当晚，包括陈元达在内的380余名学生在反对“誓约书”的声明上签名以示抗议。

反“誓约书”斗争也是国共合作的统一战线与反动势力的“反赤”逆流之间生死搏斗的一次集中体现。一方面，阮尚介强迫学生填写“誓约书”的行动得到了淞沪警察厅及以孙传芳为首的浙、闽、苏、皖、赣5省联军司令部的支持和撑腰，反动势力一时极为嚣张，并最终演变为军警包围学校、搜捕进步学生，学校也随之开除了20名学生会干部和班级骨干。在严峻的形势下，陈元达等70余名进步同学坚定地与被开除的同学并肩战斗，并不惜牺牲个人学籍而主动离校。另一方面，这场斗争得到了拥护国共合作的国民党上海执行部、中华全国总工会、全国学联、上海学联和校内进步教师、校外爱国人士的支持。《南洋周刊》评价学生"是何等的勇敢，何等可佩"，赞扬同济学生在反动势力面前所表现出的坚强勇敢和不屈不挠。《向导》发表的署名文章则认为，"上海的学潮有重大意义，决（绝）不是普通的学潮可比"。

4月27日，国民党上海执行部致电广州国民党中央，报告同济学潮的概况，并很快得到电复。国民党中央在回复电文中盛赞同济学生的斗争，并欢迎他们转学至广州的大学或到广州工作。广东大学（今中山大学）也致电国民党上海执行部，对同济学生的行为表示了赞赏和钦佩，并欢迎离校学生转学至广东大学。

当时的国民政府所在地广州是全国革命运动的中心，一直为广大追求革命理想的青年学生所向往。得知来自广州的消息后，同济的70余名学生立即开始报名申请，陈元达也踊跃加入了报名行列。随后，这些学生于五六月间分三批搭乘货轮赴广州。抵达广州后，詹大悲（国民党左派）、邓颖超（共产党人，当时以个人身份加入国民党）等代表国民党中央亲切接见了南下学生，并要求广东大学校长褚民谊落实学生的学籍等具体安排。在褚民谊的协调下，愿意继续学业的同济南下学生分别转入广东大学医科和工科就读。陈元达因此转入对口的广东大学工科继续学习。此前，因担心父母像许多家长一样反对其南下"冒险"，陈元达一直未将南下广州之事告知父母，直到在广州安顿下来之后，他才写信向家里报了平安，并将此事告诉了父母。

在广东大学学习期间，陈元达继续关心国家命运，并积极参加革命活动。他还写信给兄妹，表达了拥护国民革命军北伐的立场，并向他们推荐《母亲》

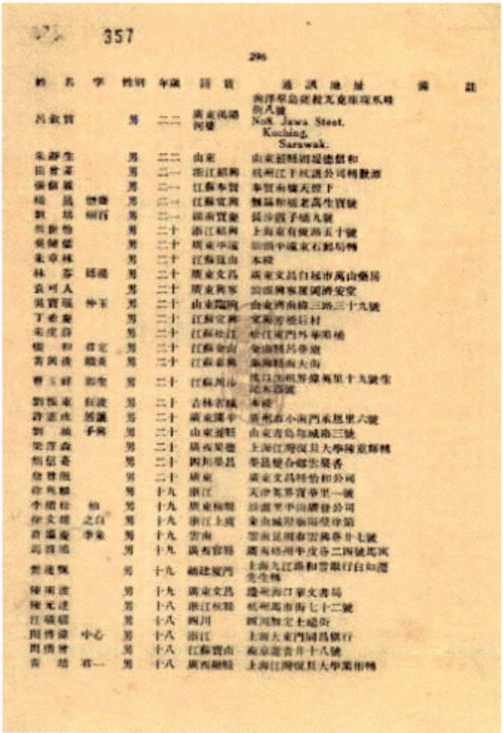

1928 年编印的《国立同济大学二十周年纪念册》中的“在校同学录”

《铁流》等苏联进步书籍，鼓励他们跟上时代的步伐。

1927 年 4 月 12 日，蒋介石在上海发动反革命政变，彻底背叛了孙中山“联俄、联共、扶助农工”的三大革命政策。从此，白色恐怖开始笼罩上海，并逐步蔓延到全国各地。此后，受党组织派遣，已成为共产党员的陈元达和同样从同济转学至广东大学的同学王顺芳一起从广州返回上海。8 月 10 日，两人一同考入同济大学德文补习科。

回到同济后，陈元达和殷夫同班、同宿舍，两人因志趣相投、理想一致，很快就成为挚友。他们经常在一起刻苦学习，相互切磋交流，两人的德语水平提高很快，仅半年后就能进行初步的德文翻译。同时，他们还关心时政发展，并积极联系和动员身边的群众参加革命活动。据陈元达的哥哥陈元恺回忆：“陈元达读书非常勤奋，日以继夜（夜以继日），无论寒暑假，从不休息。有一次，我去他们学校看他，晚上 11 点了，他还同殷夫在喝咖啡提神，准备继续读书。”“陈元达不但对群众宣传革命，而且也向我灌输革命思想，给我看高尔基的《母亲》等书籍和刊物，并陪我去租界内开设的进步书店买书刊。我在沪杭铁路工作时，他要我介绍他到铁路上去工作，以便深入工人群众中开展工作。”②

1928 年 10 月，遭到敌人追捕的陈元达、王顺芳与刚出狱不久的殷夫先后转移到浙江象山，并在殷夫二姐徐素云担任校长的县立女子小学任代课教师。陈元达负责讲授语文、历史、地理等 3 门课程。在教学中，他运用启发式教学

《国立同济大学二十周年纪念册》中的德文补习科全体师生合影

方法，将传播革命思想穿插其中，课堂教学内容既丰富又生动活泼。他还关心学生的健康成长，经常利用课余时间教学生跳高和开展其他体育活动。

陈元达和殷夫还一起组织学生排练了话剧《逼债》和歌舞剧《小小画家》。《逼债》无情地揭露了封建地主阶级对农民的残酷剥削和压迫及地主阶级荒淫无耻地过着寄生虫式生活的事实，鼓励群众勇敢地开展反对封建地主阶级的斗争，体现了鲜明的阶级性和号召力；《小小画家》则批判了陈腐的封建等级观念，并向群众宣传职业无高低贵贱之分的平等思想。这些剧目在象山东西大街的姜殿庙公演时，现场观看演出的观众人潮如流，在群众中产生了积极影响。其间，陈元达和殷夫、王顺芳还经常以游览名胜古迹为名在象山郊外一起分析革命形势、研究斗争对策。

1929 年春，陈元达和王顺芳、殷夫先后离开象山，重返上海寻找党组织。回到上海后，陈元达一边参加工人罢工、张贴标语、散发传单等革命活动，一边从事写作和翻译工作，积极宣传革命思想。为了躲避敌人的搜捕，他曾多次

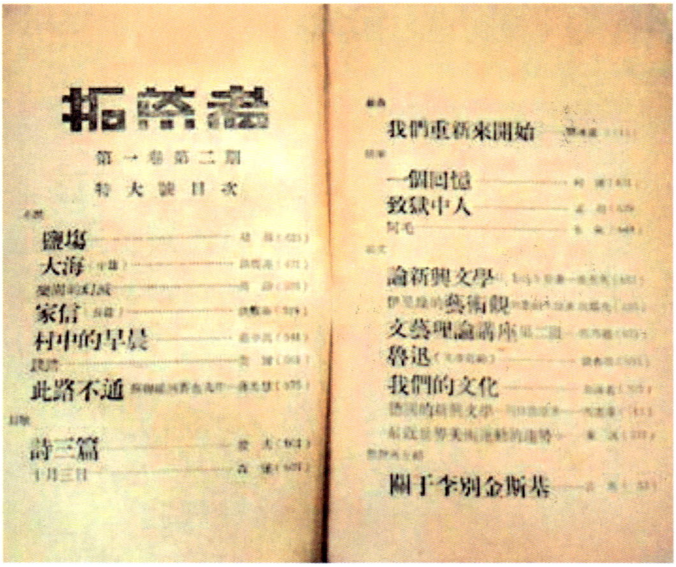
拓荒者

第一卷第二期

特大號目次

鹽場

大海

家信

村中的早晨

此路不通

詩三篇

十月三日

我們重新來開始

一個回憶

致獄中人

論新興文學

藝術觀

文藝理論講座第二回

魯迅

我們的文化

關于李別金斯基

陈元达在《拓荒者》(1930年第1卷第2期)发表的《一个回忆》

迁居。由于主要依靠写作取得的微薄稿费维持生活，他的生活条件极其艰苦，但他仍忘我地工作，革命的信念从未改变。

从事写作工作后，陈元达曾用笔名“柯涟”为《摩登青年》《拓荒者》等进步刊物撰稿，并先后在共产党人蒋光慈主编的太阳社文艺刊物《拓荒者》上发表了《一个回忆》(1930年第1卷第2期)、《期待》(1930年第1卷第3期)等文章。这些文章礼赞光明，歌颂苏联十月社会主义革命，揭露黑暗的反动统治，反映了他和战友们忍饥挨冻、不畏艰险、艰苦奋斗的斗争历程，表达了革命乐观主义精神和与反动势力不共戴天的决心。他在《期待》中写道：

> 一座摘星的高楼，从无数的窗子，漏出点点电灯的光芒。这是什么呢？用我们血液白骨造成的楼台，里面有着寄生的动物，这会儿正金迷纸醉地在作乐。……呵，这万恶社会的象征！……总得有一天呵，这个千丈的楼台，给我们打了倒来，一切寄生的东西，完全歼灭！

在写作期间，陈元达与鲁迅保持着联系，有的译稿也会征求鲁迅的意见。

鲁迅曾在1929年12月21日的日记中写道，“上午得陈元达信并稿”；同月29日，鲁迅在日记中又写道，“寄陈元达信并还译稿一篇”。

1931年7月25日，陈元达到上海爱而近路（今安庆路）142号从事联络工作，不幸被公共租界工部局巡捕房两名华探逮捕。27日，陈元达被转解到上海淞沪警备司令部关押。在狱中，他坚贞不屈，视死如归，保持了共产党人崇高的革命气节。8月5日，陈元达被秘密杀害于上海龙华，牺牲时年仅20岁。

参考文献

1.《同济学生填誓约书风潮益形决裂》,《申报》，1926年4月5日，第9版（注①）。

2.《诸暨文史资料（第3辑）》，中国人民政治协商会议浙江省诸暨市委员会文史工作委员会，1988年9月，第150～151页（注②）。

朱觉：从革命家庭走出的红色兵工*

悟觉志坚投革命
根据地里造枪弹
这是朱觉革命生涯的真实写照
他是追求真理的爱国少年
感悟理想，投身革命
叫卖革命刊物，张贴宣传标语
懵懂少年参加反帝爱国宣传
红色家庭，是他的革命基因
他是有勇有谋的基层骨干
联络同学，关心时政
行动沉着冷静，处事胆大心细
爱国青年肩负支部书记重任
中共党员，是他的第一身份
他是前线战士的坚强后盾
团结干群，克服困难
制造枪支弹药，修理枪械装备
革命战士保障前线抗敌物资
敌后兵工，是他的战斗岗位

铭记同济英烈
让我们缅怀革命先烈朱觉
感悟这位志士青年的成长历程和爱国情怀

---

* 原文名：“光明磊落　无私奉献——朱觉同志传略”，屠听泉、潘祖康著，有删改。

朱觉（1911—1932），湖南长沙人，出生于革命知识分子家庭。1926年加入共青团，1927年转为中共党员。1928年7月考入同济大学附设机师学校。1929—1930年任中共同济大学地下党支部书记。1930年下半年被国民党反动派逮捕，后由党组织营救出狱。1931年春奉党组织调派，赴鄂豫皖根据地任鄂豫皖军事委员会兵工厂支部书记。1932年，朱觉在“肃反”运动中被错杀，时年21岁。

一、深受革命家庭影响

朱觉，又名朱坚、朱淑平，湖南长沙人，1911年6月1日出生于革命知识分子家庭。朱觉的祖父周达武系清朝甘肃提督，拥有一万多亩田地，曾以巨款买下长沙城北一处占地80余亩的苏州园林式宅第作为自己的公馆；率兵入川期间，将姚姓贫农女儿抢走并纳为第三妾。朱觉的父亲朱剑凡（1883—1932）原名周家纯，系姚氏所生；因母子长期受到周达武嫡妻等人的歧视和欺凌，朱剑凡从小就憎恨封建家族制度，同情深受压迫的妇女。20世纪初，朱剑凡在留学日本期间结识了黄兴、陈天华等人；受民主革命思想影响，他参加了留日学生反帝爱国运动，支持反清武装起义。1905年5月，朱剑凡捐出私宅、倾其家财创办了周南女中，并与封建官僚家庭、封建道德传统彻底决裂。朱觉的母亲魏湘若（1878—1953）是清廷两江总督魏光焘之女；受朱剑凡的思想影响，她积极参加女校学习，并拿出自己的全部陪嫁支持朱剑凡办学。

朱觉在8名兄弟姐妹中排行第六。因幼时均在朱剑凡创办的周南女中和附属小学读书，从小受到良好的家庭熏陶和学校教育，其兄弟姐妹中有6人先后参加革命工作，并加入中国共产党，为民族解放事业做出了贡献。

当年的周南女子中学校门，朱觉曾就读于该校附小

1918年，在新民学会影响下，为探求真理、改造社会，朱剑凡、徐特立等成立了后来被毛泽东称之为“空谷的足音”和“曙光”的健学会。1919年，“五四”爱国运动爆发后，在朱剑凡、徐特立等的带领下，长沙各校1200多名教职员工举行集体罢教声援活动。朱剑凡对学生们说：“你们冲出去，我们坚决支持！”在朱剑凡和其他革命教师的倡导下，周南女中的学生阅读进步书刊，讨论社会问题，组织“救国十人团”“国货维持会”，并走上街头演讲，宣传抵制日货，要求惩办国贼。当时尚在该校附小读书的朱觉受爱国思想影响也加入了中学生的示威游行行列，举着小旗并一路呼喊着“打倒列强，打倒军阀”的口号。

周南女中是一所具有爱国革命传统的学校，曾培养出向警予、蔡畅、丁玲等一批杰出人物。1919年10月，周南女中的学生创办了湖南妇女界最早传播新思想、新文化的革命周刊《女界钟》。其间，毛泽东曾多次到周南女中宣传革命思想。1920年夏，受朱剑凡邀请，毛泽东还在女中校园里住了一段时间，与朱剑凡一起讨论各种社会问题，商讨如何办好《女界钟》。当时恰逢有一位叫赵五贞的长沙姑娘因反对包办婚姻于出嫁当天在花轿内自杀，《女界钟》为此出了特刊，毛泽东还特此撰写了《赵五贞之死》一文，对封建礼教给予了猛烈抨击。

时年9岁的朱觉虽然对父辈所从事的革命事业仍有些懵懵懂懂，但他已能清晰地明辨善恶。他经常利用课余时间与小学同学们一起走街串巷叫卖报刊，对宣传革命思想起到了积极的促进作用。小学毕业后，朱觉先后到长沙明德中学和雅礼中学读书。就读期间，朱觉爱好球类等体育活动，经常与同学们一起锻炼身体。

1923 年，本着追随孙中山先生“联俄、联共、扶助农工”三大革命政策的理想，朱剑凡南下广州，并成为中国国民党左派的一员。1926 年北伐军攻入湖南后，朱剑凡从广州回到长沙，参与筹组国民党长沙市党部，后任市党部常委、市政府筹备处处长兼公安局长，协助省总工会委员长郭亮组织工人纠察队和农军抵御土豪劣绅的反扑，打击国民党右派组织“左社”。长沙市政府成立后，朱剑凡出任第一任市长。

父亲全力以赴地投身国民革命，对朱觉和其他家庭成员产生了深刻影响。1926 年，15 岁的朱觉加入共青团组织，1927 年转为中共党员。为支持国民革命军北伐，朱觉经常与妹妹朱慧（后更名为朱仲丽，王稼祥夫人）及同学们一起在家抄写“打倒帝国主义”“打倒军阀”等标语，然后到大街小巷中张贴，向广大市民宣传和普及革命思想。在抵制日货的斗争中，朱觉和同学们一边在街上宣传，一边进入商店检查，并与有抵触情绪的店主展开说理斗争，直至店主将日货下架停售。

1927 年四一二反革命政变后，长沙举行声讨蒋介石反革命罪行大会。担任大会主席的朱剑凡谴责蒋介石的倒行逆施，号召国民党员和广大群众联合起来抗击反动势力。“马日事变”发生后，5 月 30 日湖南反动当局将朱剑凡列为“危险分子”并下令通缉；同时，周南女中被关闭，朱家也被军警洗劫一空。在此情形下，朱剑凡被迫转移至武汉，并受到毛泽东和李富春、蔡畅夫妇的热情接待。

二、成为党的基层骨干

1928 年，朱觉随全家迁居上海。朱剑凡原打算转赴苏区，但因胃病缠身而未能成行，于是便继续留在上海从事地下工作，并将自己的寓所作为党的秘密

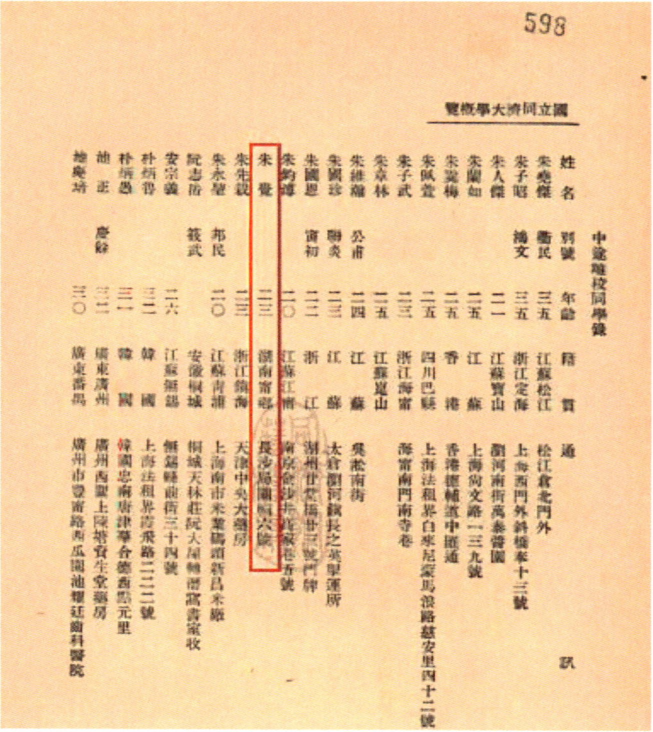

598

國立同濟大學概覽

中途離校同學錄

姓名	別號	年齡	籍貫	通訊
朱堯傑	鶴民	三五	江蘇松江	松江倉北門外
朱子聰	摛文	三五	浙江定海	上海西門外斜橋弄十三號
朱人傑		二一	江蘇寶山	瀏河南街萬泰醬園
朱蘭如		二五	江蘇	上海尚文路一三九號
朱蕙梅		二五	香港	香港德輔道中匯通
朱佩萱		二五	四川巴縣	上海法租界白來尼蒙馬浪路慈安里四十二號
朱子武		二三	浙江海甯	海甯南門南寺巷
朱章林		二五	江蘇崑山	
朱維藩	公甫	二四	江蘇	吳淞南街
朱國珍	聯奎	二三	江蘇	太倉瀏河鎮長之策學蓮所
朱國恩	資初	二二	浙江	湖州甘棠橋廿三號門牌
朱鈞璋		二〇	江蘇江甯	南京金沙井喬家巷五號
朱覺		二三	湖南甯鄉	長沙局關祠六號
朱先說		二三	浙江鎮海	天津中央大藥房
朱永璧	邦民	二〇	江蘇青浦	上海南市米業臨昌新昌米號
阮志衍	筱武		安徽桐城	桐城天林莊阮大屋轉潛窩書室收
安宗義		二六	江蘇無錫	無錫縣前街三十四號
朴炳晉		三二	韓國	上海法租界蒲飛路二二二號
朴炳愚		三一	韓國	韓國忠南唐津學合德面點元里
油正	慶餘	三二	廣東廣州	廣州西關上陸塘壽生堂藥房
湯慶琦		三〇	廣東番禺	廣州市豐甯路西瓜園油欄廷齒科醫院

1934 年《国立同济大学概览》中的“中途离校同学录”

通信联络点。为了更好地掩护党的地下工作，朱剑凡先后迁居至法租界的辣斐德路（今复兴中路）和日租界的提篮桥华德路（今长阳路），并特地在寓所内开设了作为掩护的小酒店。因联络需要，李富春、何叔衡、徐特立、李维汉、肖劲光、谢觉哉等共产党人经常光顾朱剑凡开的小酒店。

当年负责联络中共同济大学地下支部的中共吴淞区委宣传部部长左洪涛

1928 年 7 月，朱觉考入已迁至吴淞的同济大学附设机师学校。入校后，朱觉不仅学习刻苦勤奋，还关心时事政治，团结周围同学。在中共吴淞区委的领导下，1929 年 10 月，由同济工科和机师学校党员组成的同济大学第一个中共地下党支部正式成立，朱觉受命任支部书记，刘聪任组织委员，周继佶任宣传委员。受党组织委派，中共吴淞区委宣传部部长左洪涛负责联络中共同济支部，指导支部工作。

在蒋介石的反动统治下，学校所在的吴淞地区也处在白色恐怖的笼罩之中，革命与反革命的斗争异常尖锐复杂。为了落实吴淞区委布置的散发宣传品的任务，朱觉将自己的宿舍变成了秘密印制点，平时则将油印机藏在天花板内。除上级提供的文稿外，朱觉有时还自己动笔写宣传稿，并与支部其他同志一起刻写蜡纸、印制文稿，然后再组织力量外出散发传单和张贴标语。朱觉虽然看上去身材魁梧，但处事胆大心细、有勇有谋。每次外出执行任务时，他总是冷静沉着地关注敌情、把握时机，确保同学们安全往返。

1930年3月19日，中共中国公学支部以学生会名义邀请鲁迅到位于天通庵路的社会科学院（归属于中国公学）讲演。得知消息后，朱觉兴致勃勃地前往听讲，并深受启发和鼓舞。平时，朱觉注重广泛联系群众，不仅与校内许多教员、学生保持联系，还经常与学校附近的一些工人、农民、小商贩深入交往，倾听他们的呼声，了解他们的疾苦，积极宣传革命思想。

1930年4月初，为了声援南京工人的罢工斗争，中共江苏省委组织工人、学生在位于法租界的大世界游乐场附近举行示威游行。游行的指挥者左洪涛在游行中不幸被捕，后被法租界当局引渡给国民党上海警察局，并被关押至龙华警备司令部所属的漕河泾监狱。两三个月后，朱觉在前往参加秘密集会的途中遭逮捕后也被关押在了漕河泾监狱。一次“放风”时，他与左洪涛相遇，为避免相互暴露身份，两人只能以无声的微笑代替问候和鼓励。在狱中，面对敌人的威逼利诱，朱觉意志坚强，不屈不挠。不久后，朱觉被上海地下党组织营救出狱。

三、转战鄂豫皖根据地

1931年春，蔡畅来到朱觉家里，向朱剑凡、朱觉传达党组织决定：为了朱觉的安全和革命工作的需要，调派他到鄂豫皖根据地工作。在父母的协助下，

位于河南省新县陈店乡高湾村的鄂豫皖军事委员会兵工厂旧址

朱觉很快离开上海奔赴新的战斗岗位。

鄂豫皖根据地位于湖北、河南、安徽三省交界地区，由红军和工农群众在游击战争中逐步建立和发展而来。1930 年 6 月，鄂豫皖苏区召开第一次工农兵大会，宣布成立鄂豫皖特区苏维埃政府，以大别山为中心的鄂豫皖革命根据地就此形成。为了坚持武装斗争，根据地迫切需要大量枪械弹药等军事装备。1929 年 10 月，红军将几位会制造枪支的工人和烘炉集中于石板沟，建立了简易兵工厂。1930 年 1 月，兵工厂迁至位于河南省光山县柴山的保佛尔寺（今属河南省新县陈店乡高湾村），并被正式命名为"鄂豫边军事委员会兵工厂"；同年 4 月更名为"鄂豫皖军事委员会兵工厂"。1931 年 3 月，兵工厂迁至湖北省黄安县（今红安县）熊家嘴，黄谷畈（位于河南省新县境内）造枪局和席家岗（位于湖北省红安县境内）红军修械所也随之迁往。经合并后，兵工厂的规模陡增至二百人左右。

来到根据地后，朱觉更名为朱淑平。1931 年 5 月，朱觉被任命为兵工厂党支部书记。上任后，朱觉和兵工厂厂长一起带领全体党员和职工克服种种困难，在解决原料、工具短缺等问题的同时，生产出了一批批手枪、长枪和子弹，并修理了不计其数的枪支。

由于兵工厂仅有普通烘炉、风箱等简陋设备和工具，生产规模无法满足前线需要，经深入群众多方打听，朱觉了解到河南光山的反动民团有一个能制造长枪和子弹的造枪局。经过缜密侦察和部署，1931 年 9 月某日夜晚，红军攻下了造枪局，缴获了一些造枪工具和器材，并教育和吸纳了 24 名造枪工人。此后，兵工厂的规模不断扩大，相继在湖北省黄安县城关、麻城县、陂孝北县（今大悟县）及河南省光山县徐家畈设立了 4 个分厂，生产枪支弹药的数量也有了较大增加。兵工厂和分厂的壮大为保卫和发展鄂豫皖根据地做出了重大贡献。

1931 年 4 月，受党中央委派，张国焘等来到鄂豫皖根据地工作。5 月，根据地成立了以张国焘为书记兼主席的鄂豫皖中央分局和军事委员会，并开始实行以王明为代表的“左”倾错误路线。自 1931 年 9 月下旬起，张国焘在鄂豫皖根据地主持开展了“肃反”运动，先后逮捕和杀害无辜干部、战士数千人。1932 年，向来对党赤胆忠心、无私奉献的朱觉亦遭无辜杀害。朱觉牺牲时年仅 21 岁。

顾德祺：智勇双全的抗日文艺战士*

“救国才是今日国民的第一大事！”
这是爱国学子顾德祺
在兄长革命熏陶下的人生觉悟
民族解放先锋队、青浦旅外学生会
是他抗日救亡的前沿阵地
他以实际行动践行着中华崛起的远大抱负
“还我河山！不做亡国奴！”
是他唤醒民众的嘶声呐喊
他以抗日歌咏彰显了文艺战士的慷慨激昂
“别管我，你们快些撤出去！”
是他面对生死的无私无畏
他以青春热血谱写了可歌可泣的壮丽诗篇
敬仰英烈祭忠魂，抚今追昔思奋进

铭记同济英烈
让我们缅怀革命先烈顾德祺
感悟这位志士天下兴亡、匹夫有责的爱国精神

---

* 原文名：“全力抗日救亡　对敌血战到底——顾德祺烈士传略”，陆定中著，有删改。

顾德祺（1918—1939），曾用名顾光斗，上海青浦人。1935年考入同济大学附中。先后参加抗日救国会、民族解放先锋队、青浦旅外学生会等组织，积极参加抗日救国运动，曾任民众歌咏剧团团长。1937年10月，赴延安陕北公学国防工程班学习，并加入中国共产党。1938年秋被派往新四军第一支队第二团政治处任教育干事。1939年3月7日，在反汪伪围剿突围时壮烈牺牲，时年21岁。

一、智勇双全的爱国学生

顾德祺，1918年生于江苏青浦县（今上海市青浦区）上达桥村的一个地主家庭。顾德祺祖居青浦县城东北的香花桥镇上达桥村，距淀山湖畔的昆山千墩（灯）镇不远。青浦顾氏为邑之大姓，香花桥的顾氏为明末清初千墩镇蒋泾湾顾炎武宗族的一支，世代奉“天下兴亡，匹夫有责”为家训。顾德祺的父亲顾来宾是当地“图政”（相当于后来的保长），因替官府征收田粮而家境殷实富裕，曾期望下一代通过读书实现“光宗耀祖”；母亲张氏勤俭持家，崇尚贤德，要求子女勤奋学习，品行端正。1930年代顾德祺的父亲病故后，其母率全家迁居至青浦镇（县城）庙前街典当弄孙宅。1937年青浦沦陷后，当听说党组织在组建青东和浙东地区抗日武装及游击根据地时遇经济困难，在长子的启发下，其母毅然变卖祖产良田数百亩，并将得款数万元悉数交给党组织。顾德祺母亲毁家纾难的爱国举动至今仍广受赞颂。

顾德祺有兄姐四人，大姐早年出嫁后成为家庭妇女，二姐则尚未出嫁即病故，大哥和二哥考入大学后均积极参加抗日救国运动。

大哥顾德欢1930年代初在交通大学读书时就开始接受马克思主义思想，追求真理，支持党的抗日救国主张。1935年在位于青岛的山东大学读书时，顾德欢积极参加学生运动，并参与全国学联的筹建工作。1936 年，经胡乔木等介绍，顾德欢在上海加入中国共产党，后赴北平任民族解放先锋队总队部宣传部部长和中共燕京大学支部宣传委员。全面抗战开始后，顾德欢回到上海，在具有党组织背景的“上海市学生界救亡协会”中任党团成员。1938 年年底，顾德欢参与创建和领导了上海市周边地区和浙东的抗日游击根据地。

二哥顾德熙于 1931 年秋考入同济大学附中，毕业后升入同济大学工科继续学业。1933 年夏，受革命同学和进步书刊影响，顾德熙加入由雷骏随（李昌）发起成立的世界语学会，开始逐步接受马克思主义思想，支持和参加抗日救国运动。一二·九运动期间，在中共文总（中国左翼文化界总同盟的简称）上海地下党组织成员陈延庆、胡乔木等的指导下，顾德熙与哥哥顾德欢在同济大学发起成立了抗日救国青年团。1936 年 7 月，顾德熙加入中国共产党。

受两位兄长的影响，顾德祺也违背父亲遗愿，选择了推翻剥削制度、为劳动人民翻身解放而奋斗的人生道路。顾德祺秉性耿直，富有正义感。在城内小学就读期间，每当学校举行国耻纪念日活动时，他总是专心听讲，并对帝国主义暴行愤慨不已。通过参加这些活动，他不断坚定了“毋忘国耻，誓雪国耻”的信念，逐渐养成了嫉恶如仇、斗争性极强的性格。

1935 年，顾德祺考入同济大学附中。入学后不久，顾德祺便加入其二哥在同济大学内组织的“青浦同学会”，开始参加学生救国运动、阅读进步书籍，政治觉悟得到迅速提高。他对国民党政府倒行逆施、镇压学生爱国运动的暴行和“攘外必先安内”等一系列丧权辱国的政策和举动无比憎恨，在与同学交谈时常说：“国家国家，国亡了哪有家啊！”“覆巢之下焉有完卵？救国才是今日国民的第一大事！”

1936 年，部分进步学生在校内发起成立学生救国会。得知消息后，顾德祺立即报名参加，并很快成为活跃分子。1936 年 12 月 12 日，张学良将军发动了震惊中外的西安事变；在共产党的斡旋下，蒋介石终于口头同意联共抗日，并于 12 月 25 日回到南京。当夜，国民党右派学生组织复兴社动员了部分学生举行庆祝游行，企图歪曲事变真相，为蒋介石涂脂抹粉。事先已从二哥处得知事变真相的顾德祺立即与部分进步同学一起制作了“拥护蒋委员长领导抗日”的横幅标语，并“混进”游行队伍。时任上海市教育局局长潘公展得知此事后大为震惊，认为这条标语的书写一定是左派学生组织所为，遂责令学校彻查。寒假期间，揭示事变真相、已被视为左派危险分子的顾德祺被学校勒令退学。

因大哥顾德欢当时正在北平从事党的地下工作，被迫离开同济附中的顾德祺遂于 1937 年 2 月来到北平，并转入辅仁中学就读。在北平民族解放先锋队的领导下，当时辅仁中学的学生抗日救国活动也十分活跃。入校后，顾德祺很快加入“民先”组织并担任了小队长，其认真负责、勇于带头的工作态度受到同学们的信任和好评。

二、抗日后援的文艺青年

七七卢沟桥事变爆发后的第二天，中共中央向全国发表了号召各界人民团结抗战的宣言，广大革命青年纷纷响应。此前在 1937 年 6 月，顾德祺参加了北平青年赴延安访问团，后因抗日战争全面爆发而中途返回家乡青浦[①]。为开展抗日救国运动，顾德祺与二哥顾德熙一起在家乡发起成立“青浦旅沪学生会”。筹组期间，因不少在上海以外地区读书的学生也要求参加，于是两人商定将“旅沪”改为“旅外”。1937 年 8 月 5 日，“青浦旅外学生会”正式成立。

顾德熙（顾德祺二哥），1931—1937 年就读于同济大学附中及工学院

青浦旅外学生会是当时青浦县各界人民抗敌后援会中唯一由共产党领导的组织，因此成为抗敌后援会的中坚力量。“学生会”开展了形式多样的抗日救国活动，包括组织时政学习、筹集支前物资、举办防空展览、深入集镇街头宣传、举办护士训练班、募集难胞御寒衣被等。

八一三淞沪抗战爆发后，为开展抗敌后援活

动，顾德祺担任了青浦旅外学生会民众歌咏剧团团长，率领20多名团员排演了《放下你的鞭子》《打回老家去》《东北之家》《一颗炸弹》等短剧，用歌咏和短剧等形式向人民群众形象地宣传抗日救国的道理。他们在青浦县城和朱家角、金泽等镇游行，散发传单，张贴标语，高呼口号，歌唱表演，还编成小组分别至茶馆、酒肆等场所演讲。

在《放下你的鞭子》中，顾德祺与诸世德分饰父女两人，逼真地呈现了东北人民遭受日寇蹂躏、屠杀的悲惨景象。“高粱叶子青又青，‘九一八’来了东洋兵……”，无数观众随着剧中的情景一起流泪，怀着满腔怒火与宣传队员一起高唱“大刀向鬼子头上砍去……”，高呼着“打倒日本帝国主义！还我河山！不做亡国奴！”等口号。短剧的演出提高了群众觉悟，达到了预期宣传效果。

1937年9月18日，为纪念“九一八”事变六周年，上海文化界救亡协会的“丁丑剧团”受邀赴青浦演出抗日剧目。在城内“娱乐场”演出时，顾德祺在该团剧目《警钟》中出演一名失业工人，其慷慨激昂的表演取得极佳效果。当月底，青浦旅外学生会将剧团更名为“青浦战角剧团”，寓意为青浦吹响抗日救亡的号角，同时聘请上海文化界戏剧界救亡协会的陈方舟和欧阳山尊等为剧团指导。因善于饰演遭受敌人迫害的工农群众，顾德祺的表演颇受观众喜爱，他也因此成为青浦旅外学生会的演出台柱子。

三、不畏生死的抗日战士

1937年10月中旬，上海党组织安排顾德祺赴延安陕北公学国防工程班学习。因中学时读过史可法所著《左忠毅公逸事》，十分敬仰左光斗和史可法坚贞不屈、嫉恶如仇、忠于民族的高风亮节和抵御外敌入侵的壮举，此刻的顾德祺决心坚决抗战到底，遂决定更名为顾光斗。到达延安后不久，顾德祺加入了中国共产党。在学习中，他坚持理论与实际相结合，联系自己在上海、北平和家乡青浦抗日救国的实践，分析和总结经验教训，以加深对理论的理解，提高认识。在课外文娱活动中，他经常参加歌咏和剧目演出，深受同学好评。1938 年秋毕业分配时，他多次坚决要求奔赴敌占区抗日武装斗争的最前线，后被组织安排到皖南新四军工作。

陕北公学旧貌

到达皖南新四军驻地后，顾德祺在新四军第一支队第二团团部任政治处教育干事。在部队中，他虚心向老同志学习，经常与战士们谈心，教他们学习文化知识，训练休息时则教战士唱抗日救亡歌曲，开展军营娱乐活动。当得知两位兄长均在家乡开辟抗日游击根据地、领导抗日武装在敌占区打击敌寇的消息时，顾德祺心里非常高兴。后来，在听说新四军抗日武装已日益发展壮大、不久也将东征时，他便迫不及待地在家书中表达了与两位兄长在家乡会师的愿望。

此后，根据形势变化，顾德祺所在部队由皖南山区开始向江苏茅山一带的丘陵地区转移。1939 年初，部队在句容县白兔镇附近的上下会一带驻扎，并很快与当地群众打成一片，建立了鱼水情。在新四军的教育和影响下，当地人民群众的觉悟也有了很大提高。因驻地距离汪伪的心脏南京很近，故常受敌伪军侵扰。

抗日战争进入相持阶段后，日本侵略者已将中国共产党领导的敌后抗日根据地作为日伪军进攻的主要目标。1939 年 3 月 7 日[②]，数千日伪军从四面围袭位于上下会的新四军一支队二团驻地。得到当地群众传来的消息后，团部立即组织部队奋起抵抗。经过激烈战斗，近百名日伪军被击毙击伤。为突破包围，顾德祺带领一个连的战士奋不顾身地冲入日伪军的包围圈，并终于打开了缺口，使我军胜利突围。

然而，顾德祺却在突围过程中不幸中弹倒地，身受重伤。战士们急忙将他背起，他却忍痛阻止道："别管我，你们快些撤出去！"最终战士们还是奋力将他背离战区，到达山坳里的宿营地。此时的顾德祺已因失血过多虚弱不已、处于昏迷状态，但他口中仍叨念着："冲……冲……冲出去……"最终，顾德祺因抢救无效而光荣牺牲，年仅21岁。

顾德祺壮烈牺牲的噩耗传到上海后，全家人悲痛无比。青浦人民也对痛失抗日勇士感到无比惋惜，决心以顾德祺为榜样，保卫祖国，抗战到底。顾德祺的表兄孙再壬当年写的一首挽诗《哭表弟顾光斗》表达了人们"敬仰烈士，仇恨敌人，抗战必胜，日寇必亡"的心声：

腥风吹空扶海至，断虹欲赤长江水。
壮士愤起投毛锥，裋褐疾走西安市。
磨炼经时成大器，风云叱咤知彼己。
百战荆襄啮膝骄，胡儿动魄睡狮起。
两京抢攘未反正，卵破故巢那不毁。
留君双眸且勿瞑，痛饮黄龙咄嗟耳。

参考文献

1.《青浦县志》，上海市青浦县县志编纂委员会编，上海人民出版社，1990年4月版，第810页（注①）。

2.《新四军文献（1）》，中国人民解放军历史资料丛书编审委员会编，解放军出版社，1994年3月版，第243-244页（注②）。

郑香山：果敢拉响斗争汽笛的文艺青年 *

“别管我，我掩护你们撤，快撤！”
冲锋在前，无畏生死
这是郑香山在生命最后一刻仍坚守的革命信念
他观看进步电影，钟爱文学名著
锤炼了反帝爱国的坚强意志
坚定不移走上革命道路
救国救民是他的不懈追求
他响应组织号召，声援爱国运动
拉响了进京请愿的火车汽笛
坚持不懈抗击反动势力
睿智担当是他的精神本色
他深入沂蒙山区，投身全面抗战
领导了敌后兵工厂的军工生产
不遗余力保障前线装备
抗日杀敌是他的坚定信念

铭记同济英烈
让我们缅怀革命先烈郑香山
感悟这位文学青年的果敢与担当

* 原文名：“一心抗日救亡　舍己保护群众——郑香山烈士传略”，钱明著，有删改。

郑香山（1916—1941），广东香山人。1933年考入同济大学附设高级工业职业学校。他参加学校读书会，喜爱阅读、评论文学名著和观看进步电影，热心参与艺徒培训学校的教学工作。他曾自告奋勇地驾驶声援一二·九运动的上海学生赴京请愿列车继续前进。1937年夏参加中共青岛地下党领导的游击队，投身抗战。1938年赴陕北参加“安吴训练班”，1939年加入中国共产党。之后参加八路军进入山东沂蒙山区，曾任山东纵队第一兵工厂指导员。在1941年的日军突然袭击中壮烈牺牲，时年25岁。

郑香山，广东香山（今中山市）人，1916年出生于买办资产阶级家庭。父亲郑文应年轻时随担任海员的祖父来到山东烟台，依靠基督教会的关系进入益文商业专科学校读书，毕业后曾在烟台、青岛担任洋行职员及外国进出口公司代理商。母亲因逃避封建婚姻、投靠教堂而成为牧师的养女。郑家富裕起来后，逐渐成为当地基督教青年会的大施主之一。

郑香山自幼随父母生活在烟台和青岛。他勤于思考，读小学时曾因在回家路上低头琢磨问题而撞上了电线杆，额头从此留下了疤痕。在青岛礼贤中学就读高中时，因受当时“正统”教育影响，他曾一听到别人提起蒋介石的名字便即刻立正表示敬意。其间，他还曾发起成立了一个以游泳和爬山为主、名为“鲨鱼头队”的体育队，平时则经常和这些有共同兴趣的同学一起锻炼身体。

1933年夏，郑香山与比他年长两岁的小叔郑文道（1938年加入中国共产党，1942年牺牲）一同离开青岛赴上海，考入同济大学附设高级工业职业学校机械科。郑香山头大肩宽、身材魁梧，性格爽朗热情、富有正义感，因此很受同学们的信任和喜爱。在进步同学的影响下，他参加了班级里的共产主义研究

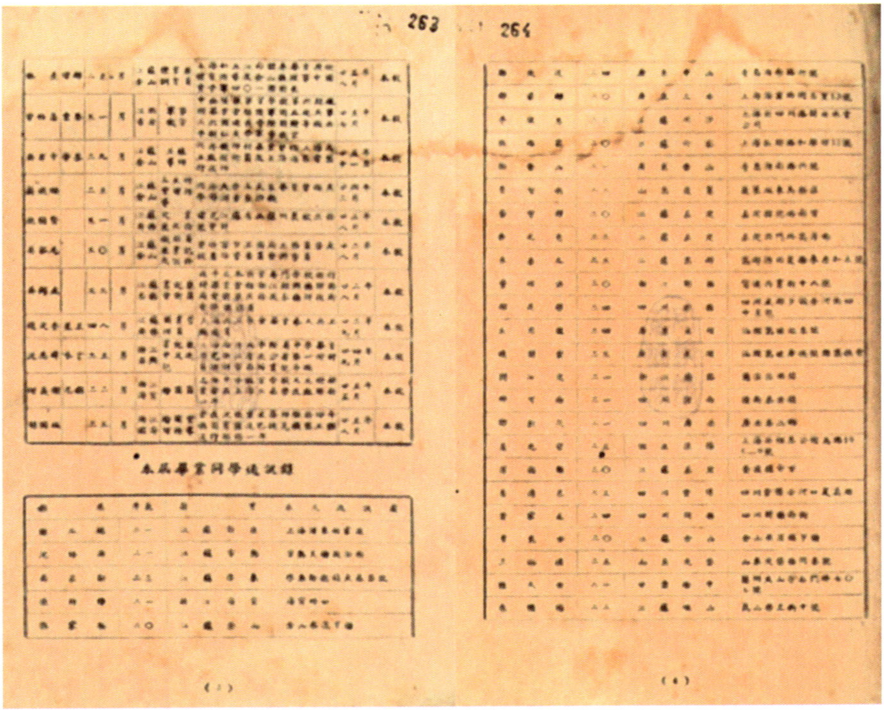

本届毕业同学通讯录

国立同济大学附设高级工业职业学校第一届毕业纪念刊中的“本届毕业同学通讯录”

小组（对外称“读书会”），课余时间和假日里经常与同学们一起交流和研讨苏联革命文学和马列主义思想，由此逐步改变了其原有的“正统”观念，奠定了他后来走上革命道路的思想基础。

1934—1935 年间，读书会多次组织观看苏联进步电影。在观看了一部纪念普希金的电影后，大家都觉得与普希金发生矛盾的贵族学校很像同样在竭力维护封建统治阶层的学校当局。影片《三姐妹》介绍了苏联女青年从成长到参加革命的故事，郑香山和同学们无不为烈士毫不畏惧、视死如归的英雄气概所震撼。在观看电影《夏伯阳》后回校的路上，不少同学默不作声并暗自拭泪，郑香山对班长景智德（本文原作者，后改名钱明，1937 年入党）和小叔郑文道说，影片中的那位红军女战士在打完子弹后怒视着疯狂冲上来的白军，泪流满面，但她的泪水绝不是怯懦的泪水，而是满腔悲愤、不能继续杀敌的遗憾。

郑香山和同学们还喜欢评论文学名著，涉及的题材也相当广泛，包括莎士比亚的《皆大欢喜》《罗密欧与朱丽叶》，托尔斯泰的《复活》，陀思妥耶夫斯基的《罪与罚》，梅里美的《卡门》，等等。大家热烈地讨论和分析故事情节，对典型人物的思想、个性及命运的演变等提出看法。通过经常性的讨论，大家逐步形成了共识：人生道路是自己选择的；懦弱者任凭命运摆布，坚强者则与命运抗争。

郑香山对文学名著的钟爱带动了读书会其他同学对文学名家、名著的关注和兴趣。通过广泛阅读和深入讨论，大家的思想觉悟和文学修养也有了不少提高。在讨论《威尼斯商人》一书后大家普遍认识到，商人既有剥削劳动者剩余价值赖以生存的共性，又有各自不同的个性特点，而《威尼斯商人》的作者对商人的共性和个性所作的分析尤为深刻、细致和准确。事后郑香山坦率地对别人说，我的父亲也是商人，看来我对他也要从本质上重新加以认识。

1935 年，郑香山等结识了在江湾开办震东罐匣厂的同济校友周孝高，并应其请求为工厂的 60 多名青年工人和艺徒举办了艺徒培训夜校。艺徒培训夜校由读书会成员分别讲授各门课程。郑香山在讲授制图课时耐心细致，总是想方设法使学员们真正弄懂相关原理，切实掌握相关知识，对学员们的提问也是百问不厌、有问必答。全面抗战爆发后，经艺徒培训夜校培养的学员大多参加了八路军、新四军，其中不少人牺牲在抗日战场，也有个别学员后来成长为新中国的将军。

1935 年下半年，已侵占我东北三省的日本帝国主义又步步进逼华北，一边大量增兵，一边加紧策动“华北防共自治运动”，阴谋成立“蒙古国”“华北国”，企图制造第二个“满洲国”。而此时的国民党政府则处处妥协、退让。面对日本帝国主义伸向华北大地的魔爪和国民党政府的消极懈怠，在中国共产党的领导和号召下，12 月 9 日，北平爆发了震惊中外的一二·九爱国学生运动。

一·二九运动的消息传到上海后，根据上海学生救国联合会的号召，郑香山等读书会成员及同济的学生骨干积极行动起来，分头动员同学们赴南京集体请愿。12 月 24 日下午，郑香山与同学们一道举着旗帜、拉着横幅、唱着救亡歌曲，列队从江湾向上海北站进发。最终，包括大学部、高职和中学部在内的 500 余名同济学生与复旦等校的大中学生 2 000 多人胜利会合，一起登上了两列赴南京请愿的列车。

此前已得知消息的蒋介石早已以行政院院长的名义致电上海国民党当局，要求他们让学生"务宜即刻回校求学"。车站方面虽反复播放蒋介石的来电要求，但学生们仍不予理睬。鉴于学生请愿的意愿坚定，上海市市长兼淞沪警备司令吴铁城、上海市教育局局长潘公展等便假意允许开车，但已暗中布置中途停车，以扼杀学生的请愿活动。

列车行进途中，同济等校学生乘坐的第二列火车在青阳港突然停下，司机也以机车发生故障需要检修为借口趁机溜走，列车因无人驾驶无法继续前行。郑香山与同学们便一起登上车头检查，发现锅炉里的水已被放走了一半，水箱内的水则被全部放掉，燃炉内虽已无明火，但煤块仍然通红。面对突发情况，凭借学过的蒸汽机原理和在机车修理厂参观实习时积累的经验，同学们果断决定尝试独立驾驶机车继续前行。借助余火，同学们继续向锅内加煤、通风，炉膛内逐渐燃烧起来，郑香山则自告奋勇地坐到驾驶位，驾驶着列车向昆山方向驶去。列车在纷飞的大雪中行驶缓慢，直至午夜才到达昆山。

第二天清晨，学生们又冒着飞雪排成长队，通过用脸盆和水桶接力传递的方式向水箱里注水，为继续驾驶列车前行做着准备。而此时传来消息，位于昆山站前方的一段铁轨已被拆除。由于仅依靠学生的力量一时难以修复铁轨，学生代表们经研究后决定请愿队伍返回上海，并委派学生代表向上海各报记者发表声明，阐述督促政府以实际行动全力抗日救国的请愿目的，说明未能成行的原因。当晚，请愿学生登上返沪列车，并于次日晚间抵达上海。

请愿行动在昆山受阻无法继续前行后，学生代表向大家说明返回原因

1937 年 1 月，同济大学附设高级工业职业学校机械科教职员与首届毕业生合影（第二排左一为郑香山）

此后，反动势力加强了对进步学生的监视，有时甚至故意向进步学生发起挑衅，企图制造事端。1936 年上半年，学校当局开除了大学部的几名学生运动骨干。12 月 12 日，上海市警察局逮捕了学生运动骨干景智德。后经多方交涉和营救，被关押 35 天的景智德终于被保释出狱。

1937 年夏，郑香山于同济高职毕业后，学校推荐他和郑文道一起到民生轮船公司就业。报到前，叔侄俩先回了趟青岛探亲。其间，全面抗战爆发，并很快蔓延到沿海一带，郑香山、郑文道已无法按照原定计划返沪就业。在民族危亡的紧要关头，他们毅然决定与山东大学部分进步同学一起加入由中共青岛地下党领导的游击队，投身抗战斗争前线。为了打击敌人，他们曾冒着生命危险，完成了爆破青岛码头仓库和铁路大桥的战斗任务。不久，郑香山随游击队转移至崂山地区，开始与日寇开展游击战争。

1938 年，郑香山经西安赴陕北，参加了安吴训练班，并于 1939 年 3 月加入中国共产党。学习结束后，郑香山参加了八路军，在山东沂蒙山区参加抗战斗争。其间，郑香山曾任八路军山东纵队第一兵工厂指导员。

1941 年 6 月初，兵工厂接到山东纵队司令部的通知，日军正组织力量“扫荡”沂鲁山区，目标之一是搜索、摧毁我方兵工厂。根据上级指示，兵工厂立即开始坚壁清野，做好了各项准备。6 月 8 日凌晨，日军突袭兵工厂。兵工厂立即组织人员分两路转移。一路由政委杨兴忠、指导员郑香山率领警卫连向东突围奔往沂山。另一路由厂长孙世铭率领兵工人员向柳枝峪转移。黎明时分，警卫连在绳庄村与 1 000 多名日本鬼子遭遇。由于敌众我寡，政委杨兴忠倒在了敌人的火力之下，郑香山也

山东纵队第一兵工厂旧址（山东沂源县织女洞）

身负重伤。虽然鲜血已染红他身下的一片黄土，但郑香山仍顽强地向敌人开火。战士要背他下来，他使劲地摇着头呼喊着，“别管我，我掩护你们撤，快撤！”郑香山顽强地战斗到了生命的最后一刻[①]，牺牲时年仅 25 岁。

参考文献

1.《沂源党史资料（第 1 辑）》，中共沂源县委党史资料征集委员会编，1986 年 10 月，第 88 页（注①）。

袁文彬：开辟敌后根据地的抗日先锋*

“打倒日本帝国主义！中国共产党万岁！”
这是袁文彬对正义必胜的坚定信念
他是国民革命的先锋战士
投身反帝反封建洪流
领导爱国学运，参加北伐征战
组织剧团宣演，从事地下工作
他追求真理、一心向党，成为组织心中的好骨干
他是战地服务的抗日楷模
跟随党组织辗转南北
宣传抗日救亡，参与救护伤员
激励团员斗志，保护爱国青年
他吃苦耐劳、先人后己，成为战友心中的好同志
他是敌后战场的中坚力量
开辟盐东抗日根据地
团结贫苦大众，激发抗日热情
建立人民武装，领导敌后斗争
他鞠躬尽瘁、无惧生死，成为百姓心中的好党员

铭记同济英烈
让我们缅怀革命先烈袁文彬
感悟这位英勇战士的赤诚和气节

---

* 原文名：“为民鞠躬尽瘁　为国壮烈牺牲——袁文彬烈士传略”，杜亭元、柳竹明著，有删改。

袁文彬（1901—1941），上海青浦人，中共党员。1920年考入同济医工专门学校德文科，1924年升入同济大学医预科。曾任校学生会会长，积极组织学生参加五卅运动。1925年离沪赴穗后进入黄埔军校并加入共青团，1926年转为中共党员。1926年7月随国民革命军出征，任总政治部南昌分部社会股长。大革命失败后，以商务印书馆编译身份作掩护，在上海从事党的地下工作。抗战初期，先后在战地服务团、武汉卫戍司令部宣传大队、中共中央编译局、新四军军部工作。1940年冬，奉命赴苏北盐阜地区开辟抗日根据地，任盐东行署主任。1941年10月，在日伪军突袭搜查中不幸被捕。11月，因汉奸告密，在狱中遭受酷刑后惨遭活埋，时年40岁。

一、五卅运动中的学生先锋

袁文彬，曾用名袁持中、袁志远、方强，1901年生，江苏省青浦县（今上海市青浦区）人。袁文彬幼年时家住练塘镇南长浤村，后为避兵匪骚扰全家迁居至镇上高氏（高尔松、高尔柏）家中。袁文彬童年时在颜安小学读书，后赴上海求学，曾因经济窘迫而辍学。为谋生计，袁文彬经人介绍进入宝隆医院（同济医科的实习医院）做勤杂工，后升为看护（护士）。由于袁文彬勤奋好学，为人谦逊，对病人护理十分周到，受到许多病家好评，其中的一位病人曾主动提出愿意资助其进同济读书的费用。1920年，袁文彬考入同济医工专门学校德文科。1924年，袁文彬升入同济大学医预科继续学业。

此时，袁文彬的家已由青浦县练塘镇搬到了松江县城。每逢寒暑假，他都和同学马骅（上海松江县人，1929年毕业于同济大学医学院）等一起回松江，并逐渐结识了侯绍裘（松江县人，1924年加入中国共产党，1926年任中

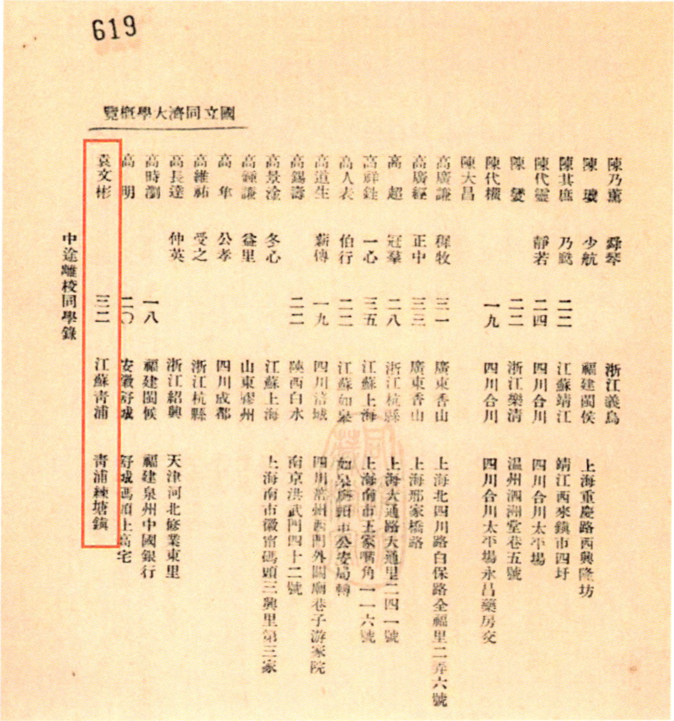
619

國立同濟大學概覽

中途離校同學錄

陳乃薰	舜琴		浙江義烏	
陳璵	少航		福建閩侯	上海重慶路西興隆坊
陳其庶	乃戲	二三	江蘇靖江	靖江西來鎮市四圩
陳代靈	靜若	二四	四川合川	四川合川太平場
陳燮		二二	浙江樂清	溫州澗湖堂巷五號
陳代機		一九	四川合川	四川合川太平場永昌藥房交
陳大昌				
高廣謙	穉牧	三一	廣東香山	上海北四川路白保路全福里二弄六號
高廣經	正中	三三	廣東香山	上海邢家橋路
高超	冠羣	二八	浙江杭縣	上海大通路大通里二四一號
高辟銓	一心	三五	江蘇上海	上海南市王家嘴角一一六號
高人表	伯行	二二	江蘇如臯	如臯[illegible]公安局轉
高道生	薪傳	一九	四川涪城	四川潼州西門外關廟巷子游家院
高錫壽		二二	陝西白水	南京洪武門四十二號
高景塗	冬心		江蘇上海	上海南市徽甯碼頭三興里第三家
高鍾謙	益里		山東濰州	
高年	公孝		四川成都	
高維祜	受之		浙江杭縣	
高長達	仲英		浙江紹興	天津河北修業東里
高時劑		一八	福建閩侯	福建泉州中國銀行
高明		二〇	安徽舒城	舒城禹廟上高宅
袁文彬		三二	江蘇青浦	青浦練塘鎮

1934 年《国立同济大学概览》中的“中途离校同学录”

共江苏省委书记，1927 年牺牲）、杨贤江（中共党员，时任《学生杂志》社编辑）、杨杏佛（国民党左派，1933 年被暗杀）等人，后经常利用星期日与他们一起探讨救国救民的道路。他如饥似渴地向共产党人求教，寻觅着真理，逐步懂得了拯救民族、富强祖国的唯一出路在于推翻帝国主义、封建主义的压迫，让劳动人民做国家的主人。

袁文彬在同济大学医科就读期间适逢国共第一次合作，革命事业蓬勃兴起，他的思想觉悟随着革命形势的发展不断提高，革命热情也随着学生运动的蓬勃开展而日益高涨。

1925 年 5 月 4 日，同济大学恢复了五四运动以后一度被迫停止活动的学生会，袁文彬被推选为学生会会长。此后，在党的领导下，他和尹景伊、吴鼎（羹梅）、陈宝骢等学生会骨干一起组织并参加了抗议日企大班枪杀顾正红的五卅运动。

5 月 29 日下午，上海学联代表梅电龙和共产党员、上海大学学生会负责人何秉彝到同济大学传达中共中央关于组织五卅大示威的指示。当晚，袁文彬等学生会骨干组织召开全校学生大会，广泛发动群众响应党的号召。会后，他又和一批学生骨干一起写标语、做小旗、印传单、准备救急包等，通宵达旦地做示威前的准备工作。

5 月 30 日一早，袁文彬和尹景伊、吴鼎、陈宝骢等率领同济大学三百多名同学分批从吴淞镇赶到南京路，向市民开展宣传和募捐活动，揭露帝国主义罪行，声援罢工工人，向帝国主义示威。下午三时许，英帝国主义巡捕在南京路老闸捕房门前向游行人群开枪射击，何秉彝、尹景伊等 13 人英勇牺牲。事件发生后，上海学联召开紧急会议，通过了向公共租界当局提出的 3 项要求：① 立即释放被捕的学生和工人；② 缉拿凶手并抵命；③ 负责医治受伤学生。袁文彬

五卅运动期间，社会各界积极参加示威游行

作为同济大学代表参加了这次会议。当晚，他又和各校学生会代表一起来到江苏交涉公署（北京政府外交部驻沪处理外交事务的机关），要求交涉员立即向公共租界当局提出抗议。

返校后，袁文彬等学生会骨干组织了尹景伊烈士的追悼会，并主持了欢迎受伤学生陈宝骢的出院返校大会。此后，他利用各种场合发表演讲，激发同学们的爱国热情，鼓舞群众的反帝斗志。

二、北伐征程中的宣传骨干

在同济大学就读期间，袁文彬就非常向往在苏联和中国共产党帮助下由孙中山创办并培养了大批革命军官的黄埔军校。五卅运动后，他毅然决然地放弃了原来的医学学业，奔赴广州报考了黄埔军校，成为黄埔军校第四期学员。不久，他加入了中国共产主义青年团。

1926 年 5 月，同济大学近百名学生因参加反“誓约书”斗争而被迫南下广州。已在国民革命军总政治部工作的袁文彬闻讯后热情地帮助刚到广州的同济同学，协助他们解决生活上的困难。在党组织的关怀和袁文彬等同志的协助下，同济的南下学生大部分转入中山大学继续学业，另有部分学生或考入黄埔军校，或进入国民革命军总政治部、军政治部、广州兵工厂等部门工作，成为北伐军的新生力量。

1926 年 7 月，国民革命军正式北伐。随军出征后，袁文彬在国民革命军总政治部社会股工作。当时的粤汉铁路南段和北段尚未接通，从韶关到株洲之间的七八百里路程要翻越五岭，路途十分坎坷难行。袁文彬和战士们并肩前进，他们互相激励，群情激昂，一路高唱着《国民革命歌》：“打倒列强！打倒列强！除军阀！除军阀！国民革命成功，国民革命成功，齐欢唱，齐欢唱。……”

10 月，北伐军攻克武昌并全歼守敌，基本上消灭了吴佩孚的反动军队。此

1927 年春，北伐途中的袁文彬（后左四）在江西南昌与郭沫若（前左二）、李富春（前右一）、朱克靖（前右二）、林伯渠（后左三）、李一氓（后左二）等合影

后，袁文彬担任了北伐军总政治部血花剧团团长，经他的精心导演和团员们的认真排练，剧团的宣传演出深入人心、备受欢迎。在此期间，袁文彬由共青团员转为中共党员。

袁文彬翻译的德国作家哈姆森的著作《苏俄妇女与儿童》

11 月上旬，北伐军歼灭了孙传芳的主力，占领了九江、南昌。随后，国民革命军总政治部副主任郭沫若偕潘汉年、李民治、袁文彬、陈必贶（原同济大学工科学生）等从武汉经九江抵达南昌，与季方率领的部分总政工作人员会合，组成了总政治部驻南昌分部，由李一氓任分部秘书主任，潘汉年任宣传股长，袁文彬任社会股长，陈必贶任党务股长。之后，袁文彬又随北伐革命军来到上海。在沪期间，他与周孝怀（上海民生轮船公司董事长）的女儿周淑珍结为伉俪。

1927 年 4 月 12 日，蒋介石悍然发动反革命政变。其间，上海卫戍司令白崇禧发动了突然袭击，进驻上海国民革命军总政治部分部的一批干部被捕入狱，李一氓、袁文彬等因外出开会而幸免。此后，在党组织的掩护下，袁文彬化装离沪，赴武汉继续开展革命工作。

袁文彬与妻子周淑贞（摄于 1927 年）

7 月 15 日，汪精卫在武汉叛变革命。精通德文的袁文彬受党组织委派化名袁持中回到上海，以商务印书馆编译的身份作掩护，在白色恐怖的险恶环境中开始了长达十年的地下工作。其间，袁文彬积极与上海文化界进步人士交往，并先后翻译了《战争》《苏联妇女和儿童》等著作，向民众介绍第一个社会主义国家苏联的情况，宣传马列主义思想。

三、战地服务的抗日楷模

1937 年 8 月 13 日，日寇大举进攻上海，上海军民奋起抗战。袁文彬积极投身抗战，并参加了由郭沫若组织的上海市文化界战地服务团。袁文彬的夫人周淑珍回忆说："那时，郭老经常到我家来。日本鬼子在'大世界'扔炸弹那天，郭老急匆匆地跑到我家，一进门就对文彬说：'老袁，国难当头，你还不走？是不是舍不得上有老母，下有儿女啊？'在郭老的动员下，文彬第二天就离开了家。那时家中不仅有年迈的母亲，还有 5 个年幼的孩子，一家人都不愿意他离家。但是他首先想到的是国家的危亡，最终还是毅然离开了家，奔赴战火纷飞的前线。不料那次分手竟成为永别，以后再也没有见过面……"

战地服务团名义上是陈诚（时任国民党第三战区前敌总指挥兼第十五集团

军总司令，指挥淞沪抗战）委托郭沫若组织的社会团体，实际上是在我党领导下的秘密组织，参加者中既有上海党组织派来的地下党员，还有许多文化界进步人士和一批在同济等上海高校就读的爱国青年。根据郭沫若的安排，袁文彬担任了战地服务团第一团团长。该团成立于江苏昆山，有男女团员50人左右。在袁文彬的率领下，团员们克服生活上的困难，吃苦耐劳，坚持在战地宣传抗日、开展募捐、实施救护，做了大量支援前线的工作。袁文彬处处以身作则，时时关心团员们的情况：服务团因日军逼近离开昆山时，不少女团员在急行军中走不动，他就专门雇来几辆手推车；每到一个住地，他总是先安排好别人的住宿后自己才休息。服务团的工作得到了各方的肯定，陈诚也多次在郭沫若面前对服务团表示赞赏。

由于国民党军队在抗日的正面战场上节节败退，战地服务团的工作也面临极大困难，不得不从昆山、镇江、南京、屯溪、安庆等地一路转移到了武汉。

袁文彬与战友们的合影（最后排右边第五位为袁文彬）

到达武汉后，战地服务团进行了休整。其间，袁文彬对团员们开展悉心的思想教育，先后邀请周恩来、叶挺、陈毅、邓颖超等同志到服务团作报告或与团员们会见和谈心，激励和保持团员们的斗志，并想方设法将地下党员和爱国青年转送至延安参加革命工作。

在武汉期间，袁文彬曾担任武汉卫戍区司令部宣传大队副大队长。考虑到宣传大队成员的政治背景十分复杂，袁文彬特别关心由上海转移过去的革命知识分子和爱国青年，努力将他们紧紧地团结在党的周围。服务团的战友们都积极评价袁文彬是一位好党员、好同志。

1938 年 2 月 6 日，在共产党的建议下，国民党成立了国民政府军事委员会政治部，周恩来受聘担任政治部副部长，郭沫若担任政治部第三厅（负责宣传）厅长。在第三厅工作期间，袁文彬曾率领战地宣传队到江西、皖南等地开展抗日宣传。此后，因遭国民党顽固派百般刁难，在党组织的安排下，袁文彬于 1938 年冬赴延安，后被安排在中共中央编译局工作。

1939 年冬，袁文彬跟随周恩来离开延安到重庆开展工作。1940 年夏，根据党组织指示，袁文彬离开重庆到新四军军部工作。

四、盐东根据地的“主心骨”

袁文彬到新四军军部工作时正值中共中央发布新的战略部署，新四军已着手发动群众、开展独立自主的敌后游击战争，努力收复被国民党军队丢失的大片国土，开辟新的抗日根据地。1940 年冬，受党组织委派，袁文彬化名方强赴苏北盐阜地区开辟抗日根据地。盐阜地区是日伪及顽匪盘根错节的地域，当地老百姓备受欺凌和压榨，生活极度困苦。到达苏北后，袁文彬带领新四军民运工作队在盐城以东的斗龙港沿岸深入群众，广泛宣传抗日救国的道理和共产党倡导的抗日民族统一战线政策。白天，他们和贫苦农民一起劳作，同吃粗粮；晚上，大家一起披星戴月，同钻草堆。经过一段时间的宣传

着新四军军装的袁文彬

和发动工作，当地群众中的沉闷气氛逐渐消散，抗日激情日益高涨。此后，盐东地区建立了党组织和抗日人民武装，成立了农救会、青抗会、妇救会，并发动了“二五”减租和抗日锄奸运动。

1941年夏，日寇开始对盐阜地区进行“大扫荡”。为坚持敌后斗争，加强统一领导，上级党组织决定将盐城县划分为盐城、盐东、建阳等3个县，并在盐东片先行建立行政公署，由袁文彬任行署主任。不久，他又受命筹建盐东县抗日民主政府。

1941年10月，在盐东县抗日民主政府成立前夕，袁文彬带领4个民运队员到大佑公司动员该公司出钱出枪、支持组织抗日武装。当天深夜，袁文彬一行遭到日伪军的突袭搜查，袁文彬和另一名民运队员张琼英在突围转移中不幸被捕。被捕后，袁文彬发现敌人并不掌握他的身份，就佯装为来此做木材生意的商人，张琼英则佯称是袁文彬的妻子。敌人根据他们的装束信以为真，于是想乘机榨取钱财，便让张琼英回去筹款再来赎回“丈夫”，张琼英因此而得到释放。此后，袁文彬被押到盐城，后又被转至伍佑。其间，袁文彬多次被拷打审问，但他机智沉着，一直佯称自己是木商，始终未暴露真实身份。

党组织获悉袁文彬被捕后，立即多方组织营救。袁文彬的岳父周孝怀也在上海积极设法营救。然而，因在狱中被汉奸认出并告密，掌握其身份的敌人开始对袁文彬进行严刑审讯。面对酷刑，袁文彬始终坚贞不屈。

1941年11月的一个夜晚，一批日伪士兵押着遍体鳞伤的袁文彬走向伍佑镇东郊一个预先挖好的深坑。面对残忍的敌人，袁文彬神色镇定，横眉冷对，高呼着“打倒日本帝国主义！”“中国共产党万岁！”，英勇就义。

1943年5月，柳亚子曾为袁文彬题写挽诗：

痛史南明异代春，依然野哭细林辰。

一匡事业嗟余晚，三顾殷勤感汝频。

旧侣朱侯同血面，鬼雄陈夏有传薪。

云间鹤唳伤心极，酹酒终期泖水滣[1]。

1945 年，为了表彰和永远纪念袁文彬（方强），盐阜人民将烈士生前战斗和工作过的盐东县斗龙区更名为“方强区”。新中国成立后，当地又以烈士的英名命名了“方强乡”“国营方强农场”等。

当听到袁文彬不幸牺牲的消息时，周恩来悲痛而又惋惜地说：“啊，袁文彬，这个同志牺牲了！袁文彬是个人才呀！”郭沫若也对袁文彬的牺牲深感悲痛，并在 1948 年 11 月撰写的《洪波曲》中表达了对袁文彬的深切怀念。

上海龙华烈士陵园内的袁文彬烈士墓

1955 年，盐城市在兴建伍佑中学时发现了烈士遗骸，确认了烈士牺牲的确切地点。烈士遗骸先后被安葬在上海万国公墓和江湾公墓；1982 年，上海市人民政府决定将烈士遗骸迁葬至龙华烈士陵园。

同济大学一·二九学生运动纪念园中的袁文彬烈士汉白玉浮雕

1981年，在袁文彬烈士牺牲40周年之际，江苏省大丰县委、县政府隆重举行烈士纪念大会，新建的方强乡烈士陵园也向社会开放瞻仰。1995年，盐城市伍佑中学在烈士牺牲地兴建了“人”字形烈士纪念碑。2015年8月，袁文彬被民政部列为第二批600名著名抗日英烈之一。

参考文献

1.《磨剑室诗词集》下卷，柳亚子文集，上海人民出版社，1985年1月版（注①）。

刘宗歆：不畏生死的抗疫英雄*

“我很高兴到前方去！”
这是刘宗歆立志投身抗日救亡的誓言
夜以继日抢救病人，不辞辛劳转移伤员
在目睹了当年缺医少药的状况后
他立下了学医报国的远大抱负
成为学子心中志存高远的好榜样
冒险筹集药品器械，掩护部队抗击日寇
在与新四军并肩战斗的历程中
他坚定了跟共产党走的决心
成为组织心中正直爱国的好战士
面对鼠疫疯狂蔓延，勇赴一线抗击疫情
在与日军发动细菌战的顽强斗争中
他彰显了医者仁心的初心使命
成为百姓心中治病救人的好医生
他以所学知识搭起生命防线，救治伤员百姓
他以豪迈气概勇赴防疫一线，筑起抗日堡垒
他以血肉之躯诠释医者仁心，奏响生命之歌

铭记同济英烈
让我们缅怀革命烈士刘宗歆
感悟这位白衣战士义无反顾的献身精神

* 原文名：“‘那（哪）怕会牺牲，也要去抢救病人！’——刘宗歆烈士传略”，黄培豪著，有删改。

刘宗歆（1912—1941），浙江上虞人。1933 年 9 月考入同济大学医学院。在校期间，他努力学习，积极参加抗日救亡运动。1938 年毕业后，曾任中国红十字会救护大队所属医疗队暨新四军军部后方医院医师。1940 年起任医疗队长，先后在浙江衢县、义乌防治鼠疫，后因感染鼠疫而以身殉职，时年 29 岁。

刘宗歆，1912 年 4 月 24 日出生于浙江上虞横塘乡。刘宗歆为家中长子，自小聪明好学。因刘宗歆的父亲刘祝三当时在上海的一家银行谋职并任经理，为培养刘宗歆今后学习金融以便子承父业，刘祝三便将刘宗歆从老家接到上海，并安排进入育才中学就读。然而，初中就读期间目睹了当时中国缺医少药状况的刘宗歆早已有了自己的志向。初中毕业后，他不顾父亲的反对，毅然报考了同济大学附属中学，立志学习医术，救治苦难中的穷苦百姓。

一、投身抗日斗争，参与救治伤员

1931 年九一八事变爆发后的 9 月 22 日，上海各大学的学生代表集会，发起成立了“上海大学生抗日救国联合会”（“联合会”）。随后，“联合会”组织了多支宣传队，分别赴市郊和苏州等地宣传抗日。为了迫使国民党政府停止内战、出兵抗日，自 9 月下旬至 12 月，“联合会”先后三次组织数千学生赴南京请愿。受同济大学爱国学生运动的影响，当时在附中就读的刘宗歆逐步坚定了抗日救亡的信念，不仅参加了其中的两次请愿活动，还与同学们一起办起了班级壁报《新波》，广泛宣传抗日救亡思想。

1933 年 7 月，刘宗歆于同济附中毕业，并如愿考入同济大学医学院。在

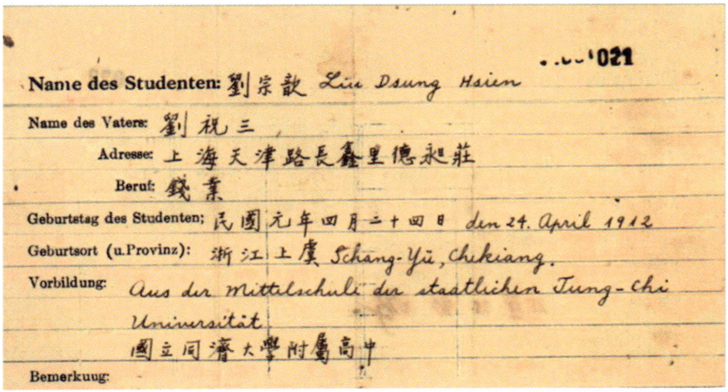
Name des Studenten: 劉宗歆 Liu Dsung Hsien ·····021
Name des Vaters: 劉祝三
Adresse: 上海天津路長鑫里德永莊
Beruf: 錢業
Geburtstag des Studenten: 民國元年四月二十四日 den 24. April 1912
Geburtsort (u.Provinz): 浙江上虞 Schang-Yü, Chekiang
Vorbildung: Aus der Mittelschule der staatlichen Tung-Chi Universität 國立同濟大學附屬高中
Bemerkuug:

刘宗歆在国立同济大学附属中学就读时的学籍登记卡

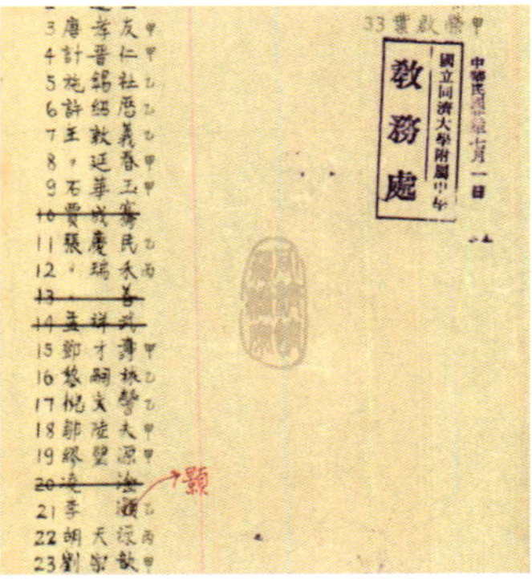

1933 年 7 月，同济大学附属中学的毕业生名册

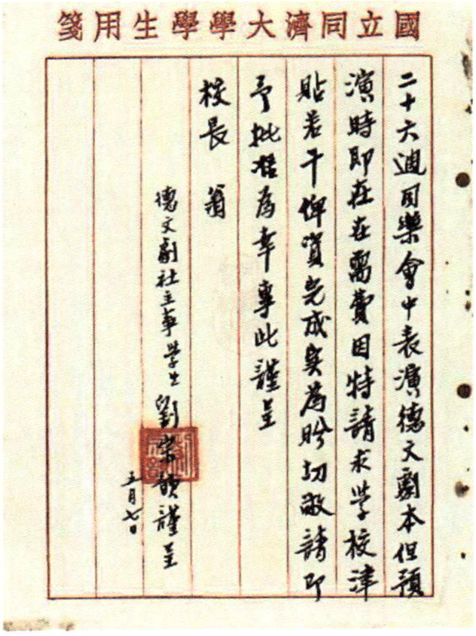
國立同濟大學學生用箋
二十六週年紀念會中表演德文劇本但預演時即在在需費因特請求學校津貼若干俾資完成實為盼切敬請即予批准為幸事此謹呈
校長 翁
德文劇社主事學生劉宗歆謹呈
五月七日

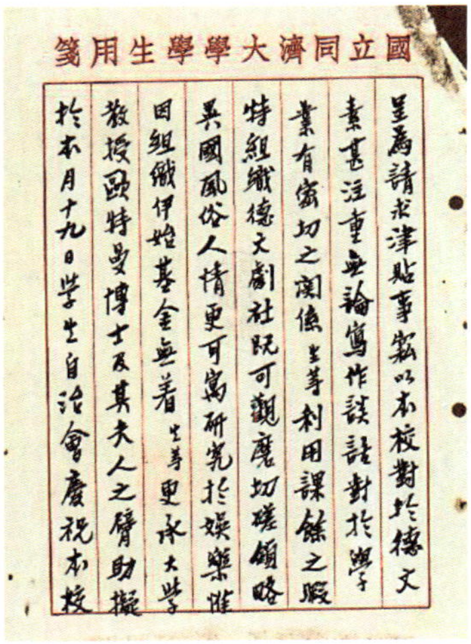
國立同濟大學學生用箋
呈為請求津貼事竊以本校對於德文素甚注重無論寫作談話對於德學業有密切之關係 生等利用課餘之暇特組織德文劇社既可觀摩切磋領略異國風俗人情更可寓研究於娛樂雖因組織伊始基金無着 生等更承大學教授歐特曼博士及其夫人之贊助擬於本月十九日學生自治會慶祝本校

1937 年 5 月，发起成立“德文剧社”，刘宗歆特向学校申请经费

校就读期间，刘宗歆不仅刻苦学习，多次获得奖学金，还积极组织和参加社团活动。1937 年，刘宗歆参与发起成立了学校的文艺团体“德文剧社”。

1937 年 8 月 13 日，日寇大举进犯上海，上海军民奋起抵抗。已提前撤入市区的同济大学不仅立即组建了红十字会临时重伤员医院，还参加了其他多所医院的医疗救治工作，同时积极组织开展抗日宣传和募捐活动。随着形势的日益严峻，学校被迫决定迁往浙江金华，不久后又因日军逼近杭州而再次迁往江西赣州和吉安。其间，医学院部分师生始终坚守在浙江一带的重伤员医院参与伤员救治工作。作为医学院的在校学生，刘宗歆和部分医学院同学

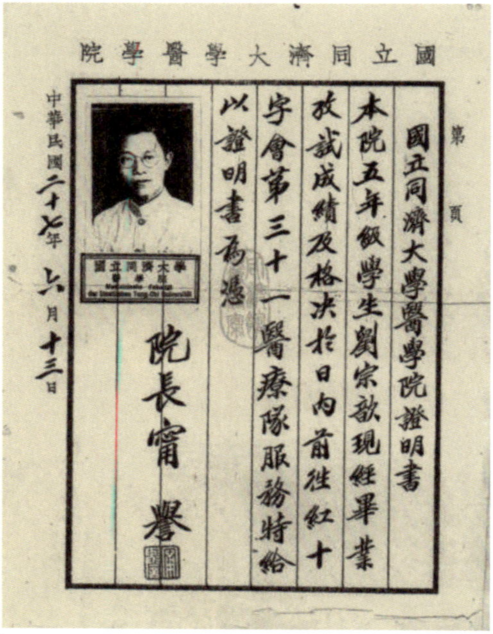
國立同濟大學醫學院

第 頁

國立同濟大學醫學院證明書

本院五年級學生劉宗歆現經畢業考試成績及格決於日內前往紅十字會第三十一醫療隊服務特給以證明書為憑

院長甯譽

中華民國二十七年六月十三日

1938 年 6 月，学校为刘宗歆开具的前往红十字会救护总队的证明书

不惧危险、勇担使命，积极参与伤员救治工作，直至医学院迁往江西吉安后才开始投入学习。

目睹日本帝国主义侵略所造成的深重灾难，结合自己参加抗日救护的亲身经历，刘宗歆坚定了抗日报国的信念，立志投身抗日救亡的一线战场。1938 年，即将毕业的刘宗歆报名加入中国红十字会救护总队，并进入救护总队所属的金华大队第 31 医疗队担任医师工作。6 月 11 日，他在一封家书中写道：“我现在又加入红十字会医疗队了。大考已完，成绩还满意。两三天后，就动身到金华去。金华现在比较是算前方了，伤兵很多，没有好医生来救护。……金华现在虽然比较危险，但我们仍是前去，多少人被枪杀了，多少财产土地被毁灭劫去了，难道我个人的生命，还过分的重视?！我很高兴到前方去。”

二、深入抗战一线，彰显医者仁心

中国红十字会救护总队由英籍华裔生理学家林可胜创建。林可胜曾参加第一次世界大战的战地救护工作，具有丰富的战地救护经验。抗战全面爆发后，他积极筹建中国红十字会救护总队，并亲任总队长，组织医疗队奔赴各地抗日战场。他的义举很快得到了社会各界的认可和响应。当时新四军急需战地救护知识和医疗救护队伍，在叶挺军长的支持下，曾为林可胜的学生和同事的新四军军医处长沈其震主动联系了林可胜。林可胜不仅向新四军介绍了战地医疗救护经验，还应沈其震的请求派出新组建的第67医疗队赴新四军开展救护工作。

由3名医师和十余名护士及护理人员组成的第67医疗队，经浙江淳安及安徽屯溪、黄山、太平等地，来到位于安徽泾县云岭的新四军军部。到达军部后，医疗队分成了3个小组，刘宗歆带领其中的一个小组来到地处小河口的军部后方医院，与新四军的医务人员并肩开展救治工作。在后方医院，刘宗歆负责主持外科及传染科（主要是肺结核）的工作，并在军部高级护士训练班讲授《简易外科学》。他通常上午巡查病房，下午做几例手术，多的时候甚至一天要做十余例手术，有时还要紧急抢救前方送来的伤员。其间，他曾两次冒着生命危险赴上海筹集药品和医疗器械。

医疗队队员与新四军医务人员也在工作中建立起深厚的友谊，大家亲密无间，形如一家，不仅一起参加政治和业务学习，还联合开展文化娱乐活动，刘宗歆则常在文娱晚会上表演口琴独奏。有一次赴上海筹集药品返回后，他受到了同事们的集体欢迎，大家欢呼雀跃地呼喊着："欢迎刘大夫胜利归来！"当新四军干部外出缺少便装时，刘宗歆和医疗队的同志便拿出自己的便装给予支援，有一次他还让妻子将旗袍赠送给了需要外出的女干部。为使新四军的同志能够顺利通过国民党统治的地区，医疗队还经常出具证明信，掩护他们开展工作。1940年元旦，副军长项英主持召开干部午餐会，特邀刘宗歆及医疗队的另一位医师一起参加，并与他们合影留念。

刘宗歆对待工作认真负责，勤勤恳恳，不论属份内还是份外，总是主动热情地投入工作。当得知多名战士患疟疾后，他便主动配合内科开展治疗工作。有一次，有位女同志即将临产，他又担负起了接生任务。在军部后方医院，他的良好医德和精湛医术有口皆碑，伤病员们都热情地称赞他是一位正直、爱国的好医生。

在军部后方医院工作期间，受党组织和军队同志们的影响，刘宗歆的政治觉悟有了很大提高，深深地感受到共产党、新四军是真正为人民大众谋幸福、带领广大人民群众抗击日寇的革命力量。因此，他萌发了参加新四军、跟着共产党走的想法。1940 年春，他利用赴上海筹集药品和医疗器材的机会将妻子和一对子女接到了新四军军部后方医院驻地。工作之余，他指导妻子学习医疗护理知识、参加包扎及换药等护理工作，并向其介绍共产党、新四军的抗日救国政策，引导其共同加入新四军。

1940 年 10 月，为粉碎国民党企图通过制造摩擦达到歼灭苏北地区新四军的阴谋，新四军苏北指挥部组织了自卫性的黄桥战役。为做好战前各项准备，落实战时医疗救护工作，应苏北指挥部请求，新四军军部委派军医处长沈其震率领一批医务人员奔赴苏北前线。为确保行程安全，刘宗歆与妻子、妻妹及救护队队员帮助这批医务人员化装成中国红十字会救护总队的人员，并与他们一道由新四军军部转赴金华。此后，在中国红十字会救护总队金华大队大队长、同济大学医学院教授何鸣九的帮助下，沈其震一行先转道温州，乘船至上海后再赴苏北。

刘宗歆到达金华后不久便爆发了震惊中外的“皖南事变”。此后，刘宗歆积极协助由皖南撤退至金华的医务人员，帮助他们解决经济和物资上的困难，使他们很快重回革命队伍，继续参加抗日斗争。

三、勇担抗疫使命，唱响生命赞歌

日本帝国主义企图以武力迅速征服中国的美梦破灭后，便开始发动灭绝人性的细菌战。自 1940 年起，日军先后在浙江、湖南等部分地区撒布鼠疫细菌（跳蚤），致使这些地区的鼠疫恶疾迅速蔓延。

为了应对鼠疫，刚从皖南来到金华不久的刘宗歆被任命为第 312 医疗队队长。刘宗歆随即率队奔赴浙江衢县，与当地卫生组织及其他卫生力量合作，共同筹建了衢县临时防疫处隔离医院，专门收治感染鼠疫的病人，并指导当地的鼠疫防治工作。1941 年 6 月 20 日下午，衢县临时防疫处召开第一次工作会议，

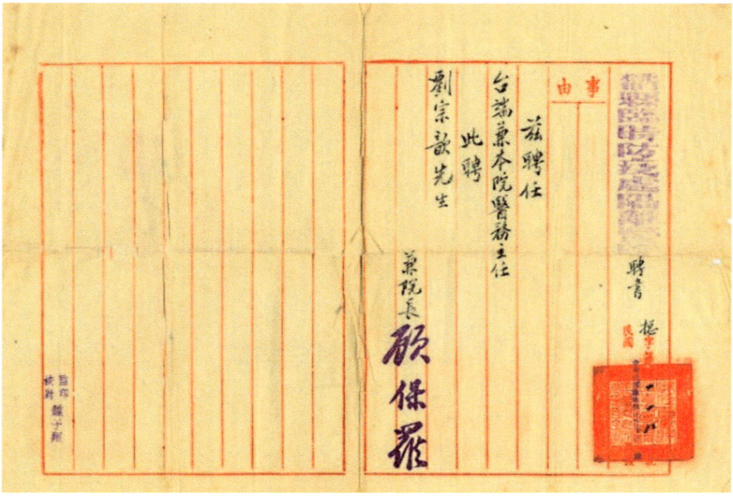
事由
聘書
茲聘任
台端兼本院醫務主任
此聘
劉宗歆先生
兼院長
顧保羅

1941 年 6 月 20 日，刘宗歆受聘担任浙江衢县临时防疫处隔离医院医务主任

根据浙江省政府令，衢县卫生院院长顾保罗兼任隔离医院院长，刘宗歆兼任医务主任，主持日常治疗工作。

鼠疫是一种传染力极强、死亡率极高的传染病，又称“黑死病”。14 世纪时，欧洲曾流行鼠疫，2500 余万人被夺去了生命。当时日寇在我国部分地区施放了大量鼠疫细菌，致使这些地区的鼠疫迅速传播，疫区人民深受其害。其中，曾有一户八口之家在一两天内被鼠疫全部吞噬；还有一名染上鼠疫的外地小贩因在旅店夜宿而导致店主及旅客全体丧命，一个个鲜活的生命就这样快速逝去。

由于战乱时期的医疗条件有限、医疗物资匮乏，抗疫形势十分危急。临危受命的刘宗歆一边参与防治工作，一边查阅资料，不断地在实践中总结经验，努力提高防治能力。通过学习、总结和钻研，刘宗歆逐步积累了一些防疫要领，并在《军医杂志》上发表了一篇关于治疗鼠疫的文章，以帮助各地开展防疫工作。

1941 年秋冬，义乌爆发鼠疫。当得知即将组建医疗队赴义乌防治鼠疫的消息后，有的医务人员因担心被传染而不敢前往参与防治。但刘宗歆临危不惧，他立即主动请战率队前往。他的妻子闻讯后也很为他担心：“人家都怕鼠疫，不敢去，你为什么主动要求去义乌呢？你在衢县不也是在防治鼠疫吗？”他却说：“我是一个医生，哪里有病人，就要到哪里去。我在衢县防治鼠疫已有一定经验，我不去谁去？”“做医生的就是为了救死扶伤，为病人治病，哪怕会牺牲，也要去抢救病人！为了救人，就是死了，也是值得的。”为了减轻妻子的负担，他安排妻子和女儿返回上海，并把留下的小儿子托付给当地保姆。随后，他便带队奔赴义乌。

为防止疫情继续扩散，义乌当地政府已封锁了火车站，禁止火车停靠。经辗转抵达后，刘宗歆以身作则，多次深入到疫情最严重的地区开展防治工作。他经常对身边的医务人员说：“大敌当前，为国家，为人民，要有爱国思想和献身精神，要有无所畏惧的气概，振奋前进。”在防治工作中，他不拘泥于常规治疗方案，而是密切联系实际、结合当地具体情况有效开展工作。在与浙江省卫生处长孙秉甫及受邀前来研究防治策略的德国防疫专家伯力士交流时，他果断提出，防治传染病的一般原则是“防重于治”，但当前义乌地区的疫情已非常严重，而当地群众由于缺乏科学知识仍以烧香拜佛的迷信办法应对鼠疫，未及时采取就医治疗，导致疫情持续传播，故当务之急是“治重于防”，应教育和引导民众尽快就医，以迅速隔离和收治已感染病人，阻断疫情的继续传播。

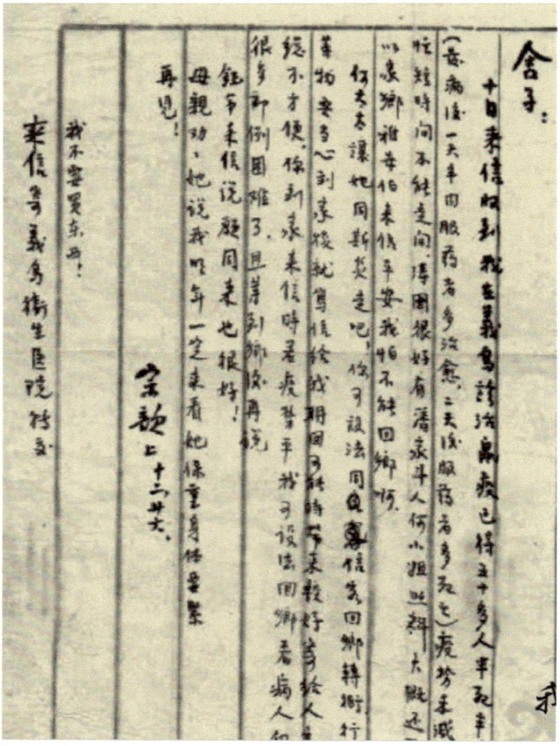

1941 年 12 月 26 日刘宗歆写给妻子的家书

刘宗歆专业而中肯的意见得到了采纳，并迅速付诸实施，义乌地区的鼠疫防治工作也因此得以有效推进。1941 年 12 月 26 日，刘宗歆在生前写给妻子陈娟的最后一封家书中提道：“我在义乌诊治鼠疫已得五十多人，半死半活（发病后一天半内服药者多治愈，两天后服药者多死亡），疫势未减，很忙，短时间不能走开。”

義烏鼠疫益烈

紅會隊長劉宗歆殉職

（本報三十日義烏電）義烏自十一月間發生鼠疫、迄三十日止、患者共計十七人、內計腺鼠疫十五人、肺鼠疫二人、患肺鼠疫中有五人在家死亡、另五人在醫院死亡、其餘在診治中、並發現死疫鼠五頭、衛生當局已在積極防止中、但蔓延傾仍甚烈、又紅十字會第三百十二隊隊長劉宗歆、自義烏發生鼠疫後、即率隊來義工作、不幸竟遭傳染鼠疫、醫治無效、於三十日下午八時逝世、按劉畢業上海同濟大學、服務衛生界多年、對於撲滅鼠疫素具熱心、此次殉職、聞者不勝悲悼、

1942 年 1 月，《东南日报》刊发刘宗歆殉职的消息

1941 年年底的一天傍晚，刘宗歆刚吃过晚饭正准备回宿舍，一位老太太前来请刘大夫去她家诊治重病中的女儿。救人心切的刘宗歆以为是普通疾病，未采取任何防护措施便随老太太前往。当进入病人家里看到病人时，他才发现这位姑娘已患鼠疫。于是，他当即赶回隔离医院，安排医务人员收治该姑娘及对她家进行消毒，并告诉同事自己可能已感染鼠疫，为避免传染，应马上采取隔离措施。不幸的是，刘宗歆的确已感染了鼠疫，且病情急剧恶化。1941 年 12 月 30 日晚，刘宗歆终因抢救无效而以身殉职，牺牲时年仅 29 岁。

1942 年 1 月，《东南日报》刊发题为《义乌鼠疫益烈，红会队长刘宗歆殉职》的快讯，对刘宗歆的不幸殉职表示哀悼：“红十字会第 312 队队长刘宗歆，自义乌发生鼠疫后，即率队来义乌工作，不幸竟遭传染

革命烈士证明书

刘宗歆 同志 在抗日战争中 壮烈

牺牲，经批准为革命烈士，特发此证，以资褒扬。

中华人民共

一九八六年 二十四日

民政部向刘宗歆烈士遗属颁发的“革命烈士证明书”

肺鼠疫，医治无效，于30日下午8时逝世。按：刘毕业于上海同济大学，服务卫生界多年，刘于扑灭鼠疫素具热心，此次殉职，闻者不胜悲悼。”

新中国成立后，以刘宗歆为原型并由刘任涛编剧、徐苏灵导演、乔奇主演、上海国泰影片公司拍摄的电影《生命交响曲》在全国公映。该片揭露了日寇实施细菌战的暴行，再现了我国医务人员和人民群众奋起斗争、抗击疫情的英勇场景。1986年1月，中华人民共和国民政部向刘宗歆遗属颁发了“革命烈士证明书”。

郑文道：情报战线上的赤胆英雄*

“中共党员的典范！”

这是日籍共产党员战友对郑文道的评价

这位情报战线上的无名英雄

有着不平凡的革命事迹

他深受爱国民主思想熏陶

读书济世追求真理，投身革命立志救国

从阅读进步书刊，到参加爱国学运

从开展抗日游击，到从事情报工作

胆识超人、处事沉着，是他的革命特质

他不顾个人安危深入虎穴

传递敌伪重要情报，奠定革命胜利基础

为严守党的秘密，他无惧威逼利诱

为保护革命同志，他勇于牺牲自我

不屈不挠、甘于献身，是他的革命本色

铭记同济英烈

让我们缅怀革命先烈郑文道

感悟这位爱国青年的赤胆忠诚和无畏气概

* 原文名：“情报战线上的一位无名英雄——郑文道烈士传略”，钱明著，有删改。

郑文道（1914—1942），广东香山人。1933年考入同济大学附设高级工业职业学校，后加入读书会，并积极参加抗日救亡运动。1937年全面抗战爆发后参加中共青岛地下党领导的游击队，投身抗日斗争。1938年参加华东人民武装抗日会，7月加入中国共产党。同年9月调至中共中央特科，从事我党在上海的地下情报工作。1940年化名程和生，打入日本情报机构“满铁上海事务所”，完成了大量情报收集任务。1942年7月被捕。后为掩护革命同志，毅然选择跳楼就义，时年28岁。

一、追求进步，投身革命

郑文道，1914年出生于广东香山县。其父是水手，经常不在家，其母身体羸弱，家庭经济来源主要依赖长兄郑文应经商所得。郑文道自少年时起便离开母亲，随兄嫂在山东烟台和青岛生活。

1933年夏，正在青岛礼贤中学就读高中的郑文道闻知同济大学附设高级工业职业学校招生，便与同在礼贤中学就读的侄儿郑香山一同报考，并同时被机械科录取。郑文道性格内向，秉性正直，虽然平时话不多，但总是面带微笑。在校期间，受同济大学爱国学生运动和身边进步同学的影响，他和郑香山一起加入了学校的共产主义研究小组（对外称“读书会”），经常利用课余和假日与进步同学一起阅读进步书刊，研讨苏联革命文学和马列主义思想，并积极参加爱国救亡运动。通过学习和讨论，大家逐步认识到：一个人的生活道路完全是由自己选择的；懦弱者任凭命运摆布，坚强的人则与命运抗争。

1935年下半年，“读书会”受托为附近的震东罐匣厂60名艺徒开办了一所艺徒夜校。在授课之余，郑文道经常向艺徒们宣传革命思想，并把《我的童年》

《母亲》《夏伯阳》等优秀读物借给他们阅读。在革命思想的熏陶下，艺徒们开始向往革命，不少艺徒还希望授课的学生帮助寻找共产党。

1937 年夏，毕业后的郑文道与郑香山一起被学校介绍到民生轮船公司就业。在去公司报到之前，两人先回了趟青岛探亲。然而，不久后便爆发了“八·一三”事变。于是，郑文道与郑香山参加了由中共青岛地下党领导的游击队，与当地的进步同学和工人一起投身于抗日斗争。其间，他们曾冒着生命危

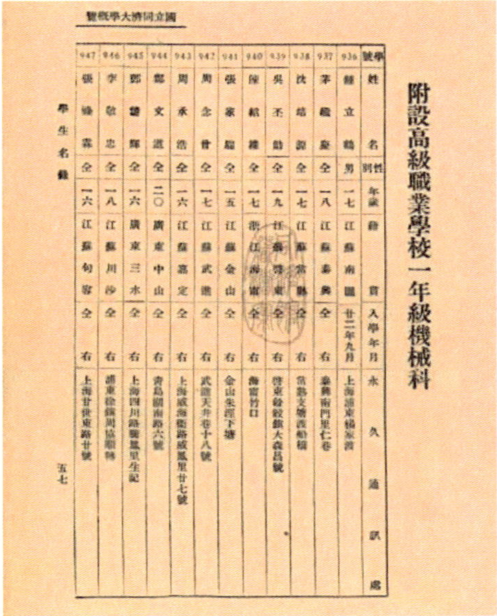

國立同濟大學概覽

附設高級職業學校一年級機械科

學號	姓名	性別	年歲	籍貫	入學年月	永久通訊處
936	鍾立鶴	男	一七	江蘇南匯	廿二年九月	上海浦東楊家渡
937	李鐵鑫	仝	一八	江蘇泰興	仝 右	泰興南門里仁巷
938	沈皓源	仝	一七	江蘇常熟	仝 右	常熟支塘西船橋
939	吳丕鈞	仝	一九	江蘇啓東	仝 右	啓東鈞鼓鎮大森昌號
940	陳紹維	仝	一七	浙江海甯	仝 右	海甯竹口
941	張家驄	仝	一五	江蘇金山	仝 右	金山朱涇下塘
942	周念曾	仝	一七	江蘇武進	仝 右	武進天井巷十八號
943	周承浩	仝	一六	江蘇嘉定	仝 右	上海威海衛路威鳳里廿七號
944	鄭文選	仝	二〇	廣東中山	仝 右	青島湖南路六號
945	鄧譽輝	仝	一六	廣東三水	仝 右	上海四川路覺鳳里生記
946	李敬忠	仝	一八	江蘇川沙	仝 右	浦東徐鎮周協順轉
947	張錄森	仝	一六	江蘇句容	仝 右	上海甘世東路廿號

學生名錄 五七

《国立同济大学概览（1933）》中的在校学生名录

1937 年 1 月，同济大学附设高级工业职业学校机械科第一届毕业生合影（二排左二为郑文道）

险完成了爆破青岛码头仓库和铁路大桥的战斗任务。不久，他们随游击队转移至崂山地区，开展敌后游击战，打击小股日寇。在一次战斗中，有位同志身负重伤，组织上便委派郑文道将伤员秘密送往青岛市内的一家医院抢救。不幸的是，这位伤员终因伤势过重抢救无效而牺牲。恰巧此时日寇又突然在青岛市区实施戒严，禁止人员出入，导致郑文道无法及时归队。从此，郑文道便与游击队失去了联系。

1938 年 1 月，郑文道赴上海并找到了同学景智德。已在上海中共中央特科工作的景智德便将郑文道介绍给了中共地下党组织。此后，郑文道被安排加入游击训练小组，后化名丁振东[①]于 1938 年 2 月与何克希等加入了由梅光迪领导的抗日游击队，在江阴一带开展抗日游击斗争。1938 年 7 月，在战斗中经受考验的郑文道加入了中国共产党。

二、深入虎穴，收集情报

1938 年 9 月，因郑文道胆识过人，处事沉着坚毅，党组织将他调回上海并安排其加入中央特科，专门从事地下情报工作。此后，郑文道负责与在“满铁上海事务所”工作的日本籍共产党员中西功联络和收集情报。

郑文道烈士生前战友、日籍共产党员中西功

1940 年 4 月，经中西功提议，“满铁上海事务所”先后成立“时事研究室”和“满铁特别调查班”等附属机构。在中西功的巧妙安排下，郑文道化名程和生并以研究员的名义顺利打入“满铁上海事务所”，从事情报收集和传递工作。受党组织委托，郑文道还负责中共南京情报组织从汪伪政府和日军华中最高指挥部所收集到的高层重要情报的接收和转送工作。

在“满铁上海事务所”的数年中，郑文道默默地从事地下工作，体现了对党和人民的赤胆忠诚和责任担当。他不顾个人安危，从不失约，一次次地将由中西功和南京传递来的重要情报及时转交给党组织，并由党组织以各种方式源源不断地转送到延安。这些情报中既有“大连满铁总部”每月向日本政府递交的报告，也有日本政府对南京汪伪政府的照会文件和对“兴亚院”所作的工作指示，甚至还有日本天皇御前会议和日军大本营会议内容等高层战略情报，为我党开展抗日斗争提供了重要决策参考，有效地保护了党的队伍和革命同志。那段时间里，每当日伪军计划大规模“扫荡”八路军、新四军驻地时，郑文道往往提前数日便将从中西功处获得的情报通过上海特科迅速转报党中央，使党中央得以及时作出相应对策，狠狠打击敌人。有一次，抗日根据地计划派一批干部由山西赴河北开展敌后斗争，当接到日军准备在中途袭击的情报后，党组织立即决定改变输送路线，从而挫败了日军的偷袭阴谋，保证了这批干部的安全抵达。

1940年夏，日本内阁召开御前会议，陆海两军首脑就日军今后进攻的重点是配合已深入苏联境内的德军而北上、还是全力南下以达到称霸东亚的目的展开了激烈辩论，并最终决定采纳海军提出的南下扩张政策。显然，日军的动向对于党中央的抗日决策部署具有重大意义。为此，延安方面曾两次来电询问上海特科：“日本北进、南进的动向如何？”经中西功和身处南京的西里龙夫以各种情报证实后，1940年底，郑文道及时将这一战略情报送出，为党中央及时准确地判断日军的战略意图提供了佐证、争取了时间。该情报转至苏联后，苏联立即从西伯利亚抽调兵力，并最终取得了莫斯科保卫战的胜利。周恩来后来说：“这个情报是国宝。”②

在“满铁上海事务所”的近三年时间里，郑文道先后传递了百余件重要情报，不仅有效保卫了我党领导的抗日根据地，沉重地打击了日本侵略军，也为苏联的莫斯科保卫战取得胜利进而由战略防御转入战略进攻、争取全世界反法西斯战争的早日胜利起到了重大作用。在任务十分艰巨、环境异常危险的情况下，郑文道以超人的胆识完成了一项项任务，为中国乃至全世界的反法西斯斗争做出了不可磨灭的历史性贡献。

三、保护同志，甘于献身

1941 年 10 月，日本东京警视厅侦破了“左尔格——尾崎秀实第三国际间谍案”（也称“共产国际情报集团案”）。因该案所涉情报重大、牵涉人员众多，日本警视厅大为震动，故决定对国内外所有情报机构进行全面审查。得到消息后，中西功分析此次审查行动必然会追查到自己和其他同志，进而牵涉到郑文道及其上级领导，便立即将此危急情况告知郑文道，希望其转告中共上海地下组织迅速应变并组织撤退。郑文道却镇定地对中西功说：“如果你被抓去，也许我也会被抓，这样，我可以为你掩护到底。如果这个目的不能达到，那么为了保卫组织，我将一死了之。”

郑文道迅即将此危急情况向上级作了汇报，并对自己的住处作了认真检查，确保不留下任何蛛丝马迹。1942 年 6 月 16 日，中西功被捕。因中西功曾介绍郑文道到“满铁上海事务所”做雇员，郑文道也因此被列入怀疑对象。1942 年 7 月 29 日清晨，从东京赶到上海的日本警视厅特务和日本宪兵在位于上海拉都路（现襄阳南路）敦和里 28 号的三楼住所里逮捕了郑文道，并将与郑文道同室居住的倪之璞（中共地下情报人员）也作为嫌疑对象一同逮捕。由于在随后的房屋搜查中一无所获，急于想知道郑文道与哪些日本人有往来、其上级领导住址等信息的特务们便将郑文道关进卫生间，当即开始了刑讯逼供。

早已有思想准备的郑文道一口咬定自己与日本人仅是工作关系，对其他事情一概不知。日本特务便开始追问郑文道与中国人刘国光（郑文道的上级领导吴成方的化名）的关系及刘国光的住址。听到这一提问，郑文道立刻意识到特务们已从其他地方掌握了部分内情。于是，他一边反复地大声喊着：“我不知道刘国光的住址”，以便让尚在隔壁的倪之璞知晓该情况，一边愤怒地责问日本特务："我在'满铁'工作，从无过失，今天却受此刑讯，真是太不讲理，这是为了什么？"最终，无计可施的日本特务只得将郑文道和倪之璞一起押上吉普车，带往位于北四川路（今四川北路）的日军宪兵司令部继续审问。

当吉普车驶至江西中路、汉口路附近时，郑文道突然纵身跳出车厢。由于车速太快，郑文道腿部受了重伤，头部也撞开了一个口子，血流如注。措手不及的特务们将郑文道抬上吉普车，疾速驰向日军宪兵司令部。此时，郑文道因流血过多已处于昏迷状态。为了获得口供，日本宪兵便将郑文道送至四楼医务室抢救。脱离生命危险后，郑文道被安排住进了病房，倪之璞则被要求留在病房内护理郑文道。郑文道苏醒后，日本宪兵头目假惺惺地前来"探望"，劝他安心养伤，并说道："这次逮捕，完全出于误会，请你不要介意。你途中跳车，也太紧张了！"在他卧床的一周时间里，日本宪兵头目不仅经常来病房询问伤势，还劝其进食，并多次企图套取消息。郑文道早已识破了日本特务的险恶用心，总是装作头昏乏力，不予搭理。为了保护组织和同志、迎接即将到来的严酷考验，郑文道已开始盘算今后的对策。

经过一段时间的治疗，郑文道的伤势略有好转，创口的流血已止住，也能适当进食了。特务们见他已无生命危险，便迫不及待地开始提审，企图从中打开缺口，进一步破获"共产国际情报集团案"。由于郑文道的身体仍很虚弱，行动不便，特务们便安排倪之璞协助搀扶至审讯室。在去厕所解手时，郑文道低声对倪之璞说："我不行了，你好好地生活下去，坚持下去，把一切责任都推到我身上，一切都由我承担……"此时的郑文道已做好了为保护组织和同志而牺牲的充分准备。

郑文道烈士生前穿过的大衣

郑文道被转解至审讯室后，倪之璞被要求留在外间，因而可大致了解审讯室里的情况。起初，特务们还百般利诱，但因郑文道不为所动，特务们便露出了狰狞面目，开始对郑文道施以酷刑。面对残忍的折磨，郑文道坚贞不屈，始终咬定与中西功只是工作关系，也不知道刘国光的住址。审讯开始后不久倪之璞便被押离现场关进监狱，关于郑文道此后的消息就此中断。

40 年后的 1982 年，西里龙夫来到上海，并带来了中西功写的回忆录《在中国革命的风暴中》，后人才得以知晓郑文道在狱中壮烈牺牲的情况：

“1942 年的夏天，我（中西功自称）被捕两个月后，日本宪兵才袭击了程（郑文道当时化名程和生）的家，把他逮捕了。然而，在这约两个月时间里，郑文道仍然若无其事的依然来到我的办公室，收集有关我的情况。这是由于我和他在表面上是合法的公开的关系。因此，他认为，如果他逃跑的话，将对我不利。但是他被捕后，从简单的讯问中，他已觉察到，他和日本共产党员的关系已为日宪知道，无法为我们掩盖……在被审讯时，他看准特高警察的疏忽，从窗口跳楼，壮烈牺牲了。”

中西功回忆录《在中国革命的风暴中》

郑文道的牺牲，使日本特务妄图通过他破获中共地下党组织的企图彻底破灭。中西功在回忆录中称颂郑文道为“中共党员的典范”，他写道：“直到今天，只要周围无人，我就会想起他那亲切热情的双目。这是一对为了革命不怕牺牲的眼睛，是一对永远慷慨、含笑就义的明珠。”

1981 年 10 月，中共中央统战部方知达、公安部钱明（本文原作者，郑文道在同济就读时的同班同学）、国家仪表总局翁迪民、中共中央调查部（1983 年与公安部反间谍部门等合并，组成中华人民共和国国家安全部）

上海分部汪锦元等郑文道生前战友联名向中央组织部老干部局提交了《关于追认郑文道同志为革命烈士的报告》，受到中央组织部老干部局和民政部优抚局的高度重视。民政部优抚局“（81）民优字第192号文”要求上海市民政局为郑文道同志办理追认革命烈士的手续。1981年12月，上海市人民政府发文，同意上海市民政局《关于追认郑文道同志为革命烈士的请示》，正式批准郑文道同志为革命烈士。

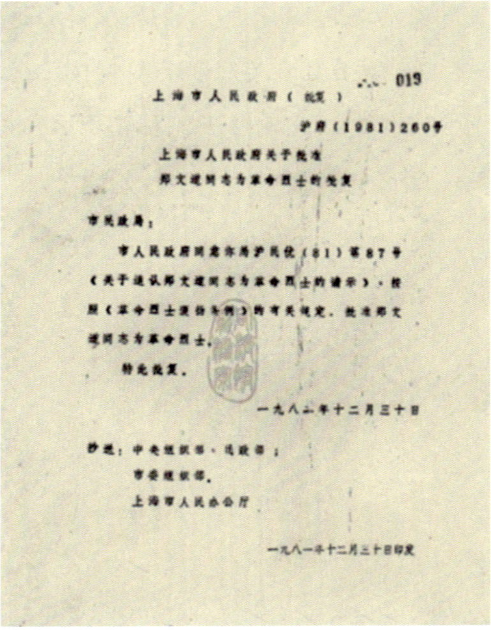

013

上海市人民政府（批复）

沪府（1981）260号

上海市人民政府关于批准
郑文道同志为革命烈士的批复

市民政局：

市人民政府同意你局沪民优（81）第87号《关于追认郑文道同志为革命烈士的请示》，按照《革命烈士褒扬条例》的有关规定，批准郑文道同志为革命烈士。

特此批复。

一九八一年十二月三十日

抄送：中央组织部、民政部；
市委组织部，
上海市人民办公厅

一九八一年十二月三十日印发

上海市人民政府关于批准郑文道同志为革命烈士的批复

1985年，中西功三弟中西笃和三弟媳中西政子夫妇来到上海。郑文道烈士生前战友钱明和汪锦元接待了他们。交谈中，中西笃从包里取出中西功夫人中西方子和中西政子写给郑文道烈士未亡人的慰问信及慰问金8万日元。钱明解释道，文道烈士牺牲时年仅28岁；他曾有过一个心上人，但未及结婚自己就牺牲了；该女子在30多年前已去国外，从此杳无音讯。随后，钱明和汪锦元两人代表烈士亲属向日本朋友表示了由衷感谢，退还了慰问金，只留下慰问信作为纪念。

1986年3月11日，中西方子专程从日本来到上海市烈士陵园。她在烈士史料陈列馆瞻仰了郑文道烈士遗像，供奉了花篮。鞠躬致敬后，她抬起头来，拢了拢银白的头发，无限感慨地说：“今天，我终于实现了我丈夫中西功的遗愿，亲眼看到了丈夫和我多年来铭刻难忘的中国共产党的典范！”

参考文献

1.《无锡革命史料选辑（第10辑）》，中共无锡市、县委党史办公室，无锡市档案局编，1987 年，第 79 页（注①）。

2.《著名抗日英烈和英雄群体纪念中国人民抗日战争暨世界反法西斯战争胜利 70 周年》，民政部优抚安置局编，中国社会出版社，2015 年 11 月版，第 100 页（注②）。

徐韧：横眉勇斗顽敌的新四军女战士*

“打倒国民党反动派！”“打倒法西斯！”

“抗战胜利万岁！”“中国共产党万岁！”

这是徐韧在生命最后一刻无所畏惧的呐喊

彰显了她献身革命的坚定信仰

面对国民党的腐败统治和“不抵抗”政策

她毅然投笔从戎，奔赴抗战前线

从爱国学子成长为文艺战士

以实际行动践行了团结抗战的爱国信念

面对反动派的威逼利诱和“法西斯”迫害

她横眉冷对顽敌，不失革命气节

从知识青年转变为斗争勇士

以青春热血诠释了报效祖国的赤城之心

铭记同济英烈

让我们缅怀革命先烈徐韧

感悟这位新四军女战士的坚强意志和高尚品格

---

* 原文名：“横眉斗顽敌　高歌献人民——徐韧烈士传略”，杜亭元、柳竹明著，有删改。

徐韧（1918—1942），广东番禺人。1933 年 9 月考入同济大学附设高级中学，后升入同济大学医科。在校期间，她热爱音乐，擅长歌咏，加入进步学生组织的读书会和剧团，积极参加抗日救亡活动。1940 年参加新四军，在新四军政治部宣教部文化组工作。在皖南事变中受伤后被捕，被关押在上饶集中营。在狱中，她坚贞不屈，果敢地与敌人作斗争。1942 年 6 月 19 日，在集中营整体转往福建途中被敌人杀害，时年 24 岁。

一、同济园内的爱国学子

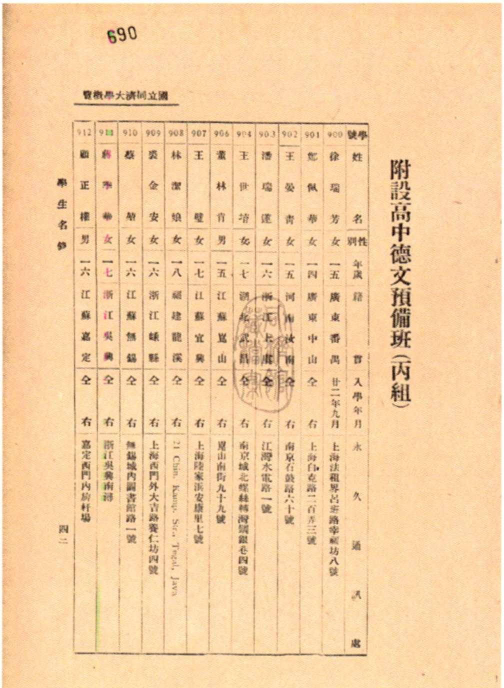

690

國立同濟大學概覽

學生名錄

附設高中德文預備班（丙組）

學號	姓名	性別	年歲	籍貫	入學年月	永久通訊處
900	徐瑞芳	女	一五	廣東番禺	廿二年九月	上海法租界呂宋路寧綏坊八號
901	鄭佩華	女	一四	廣東中山	仝右	上海白克路二百卄三號
902	王晏青	女	一五	河南汝南	仝右	南京石鼓路六十號
903	潘瑞蓮	女	一六	浙江上虞	仝右	江灣水電路一號
904	王世培	女	一七	湖北武昌	仝右	南京城北螺絲轉灣鐵銀巷四號
906	董林青	男	一五	江蘇崑山	仝右	崑山南街九十九號
907	王璧	女	一七	江蘇宜興	仝右	上海陸家浜安康里七號
908	林潔娘	女	一八	福建龍溪	仝右	21 Chin. Kamp. Str., Tegal, Java
909	裘金安	女	一六	浙江嵊縣	仝右	上海西門外大吉路養仁坊四號
910	蔡碧	女	一六	江蘇無錫	仝右	無錫城內圖書館路一號
911	蔣季華	女	一七	浙江吳興	仝右	浙江吳興南潯
912	顧正權	男	一六	江蘇嘉定	仝右	嘉定西門內荷軒場

四二

国立同济大学概览（1934 年）中的在校学生名单

徐韧，原名徐瑞芳，1918 年出生于广东番禺县。她幼年丧父，从小跟着母亲和姐姐生活。1933 年，徐瑞芳考入同济大学附设高级中学，进入德文补习科学习德文。在进步同学的影响下，徐瑞芳喜爱阅读革命文艺书籍，对鲁迅的作品更是爱不释手，还经常与进步同学一起唱救亡歌曲。

1936 年，著名学者冯至教授和历史教员杨晦相继来到同济附中执教。当年 8 月，冯至受聘主持附中工作。执教期间，两位具有爱国民主思想的进步学者对广大学生循循善诱，积极倡导和支持抗日救亡。杨晦还经常在他的住处与进步学生议论国内外形势，徐瑞芳总是积极参加，并从中受到许多启示和教育。

1936年10月，鲁迅逝世。徐瑞芳与冯至、杨晦及部分进步同学一起参加了鲁迅的葬礼活动，大家决心继承和发扬鲁迅的战斗精神，继续开展抗日救亡运动。此后不久，因团结进步学生、热心参与爱国运动，杨晦被学校当局以“危险分子”为名予以解聘。离别之际，徐瑞芳和同学们一起赶到车站与杨晦依依惜别。

1937年“八·一三”事变后，徐瑞芳随学校西迁，在一年多的时间里行程达几千里。艰辛的经历磨炼了她的革命意志，民族的危难激发了她的爱国热情。她时刻关心着祖国的命运，更加积极地投身抗日救亡活动。

1939年1月，国民党五届五中全会通过了《整顿党务》和《限制异常活动办法》，将政策重点由对外转向对内，由抗日转向反共。3月，国民政府召开第三次全国教育会议，公开号召“教育界齐一趋向，集中目标，确确实实为实现三民主义而努力”。随后，学校当局推行国民党、三青团和训导处三位一体的管理模式，加强了对师生的控制，妄图限制和取缔学生的抗日爱国运动。

当时，同济大学已迁至云南昆明。在西南联大进步力量的影响下，随校西迁的同济党员重建了地下党小组。在党组织领导下，学校的进步力量不断壮大，不仅扩大了读书会的活动规模，还组织了昆明儿童剧团，广泛宣传抗日救亡。徐瑞芳积极参加进步组织的活动，并先后阅读了《社会发展史》《联共（布）党史简明教程》《大众哲学》《新经济学大纲》等著作和高尔基的小说、马雅可夫斯基的诗歌等文艺书籍，思想觉悟得到不断提高。

1940年夏，随着昆明物价飞涨和日机的不断侵扰，当地群众和同济师生的生活和安全受到严重影响。日军的轰炸不仅造成了大量市民伤亡，同济学生中也有人被炸身亡。看到这一情景，徐瑞芳义愤填膺地对同学说：“国民党无能，不抵抗。这仇不报，怎能配做中国人！这口气应牢记在心上。中国一定要有先进武器，抵抗敌人。”她常常阅读《新华日报》，关注八路军、新四军英勇作战的消息。与其形成鲜明对照的是，身处大后方重庆、昆明等城市里的政府官员们依然是花天酒地，一片乌烟瘴气，毫无抗战之意，正如百姓所说，“前方吃紧，后方紧吃”。因此，徐瑞芳逐渐下定了决心，准备离开昆明奔赴皖南参加新四军。此后，在同学赵正心的介绍下，徐瑞芳先在重庆民生路读书生活社工作了一段时间，后在该社编辑孙克定的介绍下赶赴贵阳，寻找和联络新四军人员。

二、投笔从戎的文艺战士

1940 年 7 月底，徐瑞芳到达贵阳，找到了正准备赴安徽的新四军政治部主任袁国平。在表达了参加新四军的强烈愿望后，徐瑞芳终于被部队接纳，并与新四军干部一同乘卡车离开贵阳奔赴皖南。由于沿途多为山区，道路崎岖不平，还要不时躲避日军空袭，加之起早贪黑地奔波，大家备受劳顿之苦。为了缓解大家的心情，每到一个休息地，徐瑞芳就给大家唱《黄水谣》等歌曲。车辆到达衡阳的一天晚上，徐瑞芳在联欢会上唱起了《黄河怨》，悲凄的歌声使大家想起了国仇家恨，战友们纷纷落泪，徐瑞芳的眼眶里也充满了泪水。

当年的新四军臂章

经过五天的奔波，徐瑞芳一行终于于 8 月 4 日到达位于安徽泾县云岭的新四军军部。到达驻地后，徐瑞芳满心欢喜地脱下蓝布旗袍，穿上印有“N4A”字样臂章的新军装，迫不及待地与同伴们一起了解军部驻地环境。山间云雾缭绕的美丽景色、流水叮咚的叶子河、罗里村的军部大礼堂、朝气蓬勃的新四军女战士，……耳目一新的环境给徐瑞芳留下了新鲜而美好的印象。第二天黎明，当嘹亮的军号响起，听到操场上传来的“嚓嚓”跑步声和雄壮的新四军军歌：“前进，前进，我们是铁的新四军，……”徐瑞芳顿感热血沸腾，激动万分。经过一番琢磨，徐瑞芳决定更名为徐韧，以新的面貌迎接美好的未来。几天后，徐韧被分配到军政治部宣教部文化组工作。

徐韧的战友、丈夫，人民音乐家任光

到文化组工作后，徐韧结识了任光。任光 1909 年出生于浙江嵊县，20 多岁便已成为著名作曲家，他创作的《渔光曲》《月光光》《打回老家去》《大刀进行曲》《高粱红》等多首革命歌曲鼓舞着人民大众团结起来，战胜敌人，争取胜利。受新四军军长叶挺之邀，任光搭乘叶挺的专车于 1940 年 7 月由重庆来到新四军军部。

在一次联欢会上，任光和徐韧合唱了由任光创作的电影歌曲《王老五过年》。在工作和交往中，他们同仇敌忾，互相学习，互相关心，彼此爱慕，并最终结成伉俪。从此，徐韧成为任光从事音乐创作的理想助手。每当任光酝酿、哼唱一首新曲时，徐韧便把旋律记下来，再由任光修改、整理，直至作品完成。

1940 年秋冬，国民党发动第二次反共浪潮，企图消灭新四军。本着坚持抗战、团结进步的方针，党组织决定将新四军撤离皖南地区，并转往江北。考虑到安全因素，组织上原本安排任光和徐韧先行撤离，但他们表示，自己刚参加部队，身体健康，应该留下来在战斗中经受锻炼和考验。

为了向皖南人民告别，政治部主任袁国平特地写了一首名为《别了皖南》的歌词，交由任光为它谱曲。接到任务的夫妇俩拉着小提琴，边唱边修改曲子。被歌声、琴声所吸引的叶挺军长、项英副军长也聚拢过来，聆听他们的演唱，叶挺还提了几条修改建议。

《别了皖南》创作完成后，任光、徐韧夫妇立即热情地教大家练唱。一时间，云岭到处响起嘹亮的歌声：

前进号响，大家准备好，
子弹上膛，刺刀出鞘，

三年的皖南，别了。

目标扬子江头，淮河新道……

这首歌既充满了高昂的革命激情，又保留了任光的抒情风格，唱出了新四军指战员对皖南人民的热爱，唱出了人民军队与老百姓的鱼水之情。在云岭驻地的各个村庄里，大家一遍又一遍地高唱着这首悲壮的离别歌曲，准备迎接新的战斗。

三、坚贞不屈的斗争勇士

1941 年 1 月 4 日，任光、徐韧随新四军军部告别云岭，绕道北上。1 月 6 日，当新四军军部及所属皖南部队 9 000 余人到达泾县茂林地区时，突遭国民政府第三战区司令长官顾祝同、第 32 集团军总司令上官云相率领的 7 个师 8 万余人的包围袭击。经过 7 个昼夜的英勇奋战，新四军终因寡不敌众、弹尽粮绝，除约 2 000 余人突围外，其余大部分被俘、失散或牺牲。事后，蒋介石竟反诬新四军“叛变”，并宣布取消新四军番号。该事件即为震惊中外的皖南事变。

在突围过程中，任光被一颗流弹击中胸膛，不幸牺牲；徐韧也因头部受伤晕倒后被俘。当徐韧醒来时，发觉自己躺在一张白色病床上，经询问穿着国民党军服的勤务兵，才知道这里是国民党嫡系部队 62 师一个团部的医疗所。想起丈夫和战友们的惨死，徐韧不禁放声痛哭起来。

一天，勤务兵来到徐韧病床前说：“我们团长来看你啦！”一会儿，一个衣着整齐的年轻军官走进病房。他以关切的口吻询问徐韧的伤情，劝她不要再胡思乱想，不要没完没了地伤心哭泣，并说：“本团长决定把你留下是不容易的。你可要知道本人的苦心。你年轻，还有前途，过些天等你身体再好些，我带你出去……”徐韧则瞪着眼睛大声说，“我不留在这里，我要出去！我要和同志们在一起，我不离开他们！”那位团长反问道：“你不留在这里？新四军全完啦！……你们那些被俘的人全被押送到江西上饶关起来啦，你难道也要上那里去？”徐韧听后坚定地说：“反正我不留在这里，你们把我送到上饶，我也不怕！”见劝说无效，那个团长只得灰溜溜地走了。

几天后，一名被派来的劝说者对徐韧说，“我们团长年轻有为，还没有成家，对你很有好感。”徐韧听罢被气晕过去。此后，她开始绝食，并不停地嚷着：“我要回去！”最终，徐韧也被押往上饶集中营。

皖南事变中被俘的新四军干部大部分被关押在上饶集中营。来到集中营后，徐韧被编入“第五中队女生分队”。起初，她整天沉默发呆，有时低声哭泣，有时自言自语，太多的疑问让她百思不得其解：为什么富有才华、热爱祖国的丈夫任光被杀害？为什么英勇抗日、保护人民的新四军被诬为“叛军”、遭到围剿？为什么忠于祖国、仇恨日寇的她和战友们被关禁在上饶集中营内？……痛苦和疑惑使得她思绪混乱，心神不宁。后来，在同一中队姐妹们的关心照料和耐心开导下，徐韧进一步认清了国民党的反动本质，逐渐恢复了正常的精神状态。

集中营第五中队特务队长曾恭生是一个典型的法西斯暴徒，难友们给他起了一个绰号叫“曾魔王”。他要求女生队办壁报，并强迫大家写为反动当局歌功颂德的稿件。难友们则巧妙应付，偏偏写一些“思乡”“我的妈妈”等思念类或风花雪月类的文章。有一次，徐韧写了一篇题为《臭虫与跳蚤》的稿件：“我们为什么睡不好？因为睡的长坑上、盖的被子里有臭虫、跳蚤和虱子。”文章一语双关，既诅咒了害虫，又声讨了敌人。

新的一期壁报贴出后，难友们便围着观看。当徐韧发觉她写的文章被当局改得面目全非后，便气愤地骂道：“这是哪个龟儿子乱改我的文章？”曾恭生在一旁涨红了脸恶狠狠地说：“你胆子好大，你骂谁？”徐韧理直气壮地说：“谁乱改，我就骂谁！”曾恭生不怀好意地走到徐韧身边做起了小动作，徐韧立即将他推开，厉声斥责道：“放规矩点，我们不是好惹的！”曾恭生恼羞成怒，骂骂咧咧地说：“有什么了不起……”徐韧怒不可遏，随手举起身边的一只小板凳朝他的脑袋掷过去。凳子从曾恭生的头顶上飞过，为了躲避，曾恭生踉踉跄跄差点跌倒。一个负伤的弱女子居然把不可一世、口口声声嚷着要“熔化共产党”的魔王斗得威风扫地、抱头乱窜，使得被囚禁在集中营的同志们颇受鼓舞。被激怒了的曾恭生随后指使宪兵将徐韧关进中队部的临时禁闭室。

这个禁闭室原本是老百姓的谷仓，仅有约一平方米，且没有窗户。时值盛夏，被关在小囚笼里的徐韧虽然周身淌汗、脸色发白，但始终没有屈服。在中共地下支部的领导下，女生队的30余人立即投入营救斗争。由于翌日国民党政府第三战区司令部情报专员、集中营的顶头上司卢旭要来视察，集中营要求各中队人员整理内务、粉刷墙壁、张贴标语、清扫环境，做好迎接长官“驾临”的各项准备。女生队的全体同志便抓住时机举行罢工，即便特务们前来动员也不予理睬。随后，女生队又推派了几名代表与特务交涉，其他人或躺在床上罢工，或大声哭嚷着；“不放出徐韧，我们就不干活，……”。最终，为了整理环境以讨好上司，曾恭生不得不将徐韧放了出来。

10月30日（农历9月15日）是蒋介石的生日。为了表示对领袖的忠诚、讨好上司，特务们计划邀请长官来集中营演讲，并准备安排一些文娱节目助兴。了解到徐韧擅长演唱中外歌曲后，曾恭生便亲自来找徐韧，动员她演唱英文歌曲。徐韧告知道：“我不会唱。”曾恭生说：“你明明会唱，为什么不唱？”徐韧便推托嗓子不好，表示过几天才能唱。尽管曾恭生软硬兼施，但徐韧始终予以回绝。

在集中营里，徐韧不仅和难友们一道与国民党特务开展着顽强斗争，同时也未忘记找机会学习知识。她曾写信给当时已内迁至四川李庄的同济大学同学薛崇本，请其寄一本《德华字典》，以便进一步学习德文。

1942年5月，日本侵略军沿浙赣铁路向我国西南地区发动进攻。地处上饶的国民党第三战区司令部被迫决定将集中营里的“政治犯”迁往福建。6月17日，当迁移队伍途经崇安县赤石镇时，第六中队的百余名革命战士在中共地下支部的领导下发动了“赤石暴动”，一批同志冲破了反动派的看守奔向武夷山区，重新获得了自由，但也有不少同志在与敌人的搏斗中壮烈牺牲。“控制局面”后，集中营各中队立即加强了看管，同时安排特务深入四周山区搜索“逃离”的同志，并开始策划屠杀行动。

6 月 18 日黄昏，特务们将各中队人员集中到一所祠堂里。在昏暗的灯光下，特务头子杀气腾腾地拿着花名册点名。女生队队员中，吕明等 6 名共产党员和徐韧被另行编队“学习”。自 19 日下午起，特务们将从各中队抽出来的“顽固分子”及参加暴动被抓回来的同志共计 70 余人分成三批，先后押解到赤石镇虎山庙后的茶林里实施了惨无人道的集体大屠杀。24 岁的徐韧和战友们昂首挺胸，高呼着“打倒国民党反动派！”“打倒法西斯！”“抗战胜利万岁！”“中国共产党万岁！”的口号，英勇就义。

钱钟仪：扎根浙南大地的抗日楷模*

“我们共产党人决不会屈膝投降！”
这是钱钟仪坚定的革命信仰和崇高的革命气节
他以民族振兴为理想
参加爱国学运，立志为国求索
投身抗日救亡，誓志驱除外辱
在血与火的洗礼中锻炼成长
他以人民解放为己任
开展下乡宣传，开化工农智识
深入联系群众，夯实斗争根基
团结和发动一切力量巩固抗日阵营
对待革命工作，他废寝忘食
保持乐观主义精神，迎难而上化解难题
面对敌人利诱，他坚贞不屈
共产主义信念坚定，视死如归无所畏惧
忆革命先烈
悟初心使命

铭记同济英烈
让我们缅怀革命先烈钱钟仪
感悟这位共产党人的信仰和忠诚

---

* 原文名：“宣传抗日救亡　血洒龙潭山下——钱钟仪烈士传略”，荆旋、诸刚著，有删改。

钱钟仪（1920—1942），江苏无锡人。1935年考入同济大学德文补习科。在校期间，他喜爱阅读鲁迅著作，积极参加抗日救亡运动。1938年加入中国共产党，曾任中共丽水县委委员、丽水西区区委书记等职，为当地农村党的建设和抗日救亡斗争做了大量工作。1942年3月在浙江瑞安被捕，7月被杀害于瑞安横山乡龙星村，时年22岁。

钱钟仪，又名钱行，曾化名汪为明、陆前行，江苏无锡人，1920年3月出生于富裕的书香门第。父亲钱基厚与钱钟书的父亲钱基博为孪生兄弟，曾任无锡教育会会长、无锡商会会长等职[①]。钱钟仪聪明好学，在中小学就读时因成绩优异而多次跳级。1935年，毕业于无锡辅仁中学的钱钟仪考入同济大学德文补习科。在校期间，他孜孜不倦地攻读德文，平时喜爱阅读鲁迅著作，还经常与进步同学一同交流。

1935年，已鲸吞我东北三省的日本帝国主义开始步步进逼华北。8月1日，中共中央发表《为抗日救国告全体同胞书》，号召全国各阶级、各党派、各军队团结起来，停止内战，一致抗日。12月9日，在党的领导下，北平数千名学生举行了声势浩大的抗日救亡示威游行，揭开了一二·九运动的序幕。同济大学和上海各大中学校的学生给予了积极响应。

12月19日晚，钱钟仪参加了上海大中学生在交大举行的集会。在随后举行的示威游行中，他和同学们一路高呼“反对内战，一致抗日”的口号。12月24日，他又和同学们一起赶往北站，登上了赴南京请愿的火车。由于国民党当局的暗中阻挠，请愿学生虽然未能抵达南京，但请愿活动推动了上海和江浙一带的抗日救亡运动，钱钟仪和同学们也从中受到了锻炼和教育。之后，他曾和部分同学一起下乡宣传抗日，动员农民加入抗日救亡的行列。

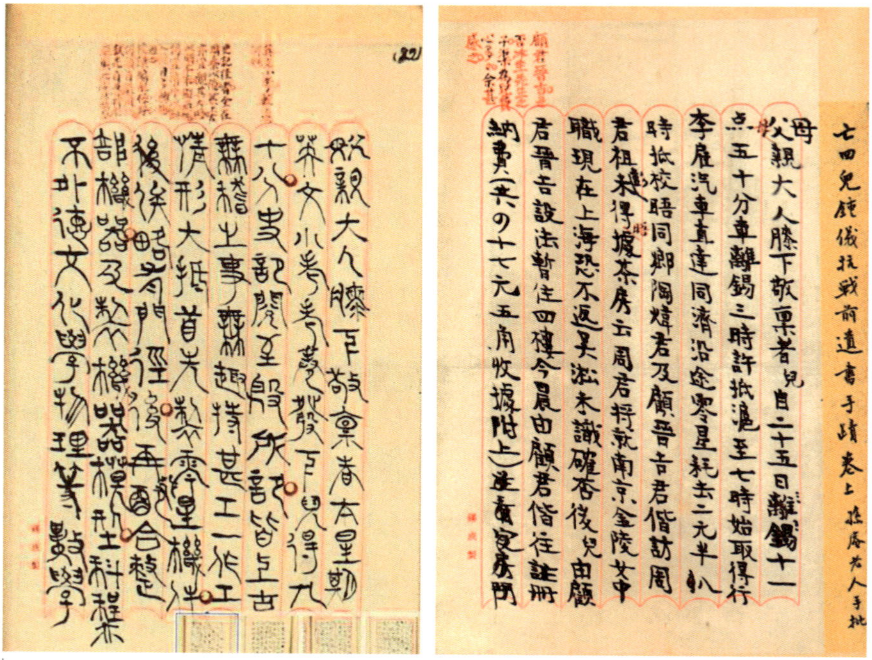

钱钟仪在同济大学就读时的家书手稿（钱钟仪堂侄钱汝虎提供）

1937 年八·一三事变后，钱钟仪随同济大学师生一同迁至金华。目睹了日军暴行的钱钟仪怀着满腔民族仇恨参加了宣传队，积极开展抗日救亡宣传。不久后，因日军进逼杭州，学校被迫继续向江西转移。为了参加抗日救亡斗争，钱钟仪和杨礼耕（杨德和）、王立等同学经商议后毅然决定离开感情深厚的母校，决心奔赴延安投身革命，后因多人患病而未能成行。于是，他们便留在浙江参加抗日救亡斗争。1938 年 2 月，经中共浙南特别工作委员会书记、原同济大学工学院学生汪海粟介绍，钱钟仪加入了中国共产党。

在党组织的安排下，钱钟仪和其他同学陆续集中到丽水县等待工作安排。不久后，钱钟仪便和浙江大学女生费恺等被分配到离遂昌县城几十里的大柘区开展工作。在那里，他们一起开办农民夜校，组织歌咏队，出墙报，走访农户家庭，开展减租减息宣传等活动。1938 年 9 月，经钱钟仪介绍，费恺也加入了中国共产党。由于年龄和经历相仿，理想和信念一致，在共同的战斗生活中互相帮助，互相爱慕，不久后两人便结成了伉俪。在大畈坊村举办识字班的过程中，钱钟仪还和杨礼耕一起播撒红色种子，积极培养农民中的积极分子，为大畈坊建立和发展地下党组织奠定了基础。

1938 年底，抗日战争逐渐转入战略相持阶段后，由于遂昌的国民党反动派蓄意制造反共摩擦，钱钟仪等被迫离开遂昌来到丽水县工作。到达丽水后，夫妇俩的公开身份是丽水县政工队队员，负责当地抗日救亡的宣传和组织工作。在党内，两人则均为中共丽水县委委员。此后，钱钟仪离开政工队，主持县委宣传工作，并兼任丽水县西区（大港头、碧湖）区委书记。当时，不仅党组织缺少活动经费，党员干部的生活也十分清苦，但钱钟仪对待群众满腔热情，对待工作废寝忘食，甚至在患疟疾期间仍坚持工作。他的革命乐观主义精神深深地感染了周围的同志和群众。

丽水地区的方言很难听懂，给开展群众工作带来诸多困难。为了深入联系群众，钱钟仪克服困难，学会了当地方言。他在与成年人促膝谈心的同时，还经常和少年儿童一起唱救亡歌曲、演抗日戏剧，很快与群众建立了融洽的关系。为了加强党的建设，他发挥写作特长，自行编写了一本关于党的基础知识的教材，深受党员和积极分子的欢迎。钱钟仪还利用工作空隙抓紧学习，除认真阅读党内文件和马列著作、毛泽东的《论持久战》外，他还坚持学习外语，不断地提高自己的理论水平和文化水平。

1941 年 1 月，国民党反动派掀起第二次反共浪潮，制造了震惊中外的“皖南事变”。随后，浙江地区的国民党也加紧制造反共摩擦，革命斗争的环境更加险恶。1941 年初，根据党组织的指示，钱钟仪化名汪为明转移到青田县万山村任该村小学教员，费恺则转移到相距十余里的峰山村当小学教师。为了减轻学生的经济负担，钱钟仪自己动手编写和刻印教材，并将抗日救亡的内容纳入其中。他平时对待学生态度和蔼，耐心细致，百问不厌，直到学生听懂为止。学生家长们纷纷表示：“阿汪是我们的贴心人，哪里有这样不花钱能读书的事呀，这样的好老师到哪里去请啊！”

当时的万山村党支部是青田地下党组织的核心支部，领导着峰山、横墙、底项、平山、光乍坑、乌义仑等多个支部。钱钟仪白天教书，晚上和星期天则轮流到其他几处了解情况、研究工作。虽然外出时有当地党员陪同，但因多为夜间行路，且路面洼地和石头较多，眼睛近视的钱钟仪常常因看不清而摔跤。完成任务后，他又连夜返回万山，第二天仍照常为学生上课。

为了更好地团结和教育群众共同抗日，在万山村工作期间，钱钟仪还率领地下党员加强了农会、妇女会、儿童团的建设。他教育儿童要增强敌情观念，并通过农会、妇女会等组织发动广大家长，教育儿童如何辨别形迹可疑的陌生人。他告诉站岗放哨的儿童团员，如果发现敌军偷袭，就在高处打暗号：“牛逃跑了”，以便村民及时向密林转移。

1941 年 7 月到 8 月间，钱钟仪奉命调往平阳地区工作。考虑到当地广大群众已与他建立了深厚感情，很可能舍不得他走，于是他便以母亲病故、需要回去奔丧为托词向大家告别。离开万山的那一天，当地党员、群众和学生一百余人含着眼泪、依依不舍地将他一直送到了离村五里路之外，直到钱钟仪再三告别和劝阻，大家才返回村庄。

由于走得匆忙，钱钟仪来不及与费恺话别，便托人给费恺捎带了一张用外语写的纸条，没想到这张纸条竟成了钱钟仪留给费恺的最后遗物。不久后，费恺生了一个女孩，但遗憾的是，钱钟仪从未见过自己的亲生女儿。后来，费恺因赴新四军军部工作，便将孩子交给当地人家抚养，孩子最终也不幸夭折。

离开万山的钱仲仪经丽水、温州来到浙南特委报到，后被分配到平阳县委负责干部教育工作。在平阳县委工作期间，他自编教材，认真讲授党的方针政策，教育和鼓舞了大批同志。

1941 年冬，平阳地区国民党开始大肆“清乡”搜山，中共平阳县委的机关人员被迫分散到各基层乡村，钱钟仪也化名陆前行转移到了瑞安。1942 年

3 月，钱钟仪在瑞安县高楼区孙山村的坑底山上被“清乡队”抓捕，并先后被关押在高楼区石龙乡公所和瑞安监狱。在狱中，他积极向周围人员宣传党的抗日民族统一战线政策，教他们唱《国际歌》，一同高呼“团结起来，一致抗日”的口号。虽然遭到严刑拷打，腿部被打得无法走路，审讯后不得不由狱警拖回牢房，但钱钟仪始终坚定沉着，绝不屈服。

当国民党从其他途径获悉钱钟仪是共产党干部后，平阳县县长吕律便亲自出马提审钱钟仪。吕律问道：“你不知道共产党的行动是破坏抗战的吗？”钱钟仪严斥道：“共产党致力抗日救国，抵御外侮，拯救民族，何来破坏？你们枪口对内，屠杀共产党人，迫害爱国志士和爱国民众，破坏国共合作，破坏共同抗日，你们才是真正破坏抗战！平型关战役，是谁在浴血抗战，不是很清楚吗？！”吕律理屈词穷，便改变口气道：“你如能放弃共产党立场，改过自新，就让你当我的县府秘书。”钱钟仪当即予以断然拒绝：“我们共产党人决不会屈膝投降。今日被杀，虽死犹生，杀我一人，后继者何止千万。而你们这帮社鼠城狐，必将覆灭。”吕律见无计可施，只得狼狈收场。

1942 年“七·一三”瑞安第二次沦陷前夕，吕律借应变之名，将钱钟仪枪杀于横山乡龙星村。就义时，钱钟仪高呼口号，大义凛然。钱钟仪牺牲后，他的遗体被当地老百姓王光姆、蔡岩柳等收葬于该村附近的龙潭山。

新中国成立后，钱钟仪的遗骸被移葬至瑞安县西山革命烈士陵园。1958 年 8 月，中华人民共和国中央人民政府向烈士遗属颁发了由毛泽东主席签署的“革命牺

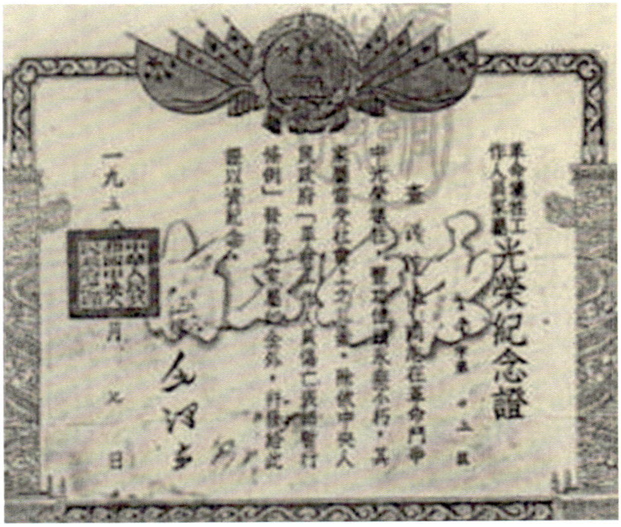

1958 年 8 月，烈士遗属获颁“革命牺牲工作人员家属光荣纪念证”

牲工作人员家属光荣纪念证”。1983 年 9 月，浙江省民政厅发文追认钱钟仪为革命烈士。2019 年 4 月，收录钱钟仪烈士在同济大学就读期间（1935—1936）31 份家书的《钱钟仪家书手迹》首发式在无锡钱钟书故居举行。

参考文献

1.《韩国钧朋僚函札名人墨迹》，江苏省档案馆编，东南大学出版社，2006 年 10 月版，第 356 页（注①）。

詹大权：转战南北的职业革命家*

“意识莫高于爱民，行为莫高于乐民，是为公仆之本性！”
这是詹大权以人民至上的革命宗旨
爱国兄长探寻真理的追求
点燃了他红色理想之火
共产党人前仆后继的信念
坚定了他革命事业之志
他读书济世求真理
关心国家命运，树立革命理想
拥护国共合作，致力爱国学运
在反帝斗争道路上奔走驱驰
他投身革命兴中华
推动农民运动，坚持团结抗日
培养青年骨干，壮大组织力量
在民主革命征途上闯荡南北
他机智果敢斗顽敌
设计巧妙策略，粉碎分裂图谋
调动集体力量，抗击政治压迫
在抗日救亡战线上顽强斗争

铭记同济英烈
我们共同缅怀革命先烈詹大权
感悟这位革命斗士的赤诚报国心

---

* 原文名：“对党赤诚心　甘为孺子牛——詹大权烈士传略”，何定华著，有删改。

詹大权（1900—1943），湖北蕲春人。1917年初考入同济德文医工学堂德文科，后升入医科。在校期间，积极参加进步学生运动，1925年冬由恽代英介绍加入中国共产党。1926年，在反“誓约书”斗争中被学校当局开除，后转学至广东大学。自1927年起，先后赴湖北、沈阳从事农民和工人运动，曾任湖北省农会特派员、中共蕲春特别支部书记、中共顺直省委秘书长、中共天津市委宣传部部长、中共满洲省委执委和秘书长等职。全面抗战期间，先后在武汉八路军办事处、大别山战区罗田县抗日民众动员委员会、安徽省动员委员会任职。1943年11月被国民党反动派逮捕，后惨遭活埋，时年43岁。

一、深受革命思想熏陶

詹大权，乳名闰生、运生，字汝恭、握存。1900年出生于湖北省蕲春县田桥乡詹家山的一个地主家庭。詹大权在兄弟八人中排行最小，其二兄大悲、七兄大星均为具有民主主义思想的爱国进步知识分子。两位兄长背叛封建地主阶级、从事民主革命活动的行为对詹大权的成长产生了深刻的影响。

六岁时，詹大权进入父亲詹竹亭（秀才）开设的私塾；年龄稍长后转到由本县名士陈卓溪及陈筱丹任教、位于檀林河的经馆就读。詹大权天资聪颖且记忆力极强，读过的书基本过目不忘。一次，他向同村詹锦从借阅《封神榜》，仅用两天时间就看完了。还书时，詹锦从让他背诵书中的部分段落，他竟能一句不漏一字不错地背诵出来。旁人知晓此事后大为惊奇，其老师陈筱丹就曾对其父亲说：“令郎如此天资过人，又勤奋好学，少年立志，实为我所授诸弟子中不可多得的佼佼者。”

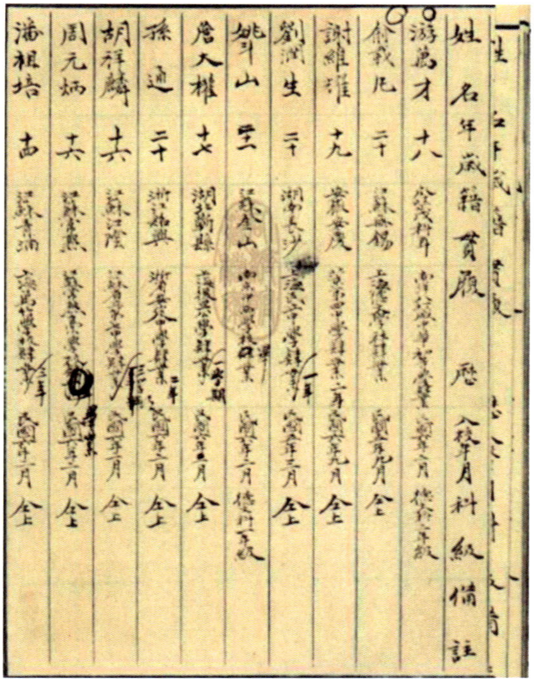

同济医工专门学校德文科学生名册

詹大权少年时期就热爱劳动，同情贫苦农民。他的长兄詹大慈曾在何家铺开了一座炉坊（属铸造业）。后来，詹大权得知詹大慈以多种方式剥削工人，便与七兄詹大星一起去找詹大慈评理；当他们发现詹大慈正在何家铺街上的一家小店中饮酒时，两人火冒三丈，拿起酒具就往詹大慈的头上砸去。最终，詹大慈停止了炉坊的业务。因家境殷实，家人雇了挑夫帮外出上学的詹大权挑行李；途中，他和挑夫同桌进餐，从不嫌弃；遇到翻山越岭，他也会出手相助；有时他还会付给挑夫双倍报酬。他常说：“穷人吃不饱，穿不暖，到什么时候才能过上好日子啊！

詹大权的二兄詹大悲是辛亥革命元老、国民党左派。1909—1911 年，在担任汉口《商务日报》《大江报》主笔期间，詹大悲经常撰写针砭时弊的文章，积极为革命造势。辛亥革命后，詹大权跟随詹大悲到武汉等地就读，目睹革命党人虽屡遭劫难但仍前仆后继的场景，也深深地感受到了詹大悲对革命事业的坚定态度，思想上受到很大冲击，由衷地对革命党人和革命事业产生了敬仰之情。

自 1913 年起，詹大权先后在武汉墨伦书院、上海复旦公学就读。在二兄詹大悲的影响下，进入中学后他便开始阅读进步书刊。1917 年 2 月，在复旦公学仅读了一个学期的詹大权考入同济德文医工学堂德文科。完成德文科学业后，詹大权顺利升入同济医科继续学习。

二、致力爱国学生运动

同济大学是一所具有光荣革命传统的高等学府。在1919年的“五四”爱国学生运动中，同济学生会组织广大学生积极参加声援活动，与其他高校一道掀起了上海的反帝反封建浪潮。此后，在国共合作统一战线的领导和推动下，国民革命再次风起云涌，此前因学校当局限制而一度停顿的同济学生运动也得到了逐步恢复和发展。

在校就读期间，詹大权不仅努力学习，还经常与部分志同道合的同学、同乡一起议论国家大事，畅谈人生理想，探索革命真理。1924年1月，国民党在广州召开第一次全国代表大会，确立了“联俄、联共、扶助农工”三大革命政策。此后不久，詹大权和部分同学一起加入了中国国民党。他们每周利用一个晚上集体学习和讨论国共两党发表的重要文告及报刊上登载的重要文章，批判国家主义派、西山会议派及黄埔军校右派组织孙文主义学会所散布的谬论。为了扩大革命影响、团结广大同学，詹大权还参与了同济大学学生会的重建工作。1925年5月4日，同济大学学生会正式恢复，詹大权当选为学生会委员。

在1925年的五卅运动中，詹大权积极参加反帝示威游行和“三罢”（罢工、罢市、罢课）斗争。为支援罢工斗争，他还与侄子詹亚新一起回到湖北蕲春，为上海失业工人募集了三百余银元。通过参加学生运动，詹大权与共青团中央负责学运工作的恽代英建立了密切联系，并深受其信任。经过学生运动的锻炼和党组织的考查，1925年冬，恽代英介绍詹大权加入了中国共产党。

五卅运动推动了革命形势不断发展，也震动了帝国主义、封建主义等反动势力。1926年北京发生三一八惨案后，上海公共租界工部局宴请市警察、商业、教育等各界要人，商议采取切实措施，合力打压革命运动。同济大学校长阮尚介也应邀参加宴会。3 月 30 日，学校便张贴布告，攻击和诋毁五四运动、五卅运动，并要求每位学生以签署“誓约书”的形式保证今后不参加政治运动，否则学校将“即令退学”。

学校当局的命令立即在广大学生中引起公愤，詹大权等学生会干部纷纷拒绝在“誓约书”上签字。为此，学校当局恼羞成怒，勾结吴淞警察局、炮台湾陆军第三营等出动军警，企图以武力胁迫学生就范。4 月 20 日，学校当局宣布开除包括詹大权、何同泽、吴鼎等在内的 20 名学生会干部和班级骨干。此举再度遭到广大学生的强烈反对，并最终引发了学潮。

4 月 25 日，学校学生会在《申报》上发表宣言，并将学校当局开除学生的通告和反对“誓约书”的 380 名学生签名一同刊出，以揭露事件的真相。阮尚介见被开除学生不肯离校，便再次勾结淞沪警察厅，准备于 26 日傍晚安排军警逮捕被开除学生。得知消息后，詹大权、何同泽等在同学们的掩护下从学校后门撤离学校。

在反“誓约书”斗争中，全国学生总会及上海、北京、苏州、广东等地的学联或大中学校、中华全国总工会、中国救难会以及国民党江苏省党部、上海特别市党部等纷纷声援同济学生，或谴责学校当局“通缉学生”“摧残爱国运动”的行为，或派代表慰问，从道义和经济上支持被迫害学生。

4 月 27 日，国民党上海市执行部致电广州国民党中央，报告同济爱国学潮情况。国民党中央很快复电，赞扬了同济学生的革命精神，并欢迎被开除的学生赴广州继续学习或工作。广东大学（今中山大学）也发电报给学校学生会，对学生们的行为表示“极为赞佩。如来广州，可开特别班，并给予特殊照顾。”于是，詹大权、陈必贶、陈宝骢、孙鸿荣等同济学生于五六月间分三批乘“醒狮”号货轮离沪赴穗。到达广州后，詹大权被安排进入广东大学医学院学习。其间，他经常与恽代英、陈延年等共产党人一起议论国家大事，并建立了深厚的友谊。

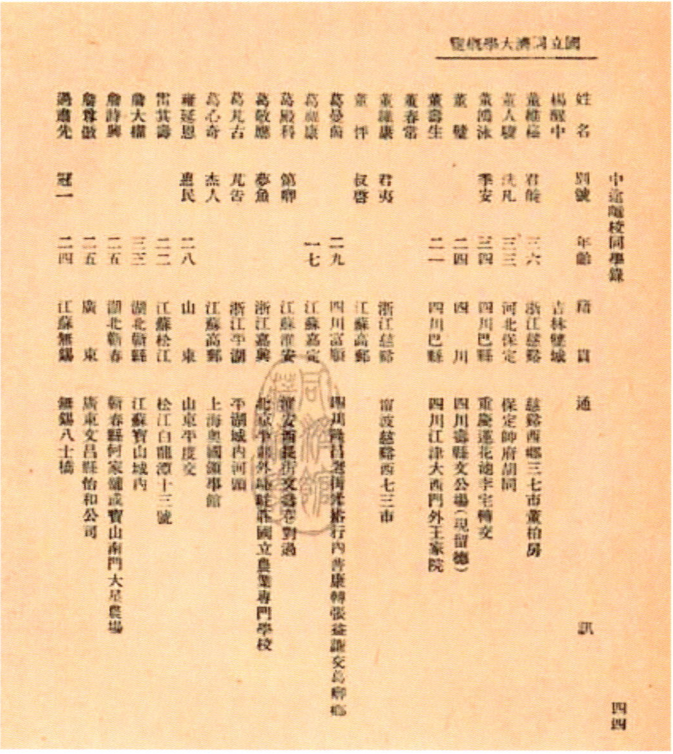
國立同濟大學概覽

中途離校同學錄

姓名	別號	年齡	籍貫	通訊
楊醒中			吉林雙城	
童植榁	君能	三六	浙江慈谿	慈谿西鄉三七市童怡房
童人駿	沈凡	三三	河北保定	保定帥府胡同
童潤泳	季安	三四	四川巴縣	重慶蓮花池李宅轉交
童燮		二四	四川	四川壽縣文公場（現留德）
童壽生		二一	四川巴縣	四川江津大西門外王家院
童春常				
童鍾康	君夷		浙江慈谿	寧波慈谿西七三市
章怦	叔啓		江蘇高郵	
葛曼甫		二九	四川富順	四川隆昌[illegible]行內黃康轉張益謙交烏鄉
葛願康		一七	江蘇嘉定	
葛殿科	節卿		江蘇淮安	淮安西長街文昌巷對過
葛啟應	夢魚		浙江嘉興	北京平則門外[illegible]國立農業專門學校
葛光古	凡吉		浙江平湖	平湖城內河圖
葛心奇	杰人		江蘇高郵	上海奧國領事館
雍延恩	惠民	二八	山東	山東平度交
常其壽		二二	江蘇松江	松江白龍潭十三號
詹大權		三三	湖北蘄縣	江蘇寶山城內
詹詩興		二五	湖北蘄春	蘄春縣何家鐙或寶山南門大星農場
詹尊傲		二五	廣東	廣東文昌縣怡和公司
過肅先	冠一	二四	江蘇無錫	無錫八士橋

四四

《国立同济大学概览（1934）》中的“中途离校同学录”

三、转战南北投身革命

1927 年，根据党组织的指示，詹大权来到武汉的国民党汉口特别市党部从事组织工作。其间，他多次到孝感等地考察农民运动，帮助基层干部出主意、想办法，为他们排忧解难。蒋介石发动四一二反革命政变后，以湖北省农会特派员身份回到蕲春担任县农会委员长的詹大权七兄詹大星在蕲州至武汉的轮船上被叛军夏斗寅部拦截，后被在江边杀害。詹大权得知后悲痛万分。

蕲春原本是湖北省农民运动“搞得较好”的 20 个“重要县份”之一。后因政局突变，叛军和土匪的活动开始猖獗，当地局面也变得复杂起来。7 月 4 日，詹大权随中共中央委员项英率省警卫团 100 余人奔赴蕲春开展党政军整顿工作，并接任中共蕲春特别支部书记。在大家的共同努力下，经过全面整顿，当地的农民运动迅速有了起色。

汪精卫发动“七·一五”反革命政变后，蕲春豪绅勾结反动民团发动了疯狂反扑，并大肆捕杀革命党人。根据湖北省委的紧急指示，中共蕲春特别支部立即部署全县党组织转入地下，詹大权也匿居至蕲州的张新元（中共地下党员）家中。后因叛徒告密，詹大权不得不离开蕲州并出走日本。同年 12 月，詹大权的二兄詹大悲与李汉俊一道被桂系军阀胡宗铎在汉口杀害。又一位兄长的牺牲使詹大权的革命意志更加坚定。

1928 年春，詹大权从日本回到上海。此后，他先被中共中央派往沈阳从事工人运动，后又被派往天津任中共顺直省委（驻天津）秘书长。1928 年底，周恩来以中共中央特派员身份到天津召开市委扩大会议，传达中共六大会议精神，部署整顿党的组织等工作。根据党组织的安排，詹大权参与了这次会议的准备和安全保密工作，并聆听了多个重要报告。由于任务完成出色，他受到了中共中央的口头表彰。

当时的天津是国民党河北省省会，其特务机关已在四处搜捕共产党人。1929 年 6 月，中共天津市委书记傅茂功（彭真）、组织部部长金城（靳子涛）、已任市委宣传部部长的詹大权等先后被捕，并与百余名“政治犯”一起被关押在河北省第三监狱。虽然在狱中屡遭严刑拷打，但詹大权始终守口如瓶，严守党的秘密，致使敌人始终无法掌握他的真实身份。詹太权还利用“放风”等机会与傅茂功、金城等秘密串联，并在狱中成立了党的秘密支部，领导“政治犯”开展绝食斗争。后经地下党组织多方营救，詹大权等终于被释放出狱。

1930 年冬至 1932 年，詹大权分别担任中共满洲省委执委和秘书长。1933 年，詹大权被党组织派往上海，在中共江苏省委组织部工作。不久，他被国民党上海卫戍部队逮捕，后经二兄詹大悲的好友、辛亥革命元老潘怡如营救，方得以由其侄婿魏以新具保释放。由于连续遭受牢狱之灾，詹大权的身体已颇为虚弱，党组织便安排他到郊区吴淞休养。

在吴淞期间，詹大权以从事德文翻译作掩护，继续从事党的地下工作，并

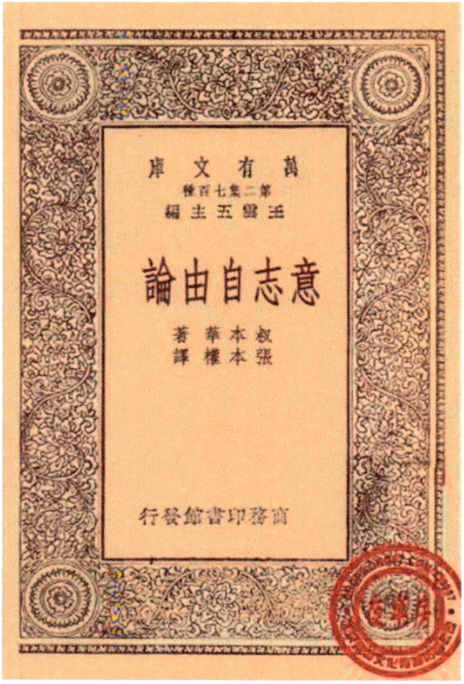

詹大权（笔名张本权）翻译的《意志自由论》

利用闲暇时间翻译了康德的《歌德与席勒通信集》、叔本华的《意志自由论》和其他中、短篇外国名著。为了编印出版，同时又不暴露真实姓名，他便在向商务印书馆交稿时给自己起了一个谐音笔名：张本权。①

詹大权坚持学习党的理论，并坚持理论与实践、认识论与方法论的统一。有一次，在与同乡、中共党员何定华讨论歌德的名著时，何定华对歌德在《浮士德》中的名言“理论是灰色的，而生活之树则常青”表示了赞赏。詹大权则摇头说，“列宁说过，没有革命的理论，就不会有革命的运动。决不能把理论片面地说成是灰色的东西。”“毛泽东指出，要指导一个伟大的革命的政党，如果没有革命理论，没有历史知识，没有对于实际运动的深刻了解，要取得胜利是不可能的。”他坚信科学社会主义的理论一定会变为现实，共产主义将超过有史以来的任何一个社会。他将范仲淹名句“先天下之忧而忧，后天下之乐而乐”与当时的工作实际相结合，认为“要发动群众抗日救亡，就要关心群众的生活与切身利益。意识莫高于爱民，行为莫高于乐民，是为公仆之本性。”

四、机智果敢勇斗顽敌

1937 年八 · 一三事变后，日本侵略军占领上海。根据党的指示，詹大权来到武汉八路军办事处，在董必武同志的领导下开展工作。在史迁（化名史益吾，当时在平汉铁路总局工作）的掩护下，他曾先后将大批青年学生和干部送往延安求学或到敌占区工作。同年秋天，董必武派詹大权赴洛阳协助方天逸（何定华）做国民党上层的统战和情报工作。其间，詹大权还曾赴山西临汾与八路军总部建立了联系。1938 年 1 月，因河南形势危急，何定华被调回延安，詹大权也回到武汉八路军办事处。在武汉工作期间，他克服重重困难，为位于黄安七里坪的抗日救亡训练班输送了不少进步青年学生，其中包括自己的长子詹申曙、侄子詹亚新等。经过训练后，这批青年学生后来大多成为我党或军队的优秀干部。

1938 年春末，詹大权奉命到大别山战区任罗田县抗日民众动员委员会（简称“动委会”）指导员。不久后，他又被调到立煌县（今金寨县，抗战期间安徽省政府所在地）担任安徽省“动委会”民运科长、干部训练处副主任及训练班主任。当时参加训练的不少知识青年一方面对国民党的消极抗日表示不满，一方面拥护我党提出的抗日民族统一战线主张，敬佩英勇抗战的八路军、新四军，希望能够为抗战作出贡献。来到干部训练处工作后，詹大权积极向这些知识青年宣传我党的抗日救国路线、方针、政策，经过党员同志们艰苦、细致的争取和教育工作，不少青年在干部训练处学习期间或结业后秘密加入了中国共产党。后来，在各地党组织的领导下，他们利用公开的合法身份掩护我党的领导干部，并逐渐成长为战区群众工作的骨干力量。

1939 年 2 月，中共鄂豫皖边区党委成立，中共安徽省工委同时撤销。詹大权、何伟（化名霍恒德）、麦世法、史迁等与中共鄂豫皖边区党委民运部部长张劲夫密切配合，利用国共合作的背景和蒋介石与桂系之间的矛盾，在国民党第五战区的中心立煌县有效开展了以抗日为宗旨的农民和青年运动及其他相关工作。为了开展工作，詹大权经常活动于鄂豫皖边区的天长、六合、寿县、六安、霍山、全椒、桐城、潜山、英山、罗田、蕲春、商城、固始等地区，组织发动群众，宣传抗日救亡，使党组织得到迅速恢复、发展和壮大。

詹大权还经常披星戴月地往返于四十里外的余家湾新四军驻皖办事处和鄂豫皖边区党委机关，向党组织汇报情况、请示工作。他认真执行党的统一战线政策，善于利用公开身份在公开场合与国民党人员周旋，巧妙地宣传抗战形势和我党的方针、政策，积极争取和团结社会力量尤其是党外民主人士，促进国共合作，瓦解顽固派的分裂阴谋，将越来越多的爱国民主人士和进步文化工作者团结在我党的周围，推动了鄂豫皖边区抗日民主运动的顺利开展。

这一时期，国民党安徽省政府耍弄两面派手法，表面上承认新四军建制，但实际上非但不按时发放军饷，还企图消灭这支抗日武装力量。当时新四军已有两个多月未得到经费，干部、战士的生活已难以维持。驻庐江东汤池的新四军江北指挥部曾多次发电报、写信，并派人到相距两百多里的安徽省政府催款，但省政府均以财政困难为借口一再拖延。在此情况下，新四军参谋长张云逸不得不亲自来到立煌县与安徽省主席廖磊谈判。为促成谈判，詹大权与在安徽省财政厅任会计师的中共党员李人俊商议，并由李人俊出面说明省财政收入足以支付所欠的新四军经费；如不尽快解决欠款问题，就有破坏国共合作抗日大局之嫌。廖磊在事实面前理屈词穷，被迫答应按月如数拨给新四军经费三万元。

1939 年秋，国民党顽固派掀起反共高潮。当年底，华中地区不断发生国民党顽固派杀害我军后方工作人员的惨案，大别山地区党组织奉命转入地下状态。与此同时，国民党顽固派下令停止安徽“动委会”的一切活动，并计划安排“动委会”所有工作人员参加集训。由于省、县“动委会”及各工作团的负责人绝大部分为中共党员，如果去参加所谓的“集训”，不仅会对党的工作造成不利影响，而且他们本人也将面临生命危险。于是，詹大权等发动各县“动委会”和群众团体召开会议，向国民党当局提出抗议，并表示坚决拥护国共合作，坚持团结抗日。面对强烈的反对和抗议声，已在政治上陷入被动的国民党安徽省政府只得暂缓组织集训。

自 1940 年起，立煌县的政治环境更加恶化，许多共产党员被捕，党组织也遭到严重破坏。詹大权则利用其在安徽省农民银行负责农贷工作的公开身份和有利条件隐蔽下来，秘密地与地下党组织保持联系，相机开展工作。其间的一段时间里，他住在塔子河（今属金寨县燕子河镇）农舍，一有空便到周围农舍走访，与农民促膝谈心。他还热爱学习，也更爱惜书籍。1941 年日军入侵立煌时曾将他的数间茅屋付之一炬，他唯独对珍藏多年的德文原版书籍同时被毁而感到十分痛惜。

这一时期，詹大权还从事了党的地下情报工作，曾多次秘密接收由安徽“动委会”干部训练处中校政治教官麦世法从国民党内部收集的情报，并设法及时转送至中共皖东省委，保护了党的组织和革命队伍。此外，他还利用各种社会关系筹集物资，支援根据地建设。

1943 年 8 月，国民党第五战区司令长官李品仙召开会议，宣布成立剿共临时指挥部，并制订了剿共计划。麦世法参加会议并负责会议记录。会后，麦世法派交通员将会议内容送往新四军驻地，不料被中途截获。两天之内，麦世法、史迁、刘笃安等先后被捕，正在岳西、潜山视察工作的詹大权也被国民党反动派逮捕并押回立煌县，与麦世法等一同囚于古碑冲张家垸的桂系第二十一集团军总政治部。11 月 19 日，詹大权与麦世法、史迁、刘笃安等 14 人被活埋于金寨县响山寺旁，壮烈牺牲。

新中国成立后，詹大权夫人田杏梅给时任国务院副总理董必武写信，报告了詹大权的牺牲经过。董老委托秘书回信，赞扬了詹大权为党的事业所作的贡

民政部向詹大权烈士遗属颁发的“革命烈士证明书”

献，并对他的不幸牺牲表示惋惜。董老还通知有关民政部门，要求按照烈属待遇安排好田杏梅的生活及其子女的学习和工作。[2] 1986 年 5 月，中华人民共和国民政部向詹大权烈士遗属颁发了“革命烈士证明书”。

参考文献

1.《革命先烈詹大权（1900～1943）》，詹同、詹杰主编，内部资料（注①、②）。

李其实：战斗在苏北战场的抗日将军

“不怕苦、不怕死，爱祖国、爱人民！”
这是李其实对战友的谆谆教导
也是他对自己的要求和革命准则
他是民主自由的先觉者
创办进步报刊，唤起民众觉悟
发展党团组织，夯实斗争根基
矢志不渝探寻真理
他是民族解放的实践者
毅然投笔从戎，参加革命斗争
奔赴苏北战场，领导敌后抗日
奋不顾身奔赴战场
他是统一战线的推动者
培养进步军官，挫败反共阴谋
助推国共合作，提升部队战力
智勇双全坚持斗争
面对敌强我弱，他临危不惧，沉着应战
面对威逼利诱，他赤胆忠心，绝不附敌

铭记同济英烈
让我们缅怀革命先烈李其实
感悟这位铁血将军的智谋与胆略

李其实（1904—1943），字春华，曾用名李澄源，广西临桂人。1924年，由陆军讲武堂转入黄埔军校第一期，同年加入中国共产党。1928年初回到广西开展革命工作，曾任中共广西特委委员兼兵委主任、广西临时省委委员。省委机关遭到破坏后，为寻找党组织来到上海，后化名李澄源进入同济大学任军事助理员。1937年抗战全面爆发后重返军界。1939年，任国民党两淮税警总团少将旅长，后任苏北挺进军二纵司令。1943年1月，在江苏泰县与日伪军作战时被俘，同年2月英勇牺牲，时年39岁。

李其实，1904年出生于广西临桂县（今桂林市临桂区）六塘镇新街。父亲李怀芸以磨豆腐、做腐竹为生。

1918年，李其实考入广西省立第三中学（今桂林中学）。1919年五四运动期间，李其实参与组织了桂林学生爱国会和学生演讲团。1921年春，李其实从桂林中学毕业，同年秋季任六塘高等小学教师。李其实自小同情劳动人民，尤其痛恨土豪劣绅地主欺压农工。任教期间，他曾与本校教师黄锦辉、秦其才等人共同创办《六塘公益报》，以唤起和动员民众。不久后，李其实进入陆军讲武堂学习。1924年，李其实由陆军讲武堂转入黄埔军校第一期步兵科。其间，他经常阅读《向导》《中国青年》等进步刊物，积极参加中国青年军人联合会活动。1924年底，李其实毕业后留校，担任黄埔军校第3期入伍生队排长，并加入中国共产党。此后，李其实曾参加平息杨希闵、刘震寰叛乱等军事行动和广州起义。①

1928年初，奉党组织指示，李其实回到广西梧州开展党的地下工作。6月，在贵县召开的中共广西特委扩大会议上，李其实当选为特委委员兼兵委主任。7月，根据特委分工，李其实以巡视员身份到桂林指导工作，着手恢复和发展

黄埔军校第一期毕业生李其实（左）与黄锦辉（中）、秦其才（右）合影

桂林及周边各县的党团组织。在他和同志们的共同努力下，桂林地区的党组织建设和群众工作很快有了较大起色，桂林城区的省立二师、省立三中、车缝、篦业、革履等地成立了党支部，周边的六塘成立了南乡支部，大圩成立了东乡区委，桂林县也成立了一些行业协会和劳农会组织。同年 9 月，广西特委改组为广西临时省委，李其实任省委委员。

不久后，因位于梧州的广西临时省委机关遭到国民党当局破坏，省委紧急指示所属各级组织暂停一切活动、各自隐蔽并等候上级指示。为了尽快与省委取得联系，李其实于 1928 年冬赴梧州寻找党组织，但因省委机关已转移，他只得返回桂林待命。其间，国民党在全国各地开展“清党”行动，并大肆抓捕共产党人。

1929 年春，因迟迟得不到上级党组织指示，李其实决定赴香港寻找党组织。同年 4 月，李其实致信中共中央汇报桂林的社会状况和党组织、劳农会组织的发展情况，并提出了赴莫斯科学习军事和理论的请求。②由于未能与当地党组织恢复联系，未得到中央回复，李其实决定由香港转赴上海继续寻找党组织。1929 年 12 月，来到上海的李其实化名李澄源进入国立同济大学担任军事助理员。

1937 年全面抗战爆发后，李其实离开同济大学，先后任中国国民党军事委员会战时干部训练团第三团总务处组织科长、第四兵团教导总队副总队长、第

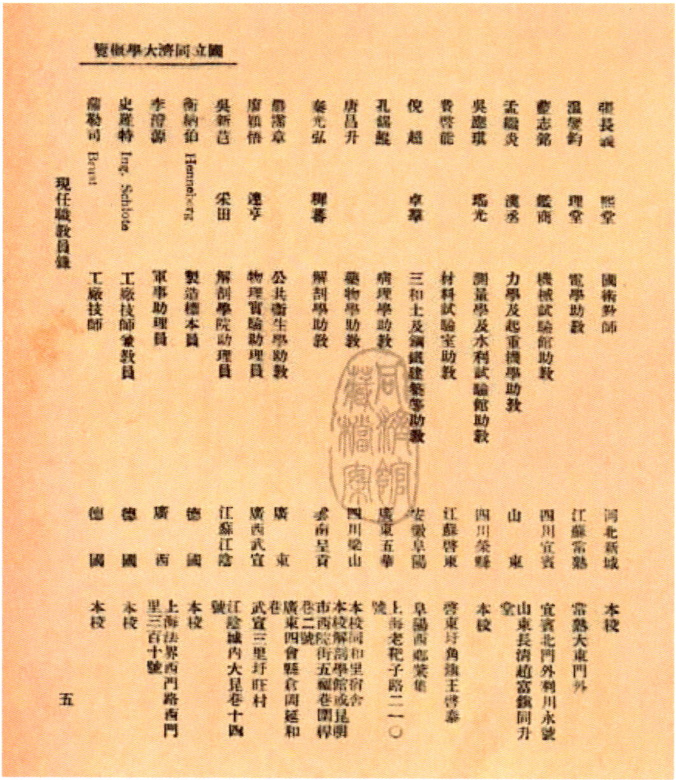
國立同濟大學概覽

現任職教員錄

張長義	熙堂	國術教師	河北新城	本校
溫聲鈞	理堂	電學助教	江蘇常熟	常熟大東門外
麼志銘	鑑商	機械試驗館助教	四川宜賓	宜賓北門外剩川永號
孟繼炎	漢丞	力學及起重機學助教	山東	山東長清趙富鎮同升堂
吳應璜	瑞光	測量學及水利試驗館助教	四川榮縣	本校
費啓能		材料試驗室助教	江蘇啓東	啓東圩角鎮王啓泰
倪超	卓羣	三和土及鋼鐵建築學助教	安徽阜陽	阜陽西鄉棠集
孔錫鯤		病理學助教	廣東五華	上海老靶子路二一〇號
唐昌升		藥物學助教	四川樂山	本校同和里宿舍
秦光弘	聘耆	解剖學助教	雲南呈貢	本校解剖學館或昆明市西院街五福巷關桿巷二號
鄒潔章		公共衛生學助教	廣東	廣東四會縣倉岡延和巷
廖頌悟	達亨	物理實驗助理員	廣西武宜	武宜三里圩旺村
吳新芑	采田	解剖學院助理員	江蘇江陰	江陰城內大昆巷十四號
衛納伯 Henneberg		製造標本員	德國	本校
李滑源		軍事助理員	廣西	上海法界西門路西門里三百十號
史羅特 Ing. Schlota		工廠技師兼教員	德國	本校
薩勒司 Brust		工廠技師	德國	本校

五

《国立同济大学概览（1934 年）》中的“现任职员目录”

三战区长官部少将高参。1939 年 2 月，与李其实私交甚好的黄埔一期毕业生陈泰运出任两淮税警总团团长。1940 年 7 月，两淮税警总团改称苏北游击纵队，1942 年夏又改称苏北挺进军。1943 年春，苏北挺进军与鲁苏皖边区游击军残部合编为苏北第二游击区指挥部，1944 年 4 月改编为长江下游挺进军。其间，为了发展和壮大队伍，陈泰运广邀黄埔校友加盟，故其部队中连以上军官大多为黄埔军校毕业生。在陈泰运的邀请下，李其实在将妻子朱桂珍送回老家后便只身奔赴前线，先后出任两淮税警总团少将旅长、苏北挺进军二纵司令等职，引导和辅佐陈泰运开展敌后抗日活动。

来到两淮税警总团后，李其实积极培养和汇聚思想进步的军官，并通过军官去影响士兵，推动税警总团在国民党制造的反共摩擦中保持中立，从而挫败国民党的反共阴谋。1940 年 10 月 4 日，国民党江苏省主席兼苏鲁战区副总司令韩德勤率重兵围剿新四军黄桥根据地，“黄桥决战”随之爆发。根据围剿安排，税警总团的一个团虽部署到距离黄桥25公里处，但未按韩德勤的要求参与战斗，只是派了一名副官向新四军索要枪支。为了支持税警总团抗日，陈毅便让他们到修械所挑了200多支枪。第二天早上，该团朝天放了一阵枪后便将部队撤离。黄桥战役结束后，中共中央对李其实等的统战和兵运工作给予了高度评价：“这次战役之所以取得以少胜多、以弱胜强的结果，除了我军的勇猛顽强外，主要是由于贯彻执行了抗日民族统一战线政策，并采取了争取中间派、孤立顽固派的策略。”

李其实、朱桂珍夫妇

李其实极力推动陈泰运与新四军建立良好关系，开展联合抗日。1940年7月，新四军苏北指挥部东移黄桥后，为消除保持中立的苏北地方实力派李明扬、陈泰运的疑惧心理，新四军同意在与他们的防区之间建立一支中立的部队作为缓冲。1940年10月10日，以李明扬、陈泰运所属部队番号命名的“鲁苏皖边区游击总指挥部直属纵队、鲁苏战区苏北游击指挥部第三纵队联合抗日司令部”（简称“联抗”）正式成立。“联抗”由新四军、李明扬、陈泰运各派出的一个连和两个收编队伍及部分新吸纳的爱国青年组成，人数达千余人，分编为4个大队，司令部驻地为陈运泰的防地泰县曲塘镇（今属海安县）。“联抗”不仅为新四军增添了抗日战场的外围部队，还成为进一步争取国民党军队和士绅联合抗日的重要渠道。

李其实还着力整训部队，提升部队的作战能力。1942年春，鲁苏皖边区游击总指挥李明扬在海安、东台、泰县交界的青墩村创办了干部训练班，由李其实兼任教育长，训练班的其他教官也均为黄埔军校毕业生，且课程、校歌、校训及教学方法等均沿袭黄埔军校的体系，故训练班被称为“苏北小黄埔”。在培训过程中，李其实教育学员们要不怕苦、不怕死，爱祖国、爱人民，时刻保持清醒头脑，分清敌我，团结一致，不搞“窝里斗”，共同将日本侵略者赶出中国。在李其实的努力下，税警总团的作战能力有了较大幅度的提高，逐步成为名副其实的战斗“坚”军。

1943 年元旦，正在海安青墩开展会演操练的税警总团突遭 4 000 多名日伪军的“围剿”。面对敌人的突袭，李其实率领两个团的兵力在三面环水、易守难攻的泰县张尤庄俞九舍附近设下埋伏，待日伪汽艇进入伏击圈后相继击沉了数艘汽艇，100 多名日伪军淹死在冰冷的河水中。在激烈的战斗中，由于日伪军不断从东台、泰州等地派兵增援，并连续用小钢炮轰炸税警总团的阵地，税警总团遭受重创。下午 3 点左右，敌人的一发炮弹命中税警总团指挥部，李其实的腿部被弹片击中，但他仍坚持率部坚守阵地。最终，因子弹耗尽，税警总团的阵地被日伪军攻破，李其实与部分将士一同被俘。

被俘以后，李其实被关押在日军东台驻地一艘汽艇的水仓里。关押期间，日军对李其实进行了严刑拷打，并试图对其逼降和诱降，但李其实决然不为所动。1943 年 2 月 5 日晚，趁看守疏忽，李其实在其他被俘官兵的帮助下成功从汽艇中逃脱，却不幸被看守发现，在追兵紧逼、无法逃脱的情况下，李其实毅然选择了投河自尽，以身殉国。第二天早晨，茅东村的一位村民在丁溪河畔发

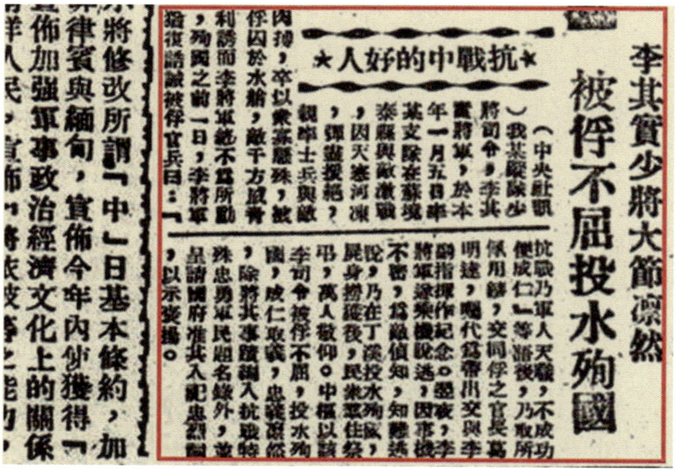
抗戰中的好人

李其實少將大節凜然
被俘不屈投水殉國

（中央社訊）我某縱隊少將司令，李其實將軍，於本年一月五日率某支隊在蘇境泰縣與敵激戰，因天寒河凍，彈盡援絕，親率士兵與敵肉搏，卒以衆寡懸殊，被俘囚於水船，敵千方威脅利誘，而李將軍絕不爲所動，殉國之前一日，李將軍猶復諄諭被俘官兵曰：「抗戰乃軍人天職，不成功便成仁」等語後，乃取所係用錶，交同俘之官長葛明達，囑代爲帶出交與李將軍家屬作紀念。翌夜，李將軍遂乘機脫逃，因事機不密，爲敵偵知，知難逃脫，乃在丁溪投水殉國，屍身撈起後，民衆羅往祭弔，萬人敬仰。中樞以李司令被俘不屈，投水殉國，成仁取義，忠義凜然，除將其事蹟編入抗戰特殊忠勇軍民題名錄外，並呈請國府准其入祀忠烈祠，以示褒揚。

《新华日报》1943 年 2 月 23 日关于李其实的报道

现了李其实的遗体。此后，《新华日报》以“李其实少将大节凛然，被俘不屈投水殉国”为题进行了报道。

1944年，为悼念李其实将军，国民政府在当时村民发现李其实遗体的附近修建了一座坟墓，并立碑纪念。1992年，广西壮族自治区民政厅报请中华人民共和国民政部批准，追认李其实为革命烈士。

参考文献

1.《丰碑　桂林红色记忆》，中共桂林市委党史研究室编著，广西师范大学出版社，2015年4月版，第71页、180页（注①）。

2.《广西革命历史文件汇集（中共广西特委、群团文件）（1929.4～1936.12）》，中央档案馆、广西壮族自治区档案馆编，1982年12月，第1～5页（注②）。

周承浩：挺身挽救抗战物资的机师楷模

“希望你们教训、指导我成为一个钢铁、赤血的孩子！”

这是周承浩自我成长的追求

也是他立志为国求索的内心写照

他是读书济世的爱国青年

参加学生运动，争取民主自由

投身抗日救亡，誓志驱除外辱

在实际行动中坚定信念

他是机智果断的机师楷模

发挥精湛技术，支援战时军工

挺身危急时刻，挽救抗战物资

身在后方战线全心支前抗战

他是舍生取义的民族英雄

面对严刑拷打，始终坚贞不屈

横眉冷对顽敌，坚决斗争到底

在信仰指引下无所畏惧

铭记同济英烈

我们共同缅怀革命先烈周承浩

感悟这位进步青年的殷殷爱国情、拳拳报国心周承浩（1918—1943），江苏省嘉定县人。1933 年 9 月考入国立同济大学附设高级职业学校机械科，1937 年随校迁至金华，后离校赴长沙。1940 年来到贵阳，在国民政府资源委员会运务处任工程师。1941 年撤至缅甸，在国民政府腊戌汽车修造厂工作。1942 年 1 月日寇入侵缅甸后，组织工人将百余辆汽车安全撤回国内。1942 年 6 月被国民党西南公路局特别党部特务逮捕，1943 年春被杀害，时年 25 岁。

周承浩（1918—1943），乳名中和，曾用名周浩，江苏省嘉定县（今上海市嘉定区）娄塘镇人。1924 年就读于娄塘小学。1930 年随家迁往嘉定县城，后就读于嘉定县立初级中学。少年时代，他热情奔放，爱交朋友，且个性刚强，富有正义感，并曾跟随大哥哥、大姐姐们参加过嘉定地区青年团体——疁北青年文化协进会的一些社会活动。1932 年一·二八事变期间，周承浩家的住宅毁于战火，因此在他幼小的心灵里埋下了对日寇仇恨的种子，确立了他立志“读书救国”的信念。

1933 年，周承浩初中毕业，适逢位于上海江湾的国立同济大学附设高级职业学校正在招生，他便报名应考，并被机械科录取。来到江湾就读后，富有爱国热情、年轻单纯的周承浩面对动荡不安、民不聊生的社会状况，不知何去何从，曾一度有过加入国民党的想法。随着时间的推移，周承浩目睹了国民党一系列倒行逆施政策及产生的后果，开始对国民政府的腐败无能感到失望；同时，在风起云涌的爱国救亡运动尤其是遍布全国的进步学生运动的感召下，他逐步对共产党产生了亲近

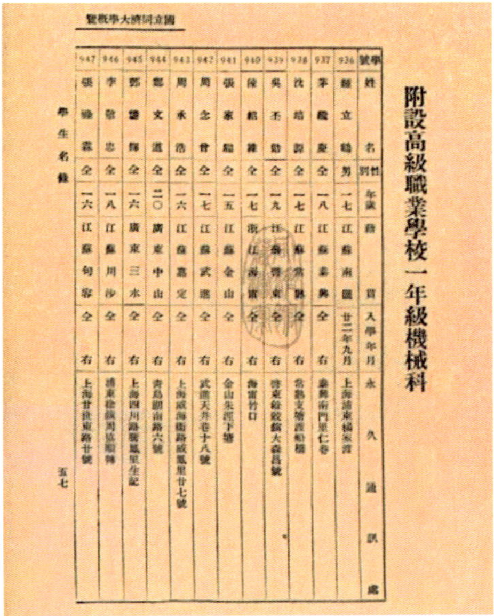
國立同濟大學概覽

附設高級職業學校一年級機械科

學號	姓名	性別	年歲	籍貫	入學年月	永久通訊處
936	[illegible]立[illegible]	男	一七	江蘇南匯	廿二年九月	上海浦東[illegible]
937	李[illegible][illegible]	仝	一八	江蘇嘉興	仝右	嘉興南門里仁巷
938	沈[illegible][illegible]	仝	一七	江蘇常熟	仝右	常熟支塘[illegible]
939	吳[illegible][illegible]	仝	一九	江蘇[illegible]東	仝右	[illegible]
940	徐[illegible][illegible]	仝	一七	浙江海寧	仝右	海寧竹口
941	張家[illegible]	仝	一五	江蘇金山	仝右	金山朱涇下塘
942	周念曾	仝	一七	江蘇武進	仝右	武進天井巷十八號
943	周承浩	仝	一六	江蘇嘉定	仝右	上海威海衛路威鳳里廿七號
944	[illegible]文進	仝	二〇	廣東中山	仝右	青島湖南路六號
945	鄧[illegible]輝	仝	一六	廣東三水	仝右	上海四川路[illegible]鳳里生記
946	李[illegible]忠	仝	一八	江蘇川沙	仝右	浦東[illegible]
947	張[illegible][illegible]	仝	一六	江蘇句容	仝右	上海[illegible]東路廿號

學生名錄 五七

《国立同济大学概览（1934）》中的附设高级职业学校学生名录

感。在这些因素的影响下，1935 年底，周承浩参加了由中国共产党领导的声援北平一二・九爱国学生运动的上海学生赴南京请愿等活动。1936 年 8 月，周承浩当选畯北青年文化协进会第四届理事会监事。[①]

1937 年，日寇进犯上海，周承浩随国立同济大学迁至浙江金华。当年底学校迁往江西赣州时，周承浩离校并来到长沙，投奔在长沙的同乡、国民政府资源委员会工程师周观海。[②]1940 年，周承浩与国民政府相关机构一同辗转抵达贵阳，并在资源委员会运务处任工程师。目睹国家危难，亲历颠沛流离，周承浩已下定决心抗日救亡，并将自身安危置之度外，愿为抗日斗争流血牺牲。他在给父母的信中附寄的照片背面“誓言”：

> 亲爱的父母亲：
>
> 希望你们教训、指导我成为一个钢铁、赤血的孩子。
>
> ……

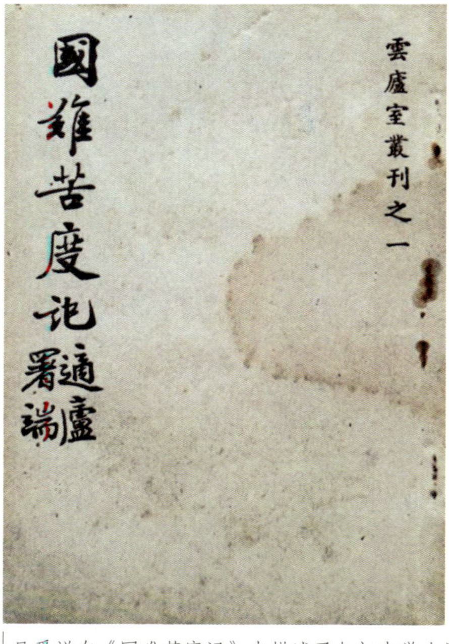

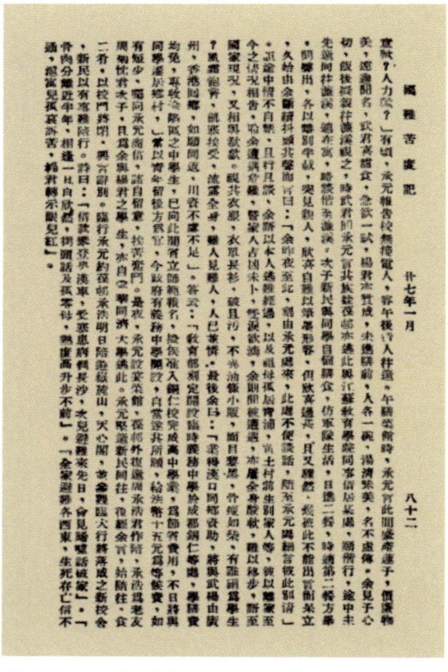
國難苦度記　廿七年一月　八十二

吕舜祥在《国难苦度记》中描述了与初中学生周承浩在长沙偶遇的情况

在贵阳期间，周承浩与中共党员陈济民交往密切。1941 年 1 月“皖南事变”发生后，陈济民被捕，周承浩也因有“异党嫌疑”遭中统特务搜捕。为躲避搜捕，周承浩潜往缅甸，与中共地下党员黄洪年（黄豪）一同在位于滇缅公路终点的腊戍汽车修造厂担任技师。此时的周承浩已掌握了相当娴熟的修造技术，并能通过机器运转的声音初步判断机械的运行状态。由于有技术专长，又善于与同事们打成一片，周承浩深受工友们的敬佩和喜爱。

1941 年 12 月太平洋战争爆发后，日军于 1942 年 1 月入侵缅甸，其后续进攻目标直指云南保山。在滇缅公路随时可能被切断、腊戍汽车修造厂及百余辆运输汽车面临危险的关键时刻，周承浩挺身而出，组织全体汽修人员果断采取行动，赶在 5 月初日军进逼怒江之前顺利将车队安全撤回国内。由周承浩负责断后的车队全部进入国内后不久，我边防守军便炸毁了连接怒江两岸的唯一通道惠通桥，阻断了日军继续北上的道路。

然而，令周承浩未曾想到的是，挺身挽救了抗战物资、回到了祖国怀抱，等待着他的却是一张追捕的大网。1942 年 6 月初，周承浩抵达昆明。休整半个月后，他离开昆明去贵阳探望亲友。6 月 20 日，周承浩抵达贵阳。不幸的是，第二天他便被国民党西南公路局特别党部调查室的特务以“奸党分子”的罪名逮捕，并先后被关押在贵阳城内的大井坎监狱和战时青年训导团贵阳收容所的黑牢里。③

在被关押期间，周承浩承认确曾资助过一个家居贵阳的遇害同事的妻子，但他认为这是人之常情；他也确认开除过一个只拿钱不做工且专门惹是生非、诬陷好人的属下，并认为这样做是职责所在。面对敌人的刑讯迫害、威胁利诱及为他拟就的承认自己是所谓的“奸党分子”的口供和悔过书，周承浩毫不屈服，断然拒绝签字。由于周承浩态度坚决，又没有确凿证据，特务们只得将其继续关押，期间未再提审过。

1943 年春，为纪念所谓的四一二清党日，国民党反动派决定对部分“冥顽不化”分子处以极刑。4 月 12 日晚，周承浩依依不舍地与难友们道别，并委托他们找机会将他遇难的消息告诉家人。随后，周承浩等被特务们押到红边门外

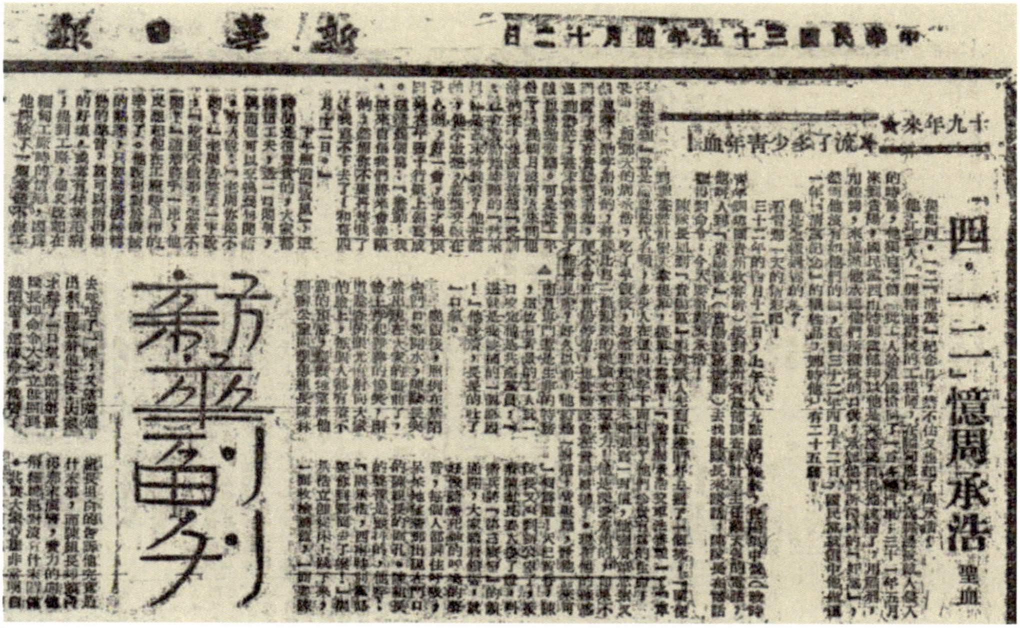
十九年来流了多少青年血！
「四·一二」憶周承浩
圣血

1946 年 4 月 12 日《新华日报》刊载的追忆周承浩的报道

秘密杀害。

1946 年 4 月 12 日，《新华日报》发表署名“圣血”的文章：《十九年来流了多少青年血！“四·一二”忆周承浩》，对周承浩的主要经历及遇害经过作了回顾，对他的遇害表示哀悼，对国民政府的消极抗战和反共迫害予以了强烈谴责。新中国成立后，周承浩被追认为烈士。

1993 年周承浩牺牲 50 周年之际，周承浩就读机械科时的同班同学、原重庆市冶金局副总工程师、重庆市人大常委邓创之特填词一首纪念周承浩：

菩萨蛮·忆承浩

雄心壮志三山铲，西南驰骋身心献。
昂首进牢营，展开新斗争。
酷刑增激愤，利诱安能近。
烈谱表英雄，永铭千古功。[①]

参考文献

1.《中国共产主义青年团上海市嘉定县史料汇编（1919.5—1993.6）》,《中国共产主义青年团上海市嘉定县史料汇编》编纂组编，1994年9月，第87页，106～107页（注①）。

2. 云庐室丛刊之一《国难苦度记》（全1册），吕舜祥著，1948年12月，第82～83页（注②）。

3.《筑魂》，中共贵阳市委党史研究室编，1992年10月，第189～190页（注③）。

王顺芳：深入虎穴的赤胆英雄 *

“找到了党组织，百川终归大海”

这是王顺芳坚定跟党走的决心和信仰

他伸张正义，抗击压迫

参加爱国学运，指导工人运动，团结贫苦大众

努力维护人民利益，誓志追求民族解放

成为探寻真理的革命战士

他投身抗日，不懈斗争

宣传党的政策，吸纳进步力量，击退敌伪扫荡

不断壮大抗日武装，打击日伪警察据点

成为地方抗战的中流砥柱

他深入虎穴，智斗顽敌

搜集敌后情报，争取中间力量，筹集抗战物资

积极配合对敌斗争，有力支援前线作战

成为智勇兼备的赤胆英雄

铭记同济英烈

让我们缅怀革命先烈王顺芳

感悟这位抗日勇士的报国之心

* 原文名：“为民族解放　入虎穴斗敌——王顺芳烈士传略”，丁原、朱钢著，有删改。

王顺芳（1911—1945），江苏上海县人，中共党员。1925 年考入同济大学机师科。因参加反“誓约书”斗争，1926 年春离校转学至广东大学。1927 年 8 月奉组织派遣离穗返沪，并考入同济大学德文补习科。1934 年因叛徒出卖而被捕入狱。1937 年出狱后在浦东从事游击斗争。1942 年，受党组织派遣，担任中共姚保敌工委书记，并以余姚地区保安团副团长身份为掩护，配合根据地的对敌斗争。1945 年 5 月 1 日，在参加策划起义的会议途中被捕，随即遭反动派杀害，时年 34 岁。

一、伸张正义，抗击压迫

王顺芳，又名王三川、王培良，1911 年 2 月 24 日出生于江苏省上海县（现上海市浦东新区）三林镇，在家中 6 名兄弟姐妹中排行第三。父亲王槐生是上海火车北站扳道工，母亲康氏在家操持家务。王顺芳幼时活泼开朗，学习认真。1925 年，在叔父王桂生的资助下，王顺芳考入同济大学机师科。

入学后，王顺芳与同班的进步同学陈元达私交很好，两人经常在一起学习功课、谈论国事。由于时常听到同学们谈论尹景伊反帝爱国、英勇牺牲的故事，王顺芳逐渐对尹景伊产生了敬仰之情。

1926 年 3 月 18 日，北京发生了段祺瑞卖国政府疯狂镇压群众的三一八血案。消息传来后，上海市各界市民 3 万余人举行集会，沉痛悼念死难同胞，严厉声讨帝国主义和北洋军阀政府的血腥罪行。同济大学的许多学生也参加了集会和游行活动。为了应对形势，上海租界当局宴请上海市军、警、商界等头面人物和一些大学校长，密谋压制爱国运动，想方设法防止学生“造反”。

3 月 30 日，学校当局在校内张贴布告，攻击“五四”以来的爱国运动“与

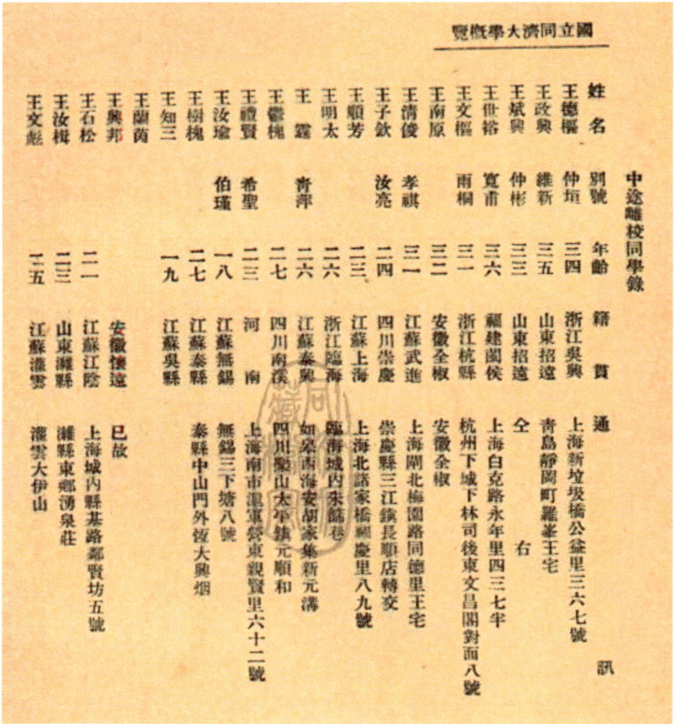
国立同济大学概览

中途離校同學錄

姓名	別號	年齡	籍貫	通訊
王德樞	仲垣	三四	浙江吳興	上海新垃圾橋公益里三六七號
王政興	維新	三五	山東招遠	青島靜岡町羅峯王宅
王斌興	仲彬	三三	山東招遠	仝右
王世裕	寬甫	三六	福建閩侯	上海白克路永年里四三七牢
王文樞	雨桐	三一	浙江杭縣	杭州下城下林司後東文昌閣對面八號
王南原		三二	安徽全椒	安徽全椒
王清俊	孝祺	三一	江蘇武進	上海閘北梅園路同德里王宅
王子欽	汝亮	二四	四川崇慶	崇慶縣三江鎮長順店轉交
王順芳		二三	江蘇上海	上海北諸家橋[illegible]慶里八九號
王明太		二六	浙江臨海	臨海城內朱飾巷
王靄	青萍	二六	江蘇泰興	如皋西海安胡家集新元溝
王鬱槐		二七	四川南溪	四川黎山太平鎮元順和
王禮賢	希聖	二三	河南	上海南市滬軍營東親賢里六十二號
王汝瑜	伯瑾	一八	江蘇無錫	無錫三下塘八號
王樹槐		二七	江蘇泰縣	泰縣中山門外彼大興烟
王知三		一九	江蘇吳縣	
王蘭茵				
王興邦			安徽懷遠	已故
王石松		二一	江蘇江陰	上海城內縣基路鄰賢坊五號
王汝楫		二三	山東濰縣	濰縣東鄉湧泉莊
王文彪		二五	江蘇灌雲	灌雲大伊山

《国立同济大学概览》（1934）中的“中途离校同学录”

重视学业之旨，大相违背”，并胁迫学生在保证今后不参加爱国运动的“誓约书”上签名，顿时引发学生的强烈愤慨。在学生会的带领下，校园内掀起了一场反“誓约书”的斗争。王顺芳积极参加抵制学校当局的正义活动，当天就在反“誓约书”的宣言上签了名。

由于学校当局欲勾结军警抓捕学生，王顺芳和陈元达等部分同济学生不得不乘船赴广州，在广州国民政府的帮助下转学至广东大学（今中山大学）工科继续学业。在广东大学就读期间，王顺芳一边继续努力学习功课，一边积极参加革命活动。

1927 年 4 月，蒋介石叛变革命，先后在上海、广州策划了四一二和四一五反革命政变，大肆抓捕共产党员和工人积极分子。在党组织的安排下，已成为共产党员的王顺芳和陈元达离开广州返回上海。8 月，他们同时考入同济大学德文补习科；9 月，殷夫也在该科第二次招生时被录取。拥有共同革命理想的王顺芳、陈元达和殷夫从此成为挚友。

1928 年 8 月，殷夫被捕入狱，王顺芳和陈元达也因遭追捕而被迫离校。10 月，殷夫被保释出狱回乡后，三人先后转移到殷夫的家乡浙江象山，一起在象山县立女子小学任代课教师。任教期间，已化名王涅夫的王顺芳与殷夫、陈元达经常在一起分析时局，研究对策。为了在学生中宣传进步思想、教育并唤起民众，他们三人还一起指导学生排演了《逼债》《小小画家》等剧目，揭露封建地主阶级对农民的残酷剥削和寄生虫式的腐朽生活，鞭挞陈腐的封建等级观念，宣传职业无高低贵贱之分的平等思想。这些剧目在象山城内公演时，百姓们争先恐后前来观看，起到了良好的宣传效果。

1929 年春，王顺芳和陈元达、殷夫相继回到上海，在江湾、闸北一带从事工人运动。1930 年，王顺芳进入上海英商电车公司当售票员。因热心维护广大职工的利益，他被推举为职工代表，与英国资本家展开了面对面的斗争。为此，公司当局怀恨在心，勾结巡捕房欲抓捕王顺芳。党组织获悉后，及时安排王顺芳转移到了他处。

1931 年，殷夫、陈元达先后被捕并遭杀害，王顺芳的内心既充满了悲痛，也更加坚定了为民族存亡斗争到底的意志和信念。

二、投身抗日，不懈斗争

1934 年，在上海铁路局沪宁线一带从事革命活动的王顺芳因叛徒出卖而被捕，被关押在国民党政府南京军人监狱。1937 年全面抗战爆发后，在中国共产党和全国人民要求释放政治犯的强烈呼声中，王顺芳和众多革命志士才被释放出狱。获释后的王顺芳顾不上饱受摧残的身体健康，一心只想尽快联系上党组织，回归革命队伍行列。

1938 年 1 月，根据党组织指示，王顺芳来到上海难民所工作。为了工作需要，他更名为王三川，寓意“找到了党组织，百川终归大海”。

1938 年初，中共浦东工作委员会（简称“浦东工委”）成立。此后，浦东工委联合南汇四团仓地区的进步人士连柏生（后于 1941 年加入中国共产党）筹建地方抗日武装，并通过国民党南汇县保卫团的上层关系建立了 20 余人的保卫团第四中队（简称“保四中队”）。受浦东工委委派，王义生、王顺芳担任保四中队的政训员。其间，王顺芳以南汇县泰日桥小学教师的身份为掩护，与王义生一起组织队员学习毛泽东的《论持久战》《论新阶段》等进步书刊，帮助队员提高思想政治觉悟。他们还积极吸纳上海的工人、学生加入队伍，不断壮大抗日武装力量。同年冬天，王顺芳还和张大鹏等一起组织了抗日救亡宣传团，向当地群众宣传抗日救亡的重要意义和党的方针政策，教唱抗日歌曲，以增强广大群众抗战到底、夺取最后胜利的信心和决心。

1939 年 5 月，保四中队已发展到 200 余人，活动范围也扩大到整个南汇县。1939 年 6 月，浦东工委决定在保四中队的基础上扩编成立南汇县抗日自卫总团第二大队（简称“抗卫二大”），下辖二个中队，王顺芳任抗卫二大第一中队政训员。1940 年 2 月 5 日，日伪军纠集二千多兵力对驻扎在南汇县长沟乡（今属祝桥镇）一带的抗卫二大进行“大扫荡”。由于事前获得情报、部队已作周密布置，抗卫二大成功击退了敌人的进攻，保存了有生力量。

击退敌人的“大扫荡”后，为了适应形势的需要，浦东工委决定将一中队、二中队合并组成精干武装，并抽调数十人加入江南抗日义勇军教导队，同时抽调一批党员打入伪军，从事策反工作。根据党组织安排，王顺芳以下草屋小学教师的身份为掩护，深入农村地区开展群众工作。

1940 年 10 月，在中共淞沪中心县委的领导下，浦东工委利用统战关系取得了国民党“淞沪游击队第五支队”的番号，遂以南汇抗卫二大为基础成立了淞沪游击队第五支队（简称“淞沪五支队”），下辖一大队、四大队。同年 11 月，王顺芳被任命为淞沪五支队四大队（简称“五支四大”）特派员。

1941 年 4 月，经内线张宝才引路，王顺芳和代理大队长林达（原名林有璋）率领“五支四大”并联合友队夜袭了驻川沙县青墩镇的上海市武装警察据点，通过武装进攻和宣传攻势，共俘敌30余人，缴获步枪、手枪29支。此后，“淞沪五支队”扩编成立了“淞沪五支队第三大队”，王顺芳任大队长。

1941年5月到6月间，日军攻陷了浙东大部分地区。针对形势的变化，中共中央华东局要求路南特委（由中共淞沪中心县委扩大而成，其活动范围在沪宁、沪杭铁路至杭州湾之间）抓住敌人在浙东地区尚未站稳脚跟的有利时机，尽快开辟浙东敌后游击区。随后，路南特委将浦东的革命武装逐步转移到浙东敌后。王顺芳亦随部队转移到了浙东，并受组织派遣赴镇海从事策反工作。

三、深入虎穴，智斗顽敌

1942年7月，中共浙东区委成立。根据对敌伪斗争的方针、政策和与日伪、国民党顽固派进行斗争的形势需要，为了组织人员打入敌伪内部开展分化、瓦解、宣传和情报搜集工作，配合根据地的正面对敌斗争，浙东区委成立了浙东敌伪军工作委员会（简称“浙东敌工委”）。当时，浙东游击区所属各部与敌伪军正处于对峙状态，而位于宁波与杭州之间的余姚又是联结四明山与三北两个根据地的枢纽，余姚的情报工作便成为浙东敌后的一项重点工作。于是，浙东敌工委决定从各地抽调部分机智果敢的地下党员打入余姚敌伪阵营内部，开展情报搜集工作。在组织的安排下，王顺芳化名王培良（代号SX）来到余姚，开始从事敌后情报工作。

当时的余姚保安团长张妙根与县长劳乃心有很深的矛盾。劳乃心是一个铁杆汉奸，早年留学日本期间曾是冈村宁次（日寇侵华总司令）的同学。回国后，他与封建帮会势力勾结，仰仗与日寇的关系作恶多端，曾多次破坏革命组织，枪杀、活埋革命同志和群众。老百姓都对他恨之入骨，当地民谣流传道：“天上有颗扫帚星，地上有个劳乃心。”而张妙根为了扩张自己的实力，有整编部队的打算，却苦于缺少助手。在胞弟王联芳的推荐下，王顺芳结识了张妙根。由于彼此为上海南汇三林塘同乡，张妙根又将王顺芳推荐给了余姚地区的日本特务机关长稻垣。为了实现“以华制华”策略，稻垣任命王顺芳为余姚保安团副团长。打入余姚保安团后，王顺芳逐步取得了张妙根的信任。

此后不久，中共地下党在余姚保安团内建立了由王顺芳任书记的“姚保敌工委”，负责搜集敌人情报，营救我方同志，筹集和运输物资，配合根据地的对敌斗争。由于王顺芳办事认真，待人和气，故深得余姚保安团下属官兵和余姚各界人士的拥戴。王顺芳还通过各种关系搞到数张通行证，使地下党的同志能够自由出入敌伪据点，为党组织开展工作带来了极大便利。王顺芳的住宅也成为党的秘密联络站，地下党的同志常以王顺芳亲戚的名义前来联络和收集日伪敌特机关的情报。因王顺芳与张妙根互为邻居，他便利用各种机会对张妙根晓以民族大义，启发、引导他参加抗日救亡。在王顺芳的巧妙安排下，浙东敌工委朱人俊书记和方晓同志先后于1943年和1944年两次与张妙根会面恳谈，积极争取他向革命队伍靠拢，配合革命力量的对敌斗争。

王顺芳，摄于1945年

由于余姚保安团内派系复杂，各派实力经常明争暗斗，王顺芳便巧妙地利用他们之间勾心斗角的矛盾关系，多次出色地完成了党交给的任务。1943年，驻余姚庵东的日伪中央税警团计划进驻临山一带，企图封锁出海口，切断我方海运交通。为此，劳乃心要求张妙根将余姚保安团移驻周巷、低塘等地，以便于日伪中央税警团驻防出海口。根据党的指示，王顺芳和张妙根带领余姚保安团抢占了泗门、临山、海口等要地，遏制了敌人的企图，保证了我方海运交通的畅通。

1943年冬，日伪中央税警团在长河市一带进行扫荡，我方三纵队大队长蔡葵在战斗中因腿部受重伤而被俘。在医院里，蔡葵抱定了牺牲的信念，拒绝敌人安排的治疗。党组织得悉后，从保存革命力量的角度出发，要求王顺芳设法派人说服蔡葵就医。于是，王顺芳安排了两名地下党员以探望其他病人为由进入医院，并避开蔡葵所在病房的专人把守潜入病房，向蔡葵传达了党组织的意见。根据党组织的指示，蔡葵接受了治疗，并在王顺芳和张妙根的掩护下于伤愈后成功逃离虎口，回归革命队伍。

为了继续开展武装斗争，浙东游击队迫切需要一批钢材制作军械。此时恰好有一批刚从杭甬铁路上拆下来的钢轨堆放在余姚码头，但却有日军重兵看守。为获取这批物资，在张妙根的配合下，王顺芳派人与看守钢轨的日兵一起畅饮并将其灌醉，随后乘机运走了钢轨，有力地支援了根据地的武装斗争。其间，王顺芳还不顾个人安危，帮助采办了游击队急需的药品、纸张等被敌伪限购的违禁品。

王顺芳的诸多举动引起了县长劳乃心的注意。1944 年，乘日本特务机关长稻垣调走之机，劳乃心以省保安司令部及日本宪兵队的名义对余姚保安团进行了改编，并自任总团长，而张妙根、王顺芳则被安排为无实权的副职。为此，张妙根原打算以回沪探亲为名离开余姚，王顺芳则从革命工作需要出发，力劝

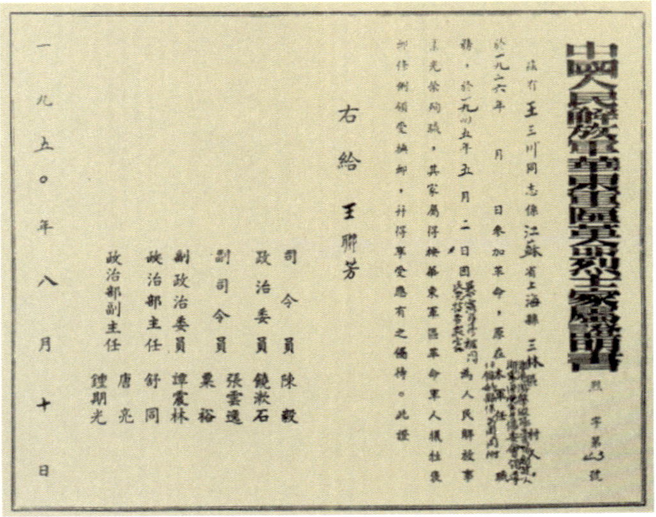
中國人民解放軍華東軍區革命烈士家屬證明書

烈字第43號

查有王三川同志係江蘇省上海縣三林[illegible]人，於一九二六年 月 日參加革命，原在[illegible]職，於一九四五年五月二日因[illegible]為人民解放事業光榮犧牲，其家屬得按華東軍區革命軍人犧牲褒卹條例領受撫卹，并得享受應有之優待。此證

右給 王聊芳

司令員 陳毅
政治委員 饒漱石
副司令員 張雲逸 粟裕
副政治委員 譚震林
政治部主任 舒同
政治部副主任 唐亮 鍾期光

一九五〇年八月十日

中国人民解放军华东军区授予王顺芳烈士家属的证明书（王顺芳之侄王石明提供）

张妙根打消回沪的念头，继续留在余姚配合斗争。

1945年春，世界反法西斯战争已取得节节胜利。为了迎接中国抗日战争的曙光，姚保敌工委计划采取里应外合的方式歼灭顽敌。5月1日上午，王顺芳带着勤务员谢海忠按计划乘小船赶赴临山参加会议，准备研究余姚保安团起义事宜。不幸的是，当船只驶到太平桥时，遭到了劳乃心预设埋伏的便衣队的拦截。船只靠岸后，王顺芳、谢海忠当即被捕，并随即被推到附近一座庵后枪杀。牺牲时，王顺芳年仅34岁。

1950年8月，中国人民解放军华东军区授予王顺芳"革命烈士"称号。

陈雨苍：生命不息战斗不止的忠诚卫士*

“中国要革命！”

这是陈雨苍为国求索的呐喊和追求

他极力支持民主革命

投身武昌起义，协助指挥战斗，阻击清廷反扑

制造革命声势，随军参加北征，筹集大批军饷

在反对帝制的斗争中捍卫革命果实

他积极发展教育事业

创办医科学校，培养专业人才，促进地方发展

指挥师生撤离，指导校舍修复，赓续同济学脉

在教育兴邦的道路上探寻强国之路

他果敢从事地下工作

设立联络电台，传递重要情报，沉着应对搜查

服从组织安排，打入蒋府高层，致力统战抗敌

在危机四伏的战线上为党竭尽全力

铭记同济英烈

让我们缅怀革命先烈陈雨苍

感悟这位爱国卫士的赤诚忠心和坚强意志

---

* 原文名：“高唱入云大风歌——陈云苍同志传略”，古学勤著，有删改。

陈雨苍（1889—1947），湖北荆门人。青年时参加“日知会”等革命团体，曾参加武昌起义。后到日本东京帝国大学、德国柏林大学留学，1916 年获医学博士学位。1921 年创办湖北省立医学专门学校（后更名为湖北省立医科大学），并任校长。1927 年加入中国共产党，同年任湖北省立医院院长、武汉医师公会会长。1931 年 2 月被捕入狱，后被保释出狱。1931—1932 年，任国立同济大学秘书长。1940—1942 年，负责上海与中央的情报发送工作。1943 年任重庆国民政府司法院法规委员会名誉秘书长。1947 年元旦因患脑溢血在上海逝世，时年 58 岁。

一、反对帝制，参加起义

陈雨苍，字少峰，又名少云、晓云、晓峰，1889 年 8 月 28 日出生于湖北省荆门市团林铺镇陈家新集。1911 年，陈雨苍于湖北新军陆军军医学堂毕业。经兄长陈荣钟（湖北新军工兵营管带）举荐，陈雨苍来到湖北新军工兵第 8 营任军医。

1911 年 10 月 10 日晚，武昌爆发旨在推翻清朝统治的兵变（即“武昌起义”，亦称“武昌首义”）。战斗中，陈雨苍协助陈荣钟指挥全营官兵炮轰总督衙门，次日一早又组织担架队在紫阳门、总督衙门等处为战友收殓遗骸。起义军掌控武汉三镇后，湖北军政府成立，陈雨苍出任军事检查官。

其间，为扩大革命声势，震慑满清政府，陈雨苍曾与战友李春萱一起到位于葛店的何蓬时家中取走密码本，并通过俄国驻武汉领事馆以湖北布政使的名义向北京清廷发告急电，以加深清廷内部的恐慌和混乱。10 月中下旬，陈雨苍以救护队长的身份参加了阻击清廷大肆反扑的阳夏战役（亦称“阳夏保卫战”，战役始于 10 月 18 日，至 11 月 27 日止）。

此后不久，季雨霖将军奉湖北军政府令出任安襄郧荆（清末时期湖北安陆府、襄阳府、郧阳府、荆门直隶州所属管辖地的统称）招讨使，并组军北征，以期光复仍为清廷把持的汉江上游及鄂西北地区。随军北征途中，陈雨苍先后被委任为军事参谋、民事参谋、卫生科长，并筹办了陆军医院。11 月 27 日汉阳失守后，因北伐部队军饷供应渠道受阻，受季雨霖委派，陈雨苍、陈重民返回荆门，在沙洋县商贾的支持下，两人很快筹得了大批军饷。

在历时 3 个月的北征途中，陈雨苍等协助季雨霖将安襄郧荆军由 300 人发展成为拥有水兵炮队等多个兵种、兵力达 18 000 余人的革命武装，先后收复县以上城市百余座，并一举攻克洛阳，进攻锋芒直指西安。其间，季雨霖等曾发电文建议孙中山讨伐袁世凯，但未获允准。1912 年 2 月“南北议和”达成协议后，清帝退位，孙中山辞去中华民国临时大总统职务，袁世凯被推为临时大总统，安襄郧荆军也被黎元洪召回并组建为湖北新军第 8 镇（师）。辛亥革命成果被袁世凯、黎元洪之流窃夺后，季雨霖、居正、张难先、陈雨苍等革命志士原计划二度护法反袁，不料季雨霖将军不久后即在湖北钟祥遭暗杀。

二、发展教育，投身革命

在革命处于低潮的大环境下，陈雨苍选择了出国留学。他先后赴日本东京帝国大学、德国柏林医科大学学习医科，并于 1916 年获医学博士学位。在德就读期间，受马克思主义思想影响，陈雨苍的心中燃起了“医人欲医天下”的火焰。1920 年，陈雨苍携德籍妻子陈一荻博士回国，后在北京内务部卫生司担任行走职务（相当于顾问）。

当时的中国依然满目疮痍。陈雨苍深深地感到，如不从根本上解决民族、民权、民生这三大问题，中国很难走向独立和富强。为了促进家乡的发展，他向北京教育部提出了以庚子赔款为基金在湖北创办一所医科学校的建议。1921

年，陈雨苍回到湖北。经多方游说，在湖北督军肖耀南的支持下，陈雨苍在武昌两湖学院原址创办了湖北省立医学专门学校（1923 年更名为湖北省立医科大学，以下简称“医科大”）。

学校创办后，陈雨苍自任校长，并兼任病理学及外科学教授，妻子陈一荻则出任德文教授。他还广纳贤才，聘请获得日本医学博士学位的李博仁任教育主任。经过多年努力，医科大的办学规模不断扩大，已拥有 4 个医师班、2 个药剂班（以上均为 7 年制）及中医传习所、女护士班及助产班，学生规模达近千人。

因医科大校址与董必武创办的启明工读学校附设江汉编印社（当时为我党地下活动的枢纽）相邻，且学校与编印社经常有教学讲义印刷等业务往来，陈雨苍遂与董老相识，并一见如故。通过与董必武的交往，陈雨苍对马列主义的认识有了新的提高。

1926 年 3 月 18 日，李大钊在天安门主持抗议集会，要求段祺瑞政府拒绝日本等八国提出的撤除大沽口国防设施的最后通牒。然而，段祺瑞政府非但未予采纳，还下令开枪，致 47 人当场遇难，原湖北省第一师范学校教师、中共党员李镜唐也在斗争中牺牲。为了纪念三一八烈士李镜唐，在董必武指示召开的烈士追悼会上，陈雨苍痛斥段祺瑞政府杀害共产党人的滔天罪行，并大声疾呼：“中国要革命！要踏着李镜唐烈士的血迹奋勇前进！”

1926 年 9 月，北伐军攻打武昌，武汉三镇顿时战火纷飞，医科大被迫停办。战争结束后，医科大更名为武昌中山大学医科并恢复办学。经陈雨苍推荐，中共一大代表李汉俊（湖北潜江人）出任该校校长。此后，陈雨苍便以“柏林大学医学博士”的招牌为掩护，在江董琴（武昌县县长，福建人）转让、位于汉口华商街太安里 26 号（现江汉二路 136 号）的一栋三层楼内开办了诊所。从此，诊所成为我党的又一个地下活动场所。其间，陈雨苍时常与他的学生郛聘三（时任中共武汉市委组织部部长）、王培林、汪道成、漆昌元及其他同志在诊所内开会，分析形势，有时甚至研究至深夜。

1927年春，经郧聘三、马春泉介绍，陈雨苍加入中国共产党。同年，陈雨苍将诊所与高仲翔医生创办、位于汉口五族街（现中山大道）79号的中国同济医院合并后成立了汉口医院，并安排其侄儿陈友祺医师出任院长。陈雨苍则应聘担任湖北省省立医院院长，后又发起成立武汉医师公会（1950年更名为武汉市卫生工作者协会），并兼任会长。其间，他还被武汉市公安局聘为医学顾问。

1927年蒋介石发动四一二反革命政变后，武汉国民党当局也举起了屠刀，郧聘三等相继被捕并遭杀害，武昌城内顿时“黑云压城城欲摧”。在险恶的环境中，陈雨苍仍坚持斗争，丝毫没有动摇。

陈雨苍任汉口市立民众教育教师讲习所指导员时的照片

1931年2月27日晨7时，陈雨苍照常坐人力车去武昌省立医院上班。行至保华街（今汉江二路）转弯处时，一人突然从路边冲出并喝令停车。三轮车夫未予理会，仍拉着三轮车准备朝前走。此人见状立即掏出手枪，并气势汹汹地大声喝道：“你是陈雨苍吧！下车跟我走。”说完，他掏出了武汉行营侦缉处的工作证，并将陈雨苍逮捕。抓捕陈雨苍的人叫陈金寿，曾在湖北省立文科大学就读，其妻费耀彩曾是医科大护士班的学生，比较了解陈雨苍的行踪，故陈金寿采取了半路拦截的抓捕方式。

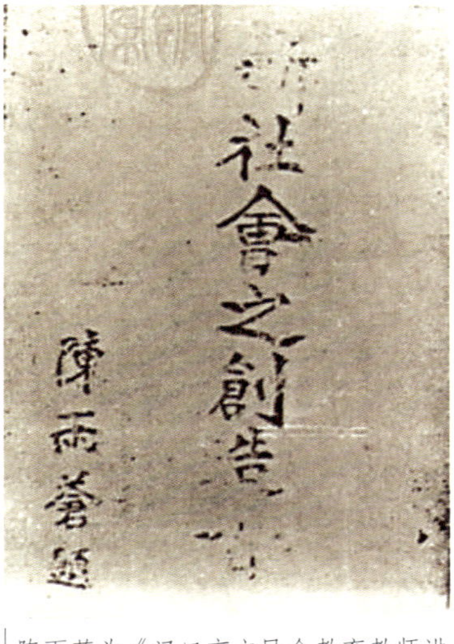

陈雨苍为《汉口市立民众教育教师讲习所同学录》的题词

得到三轮车夫报信后，陈雨苍家人立即委托武汉行营参谋处长关麟书（陈雨苍侄儿陈友祺的表哥）和武汉警备司令部经理处处长陈树兹（荆门同乡）打听，方知陈雨苍是因“共党嫌疑”遭逮捕的。地下党组织得知后，立即安排在汉口医院学医的女学生师哲以父女名义带了衣物、食品等前往探视，以便与陈雨苍取得联系和组织后续营救。看守人员起初不但不允许见面，也拒绝转收物品。但在悄悄塞给看守5元大洋后，师哲终于见到了陈雨苍。尔后每次见面也是如此。

为了营救陈雨苍，2月28日，陈雨苍侄儿陈友祺（时任军政部第二后方医院军医）和陈一获一同经江西九江赶往南昌，通过陈雨苍的同学郭柱寰（时任国民革命军第十八路军军医处长）委托江西省主席鲁涤平出面营救。同日晚，陈雨苍的女儿静园也启程经上海赶往浙江杭州，恳请浙江省主席张难先（陈雨苍挚友，新中国成立后曾任全国政协委员、中央人民政府委员、中南军政委员会副主席等职）帮助营救。由于两位省主席力保，经湖北省主席何成浚出面协商，武汉行营才于当年8月将关押了6个月的陈雨苍释放出来。

因始终坚守党的秘密，陈雨苍在狱中受尽了皮肉之苦。由于其两腿髌骨及膝骨已被压损，腿部残疾的陈雨苍此后须拄着拐杖才能行走。

三、传递情报，智斗日寇

1931年深秋，陈雨苍离汉赴沪，出任国立同济大学秘书长，陪同来沪的陈一获则在同济大学任德文教授。虽然位居学校秘书长之位，但陈雨苍给人的印象是健谈且平易近人，没有架子，平时理着短发，并常穿一身浅色的旧西服。

1932年初，上海发生了一·二八事变，位于吴淞的同济校园因遭日机轰炸受损严重。其间，陈雨苍先是积极协助校长指挥师生撤离吴淞，后又经常亲临现场指导校舍修复，为学校教学秩序的快速恢复起到了重要的推进作用，他也因此被教师们誉为“能干的秘书长”。

1932年秋，根据党组织安排，陈雨苍辞去了同济大学秘书长的职务，来到位于上海市区九江路的瑞士汽巴洋行药厂任推销员。此后，他经常往来于北京、青岛、济南、香港等地，以推销药品为掩护从事革命工作。1934年，陈雨苍借助与国民党司法院院长居正的关系出任司法院法规委员会委员，并经常来往于

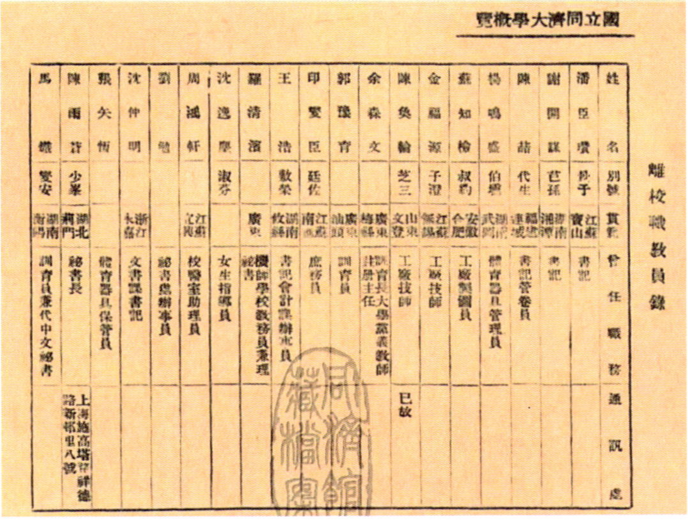

國立同濟大學概覽

離校職教員錄

姓名	別號	籍貫	曾任職務	通訊處
潘臣壎	孫子	江蘇寶山	書記	
謝開謀	苣孫	湖南湘潭	書記	
陳喆	代生	福建連城	書記管卷員	
楊鳴盛	伯樂	湖北武昌	體育器具管理員	
蘇知檢	叔豹	安徽合肥	工廠製圖員	
金福源	子澄	江蘇無錫	工廠技師	
陳奐綸	芝三	山東文登	工廠技師	已故
余森文		廣東梅縣	訓育長大學部兼教師註冊主任	
郭豫育		廣東汕頭	訓育員	
印鑒臣	廷佐	江蘇江南	庶務員	
王浩	敷榮	湖南攸縣	書記會計課辦事員	
羅清濱		廣東	機師學校教務員兼理秘書	
沈逸摩	淑芬		女生指導員	
周誠軒		江蘇江陰	校醫室助理員	
劉[illegible]			總務處辦事員	
沈仲明		浙江長興	文書課書記	
甄矢恆			體育器具保管員	
陳雨蒼	少峯	湖北荊門	秘書長	上海施高塔路祥德路新邨[illegible]八號
馬鐵	雙安	湖南衡陽	訓育員兼代中文秘書	

《国立同济大学概览（1934）》中的“离校职教员录”

上海、南京之间，以公开身份为掩护继续从事革命活动。

1937 年七七事变后，全面抗战爆发，陈一荻随同济大学西迁并最终到达四川宜宾。根据党组织的安排，陈雨苍留在了上海，并于 1938 年在上海静安寺路的静安大楼三楼再次挂出了“德国医学博士”的招牌，以行医为掩护，继续从事党的地下工作。

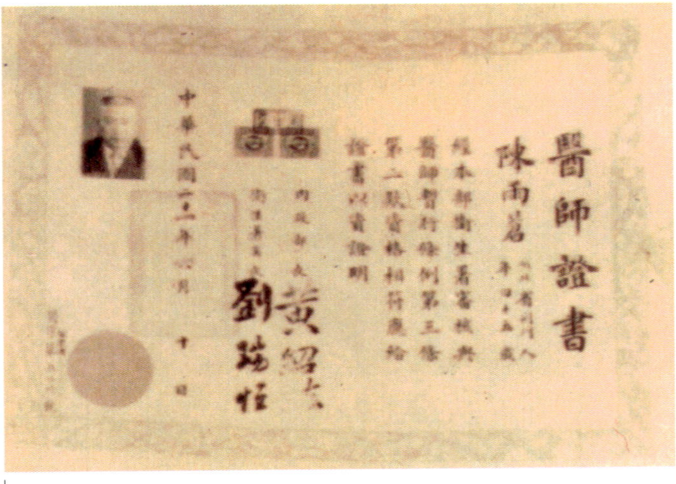

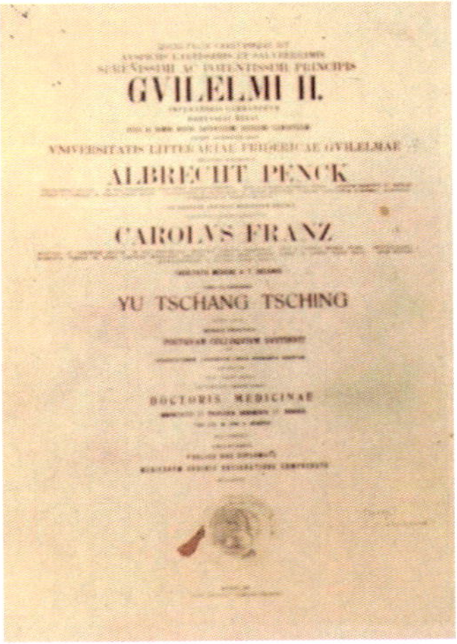

陈雨苍行医时所用的证明

1940 年初，党组织指示陈雨苍在上海设立中央直属电台。同年 6 月，党组织指派张树馨（化名白衣小姐，七七事变后参加抗日救亡斗争，1938 年入党，曾担任党的地下交通员）为服务员，协助陈雨苍的工作，对外称作表叔和表侄女；由解放区派来的报务员姓郑，江西人，对外则称是陈雨苍的外甥。为了共同的事业，3 个原本不相识的人在日本人的眼皮底下组成了一个“特别家庭”。

为了确保电台安全，“特别家庭”被安排在位于上海法租界拉都路（现襄阳南路）2 号的一幢四层楼房里。平时，电台被藏在四楼卧室壁橱的一个炉子下边。每到深夜，张树馨负责爬上楼顶安装天线。三楼的楼梯口有一道门，可阻止外人随意上楼。交通员赵、王夫妇负责传递电报文稿，对外则称他们是张树馨的姑夫、姑妈；联络员刘少文通常在静安大楼的诊所里与陈雨苍碰头。

此后，为了适应社交活动的需要，组织上决定让张树馨装扮成陈雨苍的妻子。在陈雨苍的帮助下，张树馨外出时俨然一副博士夫人模样，外人很难看出破绽。

其间，为解决党组织活动经费不足的困难，陈雨苍分别将三楼租给了一名俄国人、二楼租给了在法租界巡捕房工作的一名广东人、底层的汽车间租给了开糖果文具店铺的小商贩，所得租金则全部上缴党组织。而他们三人平时的生活则相当简朴。外出联系工作时，陈雨苍常常靠买两个面包充饥，平时也总是穿着留德时的几件旧西装，皮鞋跟磨歪了就用小刀修一下再继续穿。

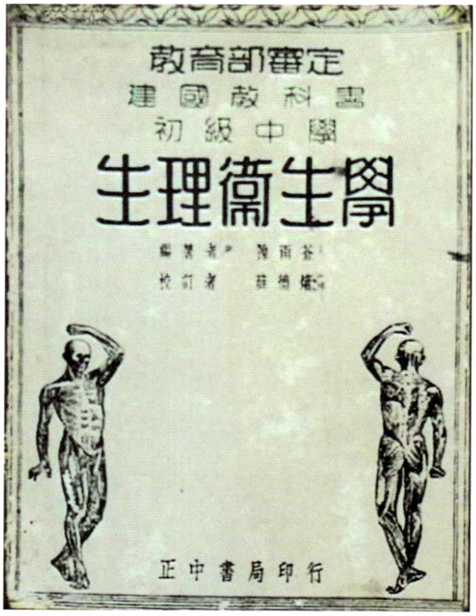

陈雨苍编著的初中教材《生理卫生学》（1938 年 10 月由正中书局出版）

1941 年太平洋战争爆发后，日军开始肆无忌惮地闯入租界搜查神秘电台。遇到搜查时，陈雨苍便用留学日本时掌握的日语镇定自若地与日军展开周旋，成功躲过了日军的一次次搜捕。1942 年初，日军开始启用装有电台探测器的汽车沿街行驶并探测信号源。为确保电台和人员安全，根据党中央指示，陈雨苍的电台小组停止了发送工作。

四、生命不息，战斗不止

1942 年夏，党组织决定转移电台相关工作人员，并先期安排刘少文和负责传递电报文稿的交通员赵先生分别去了重庆和香港。随后，陈雨苍和张树馨也接到了自行转移至重庆的通知。当时的重庆是国民党政府所在地，日军对其交通封锁极严，要想顺利到达绝非易事。同时，作为医学博士的陈雨苍心里明白，山城的气候对于患有高血压的他来说也将是一个极大的挑战。

根据组织的安排，陈雨苍立即四处联系赴重庆的交通方式。在司法院长居正的大女婿张鸣（台湾人，日本“大东亚共荣圈”的鼓吹者）的协助下，陈雨苍与张树馨一行乘日本轮船到达汉口，并依据张鸣的介绍信和汪伪驻武汉警备司令部的帮助，一行人租借了日本轮船，由武昌到达了日占区与国民党统治区的交界点湖北石首新堤。此后，一行人由陆路途径藕池镇辗转抵达宜昌的三斗坪。途中，陈雨苍曾被湖南岳阳附近的当地势力以汉奸为名关押了一天一夜，后因陈雨苍声称是朱家骅（原为国民党政府教育部部长，时为中央研究院院长）的同学才得以释放，但其随身携带的两箱德制外科手术器材均被劫走。到达三斗坪后，因囊中羞涩，一行人只能就着咸菜喝稀饭。为了尽快联系组织，陈雨苍毅然决定将三女儿杏园、五女儿瑞园及侄儿友玑暂时留在三斗坪他人家中，随后与张树馨用省下来的钱买了两张船票赶往重庆。

到达重庆的当天下午，陈雨苍和张树馨就赶到位于新华书店的联络点与重庆地下党组织取得了联系。周恩来闻讯后立即派车将他们接到位于红岩村的我党驻渝办事处休息了一周。之后，周恩来指示陈雨苍争取打入国民党中央编辑部或国民政府其他部门任职，以便开展统战工作。

离开办事处后，因一时无法找到住所，陈雨苍便暂时住在侄儿陈友祺位于温泉路汉口医院的家里。当时，日军飞机频繁飞抵重庆上空实施轰炸，但为了完成党组织的重托，陈雨苍冒着空袭的危险四处联络留德同学及居正、张群、朱家骅等人，一心只想按照组织要求尽快落实工作。1943 年春，陈雨苍来到位于曾家岩的周公馆向周恩来汇报情况，表示中央编辑部暂时打不进去，但已通过居正的关系被安排至国民政府司法院法规委员会任名誉秘书长。得到周恩来的首肯后，陈雨苍便来到司法院工作。1943 年冬，陈雨苍因高血压复发导致半身不遂。后经医生竭力医治，陈雨苍虽可勉强生活自理，但已无法再到司法院正常工作。

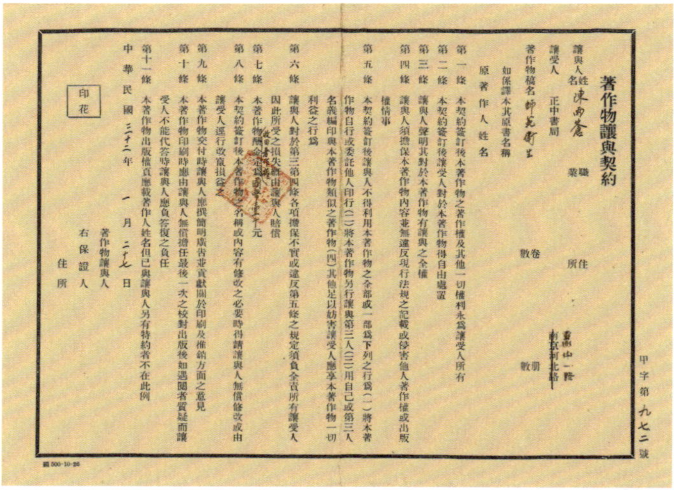

甲字第九七二號

著作物讓與契約

讓與人姓名 陳雨蒼　職業　住所 重慶中一路 南京河北路

讓受人　正中書局

著作物稿名 師範衛生　卷數　冊數

如係譯本其原書名稱

原著作人姓名

第一條　本契約簽訂後本著作物之著作權及其他一切權利永爲讓受人所有

第二條　本契約簽訂後讓受人對於本著作物得自由處置

第三條　讓與人聲明其對於本著作物有讓與之全權

第四條　讓與人須擔保本著作物內容並無違反現行法規之記載或侵害他人著作權或出版權情事

第五條　本契約簽訂後讓與人不得利用本著作物之全部或一部爲下列之行爲（一）將本著作物自行或委託他人印行（二）將本著作物另行讓與第三人（三）用自己或第三人名義編印與本著作物類似之著作物（四）其他足以妨害讓受人應享本著作物一切利益之行爲

第六條　讓與人對於第三第四條各項擔保不實或違反第五條之規定須負全責所有讓受人因此所受之損失概由讓與人賠償

第七條　本著作物酬金定爲國幣[illegible]元

第八條　本契約簽訂後本著作物之名稱或內容有修改之必要時得請讓與人無償修改或由讓受人逕行改竄損益之

第九條　本著作物交付時讓與人應撰簡明廣告並貢獻關於印刷及推銷方面之意見

第十條　本著作物印刷時應由讓與人無償擔任最後一次之校對出版後如遇閱者質疑而讓受人不能代答時讓與人應負答復之負任

第十一條　本著作物出版權頁應載著作人姓名但已與讓與人另有特約者不在此例

中華民國三十二年一月二十七日

著作物讓與人

右保證人

住所

印花

編500-10-26

1943 年 1 月 27 日，陈雨苍著作物让与契约:《师范卫生》

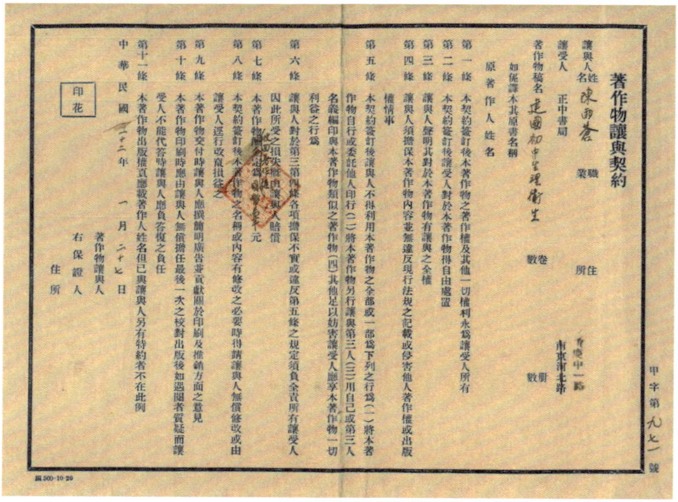

甲字第九七一號

著作物讓與契約

讓與人姓名 陳雨蒼　職業　住所 重慶中一路 南京河北路

讓受人　正中書局

著作物稿名 建國初中生理衛生　卷數　冊數

如係譯本其原書名稱

原著作人姓名

第一條　本契約簽訂後本著作物之著作權及其他一切權利永爲讓受人所有

第二條　本契約簽訂後讓受人對於本著作物得自由處置

第三條　讓與人聲明其對於本著作物有讓與之全權

第四條　讓與人須擔保本著作物內容並無違反現行法規之記載或侵害他人著作權或出版權情事

第五條　本契約簽訂後讓與人不得利用本著作物之全部或一部爲下列之行爲（一）將本著作物自行或委託他人印行（二）將本著作物另行讓與第三人（三）用自己或第三人名義編印與本著作物類似之著作物（四）其他足以妨害讓受人應享本著作物一切利益之行爲

第六條　讓與人對於第三第四條各項擔保不實或違反第五條之規定須負全責所有讓受人因此所受之損失概由讓與人賠償

第七條　本著作物酬金定爲國幣[illegible]元

第八條　本契約簽訂後本著作物之名稱或內容有修改之必要時得請讓與人無償修改或由讓受人逕行改竄損益之

第九條　本著作物交付時讓與人應撰簡明廣告並貢獻關於印刷及推銷方面之意見

第十條　本著作物印刷時應由讓與人無償擔任最後一次之校對出版後如遇閱者質疑而讓受人不能代答時讓與人應負答復之負任

第十一條　本著作物出版權頁應載著作人姓名但已與讓與人另有特約者不在此例

中華民國三十二年一月二十七日

著作物讓與人

右保證人

住所

印花

編500-10-26

1943 年 1 月 27 日，陈雨苍著作物让与契约:《建国初中生理卫生》

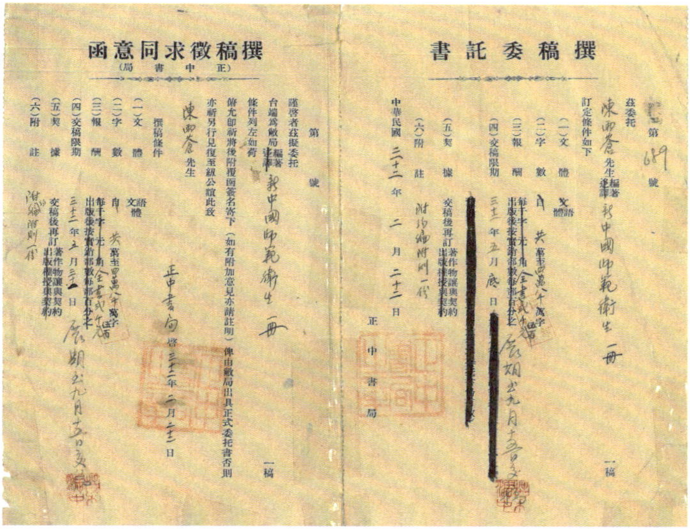

撰稿委託書

第 689 號

茲委託

陳雨蒼 先生編著 新中國師範衛生 一冊

訂定條件如下

(一)文　體　文體語

(二)字　數　約 共 萬字

(三)報　酬　每千字 元 角 出版後按實銷部數每部百分之

(四)交稿限期　三十二年五月底 日

(五)契　據　交稿後再訂 著作物讓與契約 出版權授與契約

(六)附　註　附師範附則一份

中華民國 三十二 年 二 月 二十二 日

正中書局

撰稿徵求同意函

(正中書局)

第　號

謹啓者茲擬委託

台端爲敝局 編著 譯 新中國師範衛生 一冊

條件列左如荷

俯允卽祈將後附覆函簽名寄下(如有附加意見亦請註明)俾由敝局出具正式委託書否則亦祈另行見復至級公誼此致

陳雨蒼 先生

撰稿條件

(一)文　體　語體文

(二)字　數　約 共 萬字

(三)報　酬　每千字 元 角 出版後按實銷部數每部百分之

(四)交稿限期　三十二年五月三十一日

(五)契　據　交稿後再訂 著作物讓與契約 出版權授與契約

(六)附　註　附師範附則一份

正中書局 啓 三十二年 二 月 二十二 日

1943 年 2 月 22 日，陈雨苍撰稿委托书与撰稿征求同意函：《新中国师范卫生》一册

1945 年 8 月 28 日，陈雨苍之侄陈士榘将军随毛泽东飞抵重庆，与国民党举行了抗战胜利后的国共谈判。其间，陈士榘专程探望了陈雨苍，叔侄二人畅谈了对当前形势和中国前途的看法。

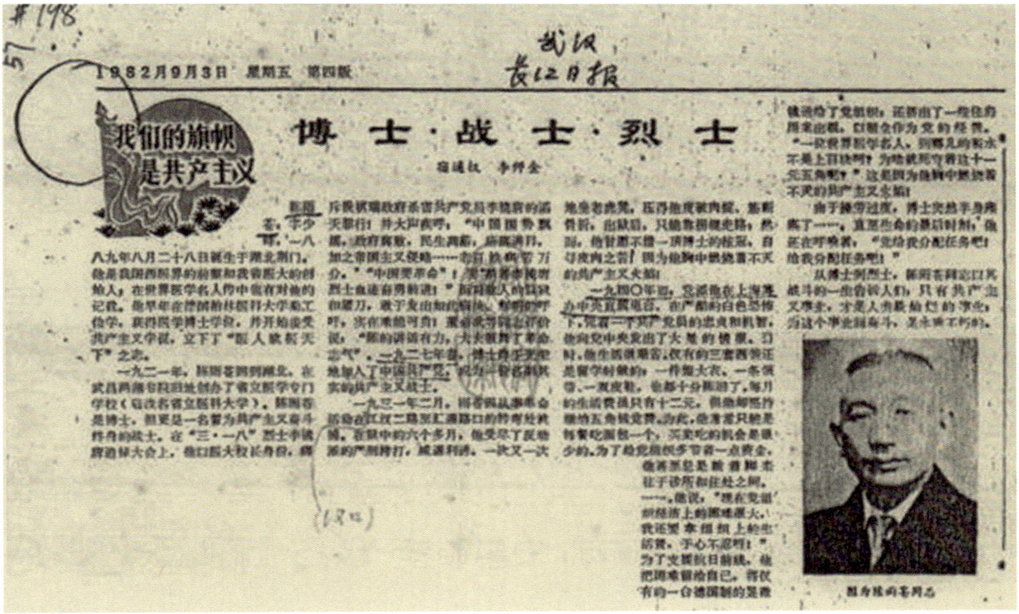

武汉 长江日报

1982年9月3日 星期五 第四版

我们的旗帜是共产主义

博士·战士·烈士

1982 年 9 月 3 日，《长江日报》以“博士 · 战士 · 烈士”为题报道了陈雨苍的革命事迹

在重庆工作的三年中，陈雨苍的身体每况愈下。1946 年初，刘少文通知陈雨苍回上海工作，但因组织经费奇缺，返沪的费用仍需自筹解决。经过多方联系，陈雨苍带着张树馨和儿子陈有璜搭乘国民党中央政府还都的专轮到达南京，后又转乘火车来到上海。

到达上海的第二天，刘少文通知陈雨苍先到浦东休养，但遭到陈雨苍婉拒。紧接着，刘少文又派刘时雨（真名吴成芳）专程做陈雨苍的思想工作。于是，陈雨苍根据组织的安排来到浦东杨家镇的一幢花园别墅修养。其间，他仍然经常外出，尽力为党工作。1947 年元旦，陈雨苍突患脑溢血与世长辞，终年 58 岁。

郑太朴：潜心教育事业的爱国革命志士 *

“革命胜利了，科学才能真正做到替人民服务！”
这是郑太朴一心革命、终身育才的崇高志向
钻研革命理论是他求索真理的方式
阅读进步书刊，提高认识觉悟
发表时政评论，修正理论观点
在思想交锋中探寻救国之道
推动国民革命是他坚持不懈的目标
参加北伐战争，拥护国共合作
筹备建立新党，推动国民革命
在实际行动中践行爱国信念
从事教育事业是他致力报国的途径
编译出版巨著，潜心教书育人
宣传进步思想，激励学生成长
在科教救国中培育新生力量
反对内战独裁是他救国护民的见证
加入民建总会，投身民主运动
参加反美游行，保护进步学生
在反蒋斗争中迎接民族解放

铭记同济英烈
让我们缅怀革命先烈郑太朴
感悟这位民主战士的不朽精神

* 原文名：“一心革命　终生育才——郑太朴烈士传略”，屠听泉、潘祖康著，有删改。

郑太朴（1901—1949），浙江平湖人。1922年加入中国共产党。1923年赴德国留学。其间，以个人身份加入中国国民党，后当选国民党旅欧总支执委。1926年回国后在国民革命军总政治部任职，曾任武昌中山大学校务委员会常委、农民部秘书。1927年脱党，但从未停止革命活动。1928年参与筹建中华革命党（后更名为中国国民党临时行动委员会），1930年被推选为中央干事会干事、组织委员会主任。1931年8月遭国民党当局逮捕，1932年经宋庆龄等保释出狱后担任同济大学数学教授。1939—1945年再度任教于同济大学，曾任教务长。解放战争时期，先后在交通大学、中华工商专科学校任教，并担任民主建国会中央常务理事、“大教联”干事等职，继续从事爱国民主运动。1949年1月，在接受中共中央邀请并绕道香港赴北平参加政协会议途中病逝，终年48岁。

一、不断求索真理　探寻救国道路

郑太朴，原名松堂，字贤宗，祖籍浙江平湖，1901年出生于上海。父亲郑子渊曾赴日本习画，后以教私塾及作画维持生计。母亲陈氏知书识礼，贤惠善良。郑太朴3岁时即跟随母亲识字，后在父亲教诲下阅读《幼学琼林》“四书”“五经”等书籍；10岁开始学习英语，15岁便可阅读、翻译一些英文书籍；其间还自学了代数、几何等课程。他平时喜爱阅读文、史、哲书籍，尤其对老聃、庄周、陶渊明、谭嗣同、梁启超等人的著作和严复的译著情有独钟。他也是《新青年》杂志的忠实读者。

1918年，郑太朴进入上海公共租界工部局车务处任翻译。1919年“五四”运动爆发后，郑太朴受到很大震动。因认为在工部局充当帝国主义的翻译是可耻的，他便断然辞去了所任职务。同年秋天，在经理张元济的邀请下，郑太朴来到商务印书馆编译所任职。其间，他不仅自学了德文，还广泛阅读各种进步书刊，学到了许多新思想、新知识。

“五四”运动后，马克思主义思想开始在中国广泛传播，同时，改良主义、基尔特社会主义等资产阶级反动思潮及无政府主义、修正主义等与工人运动有联系的错误思想也在社会上流传。为此，马克思主义者与各种反马克思主义思潮以及错误思想进行了多次交锋。此时的郑太朴一方面不满现实，反对强权，在论战中对改良主义予以抨击；另一方面，由于对马克思主义仍缺乏全面理解，也深受无政府主义等小资产阶级思潮的影响。

1920 年 8 月 3 日，郑太朴在《民国日报》副刊《觉悟》上发表《文凭与毕业》一文，指出：“社会是有机体，牵一发而动全身，所以非根本改革断然不行。渐渐修正改良，只好算是‘补衲’‘敷衍’，决不能说是改革。”此文客观上批判了胡适的“一点一滴”改良主义主张。他认为，“我们中国现在要急求振兴产业”，“改造全民族底（的）物质生活”，“最好采取带有革新运动的性质底（的）协作事业为兴办方法”，以“提高人民底（的）自治力，为实现无政府社会之预备。”

1921 年春，他在《自由》杂志上发表《无政府主义与中国》一文，进一步阐述实行无政府主义以拯救中国的主张。5 月 1 日，陈独秀在《新青年》第 9 卷第 1 号《随感录》中对“中国式的无政府主义”提出了批评。5 月 10 日，施存统在《觉悟》副刊发表《经济组织与自由平等》一文，对郑太朴《无政府主义与中国》中的论点提出了批评，并写道：“我相信你是一个真正改造社会的朋友，所以很希望你为社会努力。”5 月 18 日，郑太朴在《觉悟》发表了《太朴答存统的信》，指出：“我是中国式的无政府主义者”，“我不相信某人底（的）主义、某人底（的）学说、某种政治组织，可生吞活剥地吃下去”；“我们意见虽有不同之处，但都是为社会，不是为私人利害”，“因此，我很希望你底（的）指教。”《民国日报》对此次论战给予了关注，该报主编邵力子还在附言中写道：“太朴和存统底（的）态度都是非常好的。”

6 月 27 日，郑太朴在《觉悟》发表《质陈独秀先生》一文，表示陈独秀“未免有些断章取义，但也希望先生有以教我，并希望大家共同讨论这件重要的事。”7 月 15 日，施存统在《觉悟》发表了《一封答复中国式无政府主义者的信》，请郑太朴详细阐明中国式无政府主义的具体内容，并解答 11 个疑问。17 日，郑太朴在《觉悟》发表《论中国式安那其主义答复亮》一文，表示“中国式的无政府主义，自然不能无经济组织，但这种组织，我敢说一定也是‘中国式’的，至于详细办法，我只好无以对”，“你说空洞，我亦承认”。由此可见，郑太朴在论战中受到了触动，并开始对受无政府主义思潮影响的某些观点进行反思和修正。

在不断的学习和讨论中，郑太朴对马克思主义思想和中国共产党的认识有了进一步提高。1922 年 1 月，湖南军阀赵恒惕杀害了曾深受无政府主义思潮影响、后转变为信仰马克思主义并加入中国社会主义青年团的黄爱、庞人铨二位爱国民主人士。2 月 12 日，郑太朴在《觉悟》发表《谈死》一文，对军阀的残暴表示了极大愤慨，对烈士的坚贞表示了由衷的敬佩，盛赞“他们终算合于死底（的）真正意义了。”其间，适逢苏联诗人、童话作家爱罗先珂（1899—1952）在中国讲学。爱罗先珂的观点虽然流露出空想社会主义思想，但也揭露和讽刺了资本主义制度。于是，郑太朴便将他在志民学校筹款义演大会上的讲话稿译成中文，并以《爱罗先珂口中的富人》为题在 2 月 13 日出版的《觉悟》上予以发表。

1922 年 5 月 5 日，为纪念马克思诞辰 104 周年，刚成立不久的中国共产党在上海组织了一场由张秋人担任主持的纪念会，郑太朴、陈望道、沈雁冰等分别发表了演说。此后不久，郑太朴加入了中国共产党。

二、钻研革命理论　拥护国共合作

1922 年秋，经北京大学校长蔡元培提名，郑太朴被派往德国留学。到德国后不久，郑太朴便翻译了英国麦开柏的《进化》（从星云到人类），并交由国内新时代丛书社出版。之后，他还陆续翻译了《数学全书》第一册《算术》、第二册《代数》、第三册《解析几何》（均由商务印书馆出版），并编写了百科小丛书《近代物理学一瞥》。1923 年，郑太朴来到德国中部仅有 4 万人口的小城市哥廷根，进入哥廷根大学学习数学。为了节省费用，他寄住在城郊特格来尔家一间农舍的阁楼上，而楼下就是饲养牛羊的场所，生活条件相当艰苦。

当时的德国社会正处于严重动荡之中，同时，社会主义思潮也在广泛传播。同属于中共旅德支部的郑太朴及朱德、孙炳文、房师亮、高语罕、邢西萍（徐冰）、阚尊民（刘鼎）等人除了将马克思和恩格斯的《共产党宣言》、恩格斯的《社会主义从空想到科学的发展》《马克思恩格斯通信集》、列宁的《帝国主义是资本主义的最高阶段》、梅林的《唯物史观》、布哈林的《共产主义 ABC》等著作作为必读书籍外，还在组织生活中学习中国共产党机关刊物《向导》周报及共产国际刊物《国际通讯》上登载的有关重要文章，并将“什么是社会主义？”“社会主义同资本主义有什么区别？”“社会主义制度的具体内容是什么？”“马克思主义的精髓是什么？”等问题作为集体讨论的内容，共同分析国际形势、各国革命运动的发展及与中国革命的关系，从而开阔了眼界，提高了理论水平。

青年时期的郑太朴

1924 年 1 月，中国国民党在广州召开第一次全国代表大会，孙中山重新解释了三民主义，并推行“联俄、联共、扶助农工”的三大政策。大会通过了中国共产党提出的中共党员和中国社会主义青年团团员以个人名义加入中国国民党的建议，宣布实行国共合作。随后，在中共旅欧支部的推动下，国民党驻欧组织进行了改组和整顿，郑太朴也根据党组织安排以个人名义加入了中国国民党，积极宣传和拥护中国的国民革命，并参加了反对国家主义派及国民党右派破坏国共合作的斗争。这一年，郑太朴还参加了朱德等人领导的对哥廷根留学生会的改组和华商夜校的筹设，并在爱罗先珂访问德国期间与高语罕一道陪同其走访了莱比锡盲人图书馆。

1925 年 3 月 12 日，孙中山在北京逝世，中华大地举国哀悼。在德国的国共两党组织联合举行了隆重的追悼活动。在柏林的中国留学生和爱国华侨也举行了大型追悼会，并于会后举行了由邓演达、朱德为领队的华人大游行。身居哥廷根的郑太朴特地赶到柏林参加了这场规模空前的政治活动。

5 月 30 日，上海发生了英国巡捕血腥镇压示威学生的五卅惨案。广大留德学生闻讯后表示了极大愤慨。朱德在党内生活中提出"应放下一切工作，全力以赴地投入这一活动"后，郑太朴立刻加入斗争行列，协助留德学生会组织学生包围并冲入中国驻德公使馆，迫使公使魏宸组在抗议书上签了名。

8 月 16 日，中国国民党驻欧总支部在巴黎召开第四次全体大会，郑太朴、陈齐等 7 人当选为总支执行委员，邓希贤（邓小平）等 3 人当选为监察委员。

三、参加北伐战争　推动国民革命

1926 年 7 月，北伐军在"打倒列强，除军阀"的雄壮口号声中正式出征。10 月，北伐军攻克武昌后，时任国民革命军总政治部主任邓演达将工作重点转向农民运动。从欧洲回国不久的郑太朴也来到总政治部工作，并担任武昌中山大学校务委员会常委。1927 年 3 月国民党召开二届三中全会后，邓演达兼任中国国民党中央农民部部长，郑太朴担任了农民部秘书，协助邓演达开展农民运动。

1927年蒋介石在上海发动四一二反革命政变后，时任中国共产党总书记陈独秀主张妥协和退让，不敢对反动派的进攻开展坚决的斗争，并处处迁就汪精卫。此后不久，汪精卫在武汉发动七一五反革命政变，第一次国共合作全面破裂，大革命宣告失败。为此，郑太朴不仅对蒋、汪背叛孙中山国共合作政策的行为深恶痛绝，也对陈独秀的右倾投降主义非常不满。在极度困惑之下，郑太朴脱离了中国共产党。之后，他来到同济大学担任德文补习科及附设中学的数学教员。

11月初，宋庆龄与邓演达、陈友仁在莫斯科发表《对中国及世界革命民众宣言》(即《莫斯科宣言》)，斥责蒋介石、汪精卫背叛革命的罪行，指出他们虽然打着中国国民党和孙中山三民主义的旗号，实际上已是"旧势力之化身，军阀之工具，民众之仇敌。""要成立中国国民党临时行动委员会，继续与新旧军阀作斗争，实现孙中山先生的革命三民主义。"

《莫斯科宣言》发表后，郑太朴与谭平山、章伯钧、季方等人给予了积极响应。谭平山认为，国民党的名声已被玷污，应该仿效孙中山在民国二年"毁党造党"的做法，成立中华革命党，恢复革命运动。他的意见得到了大家的认可。

1927年底，一批国民党左派人士和部分失去组织联系的共产党人陆续云集上海，准备筹建新党。1928年春，谭平山在上海主持召开中华革命党成立大会，决定党的主要工作是研究中国革命理论，恢复国民党左派组织，联络反蒋军队，开展反蒋活动；推选邓演达、谭平山、章伯钧、郑太朴、朱蕴山、季方、邓初民、张申府等为中央领导机构成员，由邓演达总负责(邓回国前暂由谭平山负责)。

6月，谭平山在上海主持召开中华革命党各地负责人会议，并通过了《中华革命党宣言》。《宣言》指出：中国现阶段的革命是反对国际帝国主义的民族革命和反对封建主义的土地革命，革命的前途是"超资本主义的"。中华革命党是劳动平民阶级的政党，是农民阶级的政党，是一切被压迫民众的政党，也是领导中国革命的政党。中华革命党的理论基础是"劳动平民阶级的三民主义"。

中华革命党的成立立刻遭到了国内反动派的激烈反对。蒋介石叫嚣“必尽全力以芟除之，决不任其危害社会之生活，民族之生存，国民之生计，群众之生命。”汪精卫集团则指责中华革命党“以本党（即国民党）的躯壳贮共产党的灵魂”，是“共产党的末枝”。他们声称要“根本反对第三党之存在”，“批评其与本党不相容之主张”，并“诱善其觉悟的分子”。

8 月，借爱国僧人太虚法师邀请郑太朴作为翻译陪同出访欧美之机，谭平山委托郑太朴向在德国的邓演达汇报已在国内建立新党的情况，并请邓演达早日回国主持工作。太虚法师一行于 8 月 31 日离沪，途经西贡、新加坡、埃及等地，先后在法、英、比、德、美等国讲学，并于 1929 年 4 月 19 日返回上海。到达德国后，郑太朴向邓演达详细汇报了建立中华革命党的情况，并转达了同志们盼望他早日回国主持政党、领导革命的愿望。邓演达表示，革命的责任不容卸责，会尽快择机返回国内与同志们共同奋斗。在柏林期间，郑太朴还曾与万灿、詹显哲、谢树英等人一同共商救国大计。

1930 年 5 月，邓演达从海外秘密回到上海，并主动联系中国共产党商谈联合反蒋事宜。但因受当时中共中央“左”倾关门主义思想的影响，邓演达的倡议遭到拒绝。遭受挫折后，邓演达便与季方、郑太朴等人继续推动新党建设工作。在党的名称问题上，邓演达认为，“国民革命的任务尚未完成，孙中山先生的主张毫未实现，当务之急的反蒋运动，需要利用一切可以利用的力量”；举起国民党临时行动委员会这面旗帜，有利于团结“受过国民革命思想的熏陶”和“不满于蒋介石统治”的人。邓演达的意见获得了大多数同志的赞同，中华革命党因此更名为中国国民党临时行动委员会（史称第三党，今中国农工民主党前身）。经过邓演达、郑太朴等几个月的努力，中国国民党临时行动委员会陆续在全国的 11 省 3 市建立了地方组织。

同年 8 月 9 日，中国国民党临时行动委员会在上海萨坡赛路（今淡水路）召开第一次全国干部会议，章伯钧、季方、郑太朴、李世璋等原中华革命党中央领导机构部分成员及 10 个省市的代表出席会议。邓演达主持会议并宣读

中国国民党临时行动委员会第一次全国干部会议旧址

了《我们的信条》，明确中国国民党临时行动委员会的“哲学观点是历史唯物主义”“事业是继续孙中山的革命”“任务是实现中国平民革命，解放全中国，向社会主义大道前进”，并“采取民主集中制的组织原则”。会议一致通过了由邓演达起草的纲领性文件《中国国民党临时行动委员会政治主张》，选举邓演达、黄琪翔、章伯钧、郑太朴、季方等30余人为中央干事会干事。在此后的中央干事会会议上，邓演达当选总干事，郑太朴、章伯钧、黄琪翔、季方、李世璋分别当选中央组织、宣传、训练（后改为军事）、财务、青年工作等委员会主任。

中国国民党临时行动委员会中央机构建立以后，随即在上海、南京、北平等地组建了地方组织机构。郑太朴、罗任一等人组成了上海干事会领导机构。

四、潜心教育事业　坚持反蒋斗争

1931 年上半年，中国国民党临时行动委员会开展的各项工作已具有一定的社会影响力，并因此引起国民党的警觉。为此，蒋介石委派王柏龄赴上海与淞沪警备司令熊式辉合谋铲除该组织，并悬赏 30 万元缉捕邓演达。

8 月中旬，中国国民党临时行动委员会在上海举办干部训练班，中央领导机构成员分别就政治、经济、党务、民运和土地问题等为干训班学员作专题报告。8 月 17 日下午，邓演达出席干训班结业典礼并作政治报告。其间，因叛徒陈敬斋告密，大批国民党特务和公共租界巡捕冲入位于愚园路愚园坊 20 号的会场，邓演达等 11 人当即遭到逮捕。当天晚上，郑太朴也在麦根路（今康定东路）的寓所内被敌人逮捕。

8 月 21 日，邓演达被单独押解到南京，并被关押在位于羊皮巷的军法司"优待室"内。9 月 15 日，郑太朴和其他被捕人员被押解至南京的军法司临时监狱。11 月 29 日深夜，蒋介石的侍卫长王世和奉密令将邓演达残酷杀害于南京麒麟门外的沙子岗。1932 年 1 月 16 日，在宋庆龄、冯玉祥等人的斡旋下，已被判处死刑的郑太朴等 12 名中国国民党临时行动委员会的领导骨干获释出狱。

因留学回国后陆续出版了《从代数到微积》《平面解析几何》《科学概论》等著作和《几何及代数之基本》《数论尺规作图及周率》等译著，尤其是 1931 年翻译出版了牛顿巨著《自然哲学的数学原理》，在业界早已拥有极高的声望和影响力，出狱后的郑太朴应时任同济大学校长赵士卿之邀来校担任数学教授，从事教学和写作工作。其间，郑太朴还参加了由宋庆龄、蔡元培、杨杏佛等发起成立的"中国民权保障同盟筹备会"，反对国民党反动派的黑暗统治。

1934 年初，郑太朴受聘担任商务印书馆编译，后迁居杭州，以西湖边的秋瑾烈士祠陶社为寓所，专心读书和著作。浙江省立医专校长闻讯后专程登门拜访，并聘请他兼任该校数理和德语教授。

1937年7月全面抗战爆发后，郑太朴更加关注着时局的变化和民族的命运。他认为，“蒋介石居心不可测，抗战无诚意，表面虽和共产党合作，实际却要利用强敌的凶焰，摧毁共军的主力。幸而战胜，则共军损折殆尽，国军坐邀大功，等到相当时期，便以完整的国军，回戈剿共，事半而功倍，计出万全；不幸而败，则共军为罪魁祸首，藉词讨伐，师出有名。”

12月下旬，在日寇占领杭州前夕，郑太朴应军长叶挺的邀请来到位于江西南昌的新四军军部，不久后便赴云南澄江的中山大学任教。

1939年10月，郑太朴从澄江来到昆明，并再次在已迁至昆明的同济大学担任数学教授。在教学过程中，郑太朴采用由浅入深的启发式教学方式讲授课程内容，非常易于学生理解，故学生们很愿意听他上的课。他还经常和进步同学交谈，宣传进步思想，谴责蒋介石叛变革命、杀害邓演达等的罪恶行径。

1940年底同济大学由昆明迁入四川李庄、宜宾后，郑太朴被推举为教务长，并

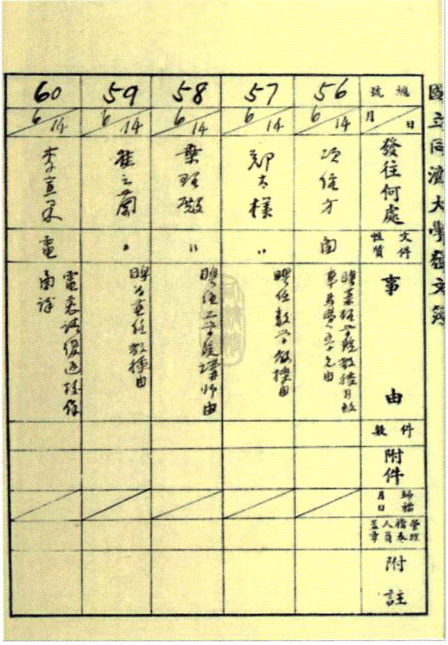

1939年的《国立同济大学发文簿》中聘任郑太朴为数学教授的发文记录

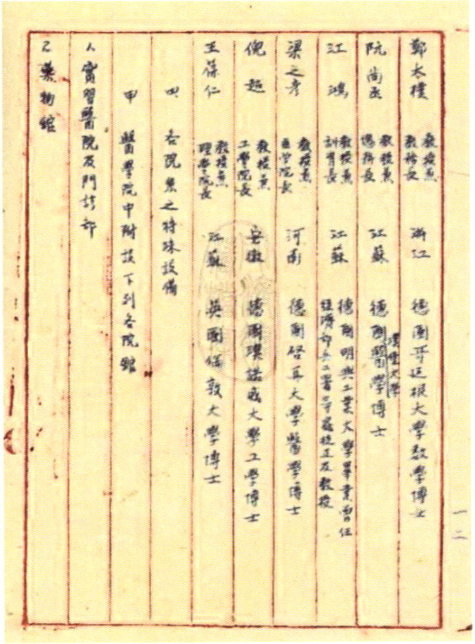

《同济大学概况》（1947年）中的1940年度“重要教职员姓名及履历表”

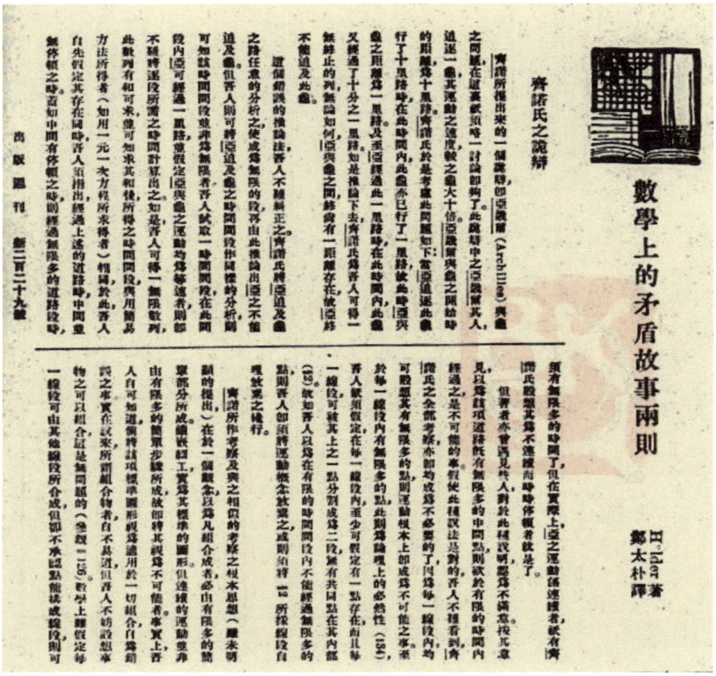

數學上的矛盾故事兩則

Hölder著
鄭太朴譯

齊諾氏之詭辯

齊諾所提出來的一個詭辯即亞契留（Archilles）與龜之問題，在這裏祇須略一討論即夠了。此詭辯中之亞契留其人，追逐一龜，其運動之速度較之龜大十倍。亞契留與龜之間始時的距離爲十里路，齊諾氏於是考慮此問題如下：當亞追逐此龜行了十里路時，在此時間內此龜亦已行了一里路，彼此時亞與龜之距離爲一里路。及至亞經過此一里路時，在此時間內，此龜又經過了十分之一里路。如是推論下去，齊諾氏爲吾人可得一無終止的列，無論如何，亞與龜之間，終留有一距離存在，故亞終不能追及此龜。

這個錯誤的推論法，吾人不難糾正之。齊諾氏將亞追及龜之路任意的分析之，使成爲無限的段，再由此推論出亞之不能追及龜。但吾人則可將亞追及龜之時間間段作同樣的分析，則可知該時間間段並非爲無限者。吾人試取一時間間段，在此間段內亞可經過一里路，並假定亞與龜之運動均爲等速者，則卽不難將這段所需之時間計算出之。如是吾人可得一無限數列，此數列有和可求，並可知求其和使所得之時間間段與用簡易方法所得者（如用一元一次方程所求得者）相同。於此，吾人自先假定其存在同時吾人須指出經過上述的道路時，中間並無停頓之時，若如中間有停頓之時則經過無限多的道路段時，須有無限多的時間了，但在實際上，亞之運動係連續者，祇有齊諾氏假想其爲不連續而時時停頓者就是了。

但讀者亦曾遇見些人，對於此種說明，認爲不滿意，按其意見，以爲該項道路既有無限多的中間點，則欲於有限的時間內經過之，是不可能的事，假使此種說法是對的，吾人不難看到，齊諾氏之全部考慮亦即均成爲不必要的了，因爲每一線段內均可假想其有無限多的點，則運動根本上即成爲不可能之事。於每一線段內有無限多的點，此則爲論理上的必然性（154），吾人祇須假定在每一線段內至少可假定有一點存在，而且每一線段可被其上之一點分割成爲二段，其有共同點在其內部（92）。故如吾人以爲在有限的時間間段內不能經過無限多的點，則吾人卽須將運動概念放棄之，或則須將[illegible]所採線段自明放棄之纔行。

齊諾所作考慮及與之相似的考慮之根本思想（雖未明顯的提出）在於一個觀念，以爲凡組合成者必由有限多的簡單部分所成，譬如鐵絲工實爲其標準的圖形，但連續的運動並非由有限多的簡單步驟所成，故卽將其視爲不可能者。事實上吾人自可知道，倘將該項標準圖形視爲適用於一切組合，自爲錯誤之事。實在說來，所謂組合物者，自不易道，但吾人不妨設想事物之可以組合，是無問題的（參閱226）。數學上雖假定每一線段可由其他線段所合成，但卻不承認點能構成線段，則可

出版週刊　新二百三十九號

郑太朴在《出版周刊》第 239 号上发表的译作“数学上的矛盾故事两则”

襄助校长周均时维持校务。他非常关心学生的学习和生活，经常与学生们促膝谈心，鼓励大家勤奋学习，为抗日救国和建设国家增长才干。其间，已 40 有余仍单身一人的郑太朴住在李庄麻柳坪一间阴暗潮湿的西向平房内，平时的穿着也是从旧货摊上买来的一件深灰色长衫和有补丁的长裤，生活十分清苦。

1942 年 2 月，丁文渊接任同济大学校长。丁文渊为同济医科早期毕业生，曾赴德国留学和工作。执掌同济后，他宣扬希特勒统治下的“德式自由”，忠实执行国民党的反动政策，大搞独断专行，严密监控师生言论，采取高压手段压制进步思想，漠不关心师生疾苦，还经常训斥、谩骂进步教师。为了表达对丁文渊言行的抗议，郑太朴愤然辞去了教务长之职。丁文渊遂将郑太朴视为“眼中钉”，两次迫令他离开同济大学。为此，工学院广大学生发起签名运动，坚持挽留这位学识渊博、德高望重、深受广大师生敬重的教授。在忍无可忍的情况下，郑太朴与 20 多位教授于 1943 年下半年联名上书国民党政府教育部，强烈要求撤换校长。1944 年 7 月，丁文渊在各方声讨中及压力下被迫辞职。

五、反对内战独裁　期望“叶落归根”

1944 年 8 月，郑太朴离开同济大学，来到由上海迁至重庆九龙坡的交通大学任数学教授。8 月 15 日日本宣布无条件投降后，郑太朴随交大师生于 10 月乘船离开重庆，并于 11 月底抵达上海。

1946 年 4 月，中国民主建国会总会从重庆迁到上海。此后，郑太朴成为该会常务理事。在中国共产党争取和平民主、反对内战独裁的方针推动下，民建参与了反对美帝国主义扶蒋反共、反对内战争取和平民主的运动，郑太朴也积极参与其中。1947 年初，针对蒋介石召开“国大”及推行的专制独裁统治，由郑太朴、黄炎培、胡厥文等组成的民建常务理事会讨论通过了《反对国民党召开国大通过宪法的决议》，严正声明不承认所谓的“国大”和“宪法”，公开宣布站在人民的一边，誓与中共一起奋斗到底。2 月 9 日，国民党反动派制造了杀害永安公司职工梁仁达并致 13 人重伤、数十人轻伤的“二・九”惨案，郑太朴参加了随后在中共地下党领导下成立的“二・九”惨案后援会的相关工作。

在交大任职期间，郑太朴不仅关心和支持爱国学生运动，协助学生团体邀请马寅初、施复亮、雷洁琼等民主人士到校讲演，还不辞辛劳地向工商界民主人士募款，努力从经济上资助学生运动。1947 年国民党政府制造“五・二零”血案后的第二天，郑太朴与柳亚子、谭平山、许广平等 17 人立即在上海举行座谈会，痛斥国民党的暴行，严正指出国民党政府颁布的所谓“维持社会秩序临时办法”是违法的，并盛赞“学生行为值得敬爱！”同年 7 月，在国民党政府的指使下，郑太朴被交大当局解聘。

离开交大后，郑太朴居住在其学生翟立林家（位于愚园路蝶村）的一个亭子间里。同年 8 月，经马寅初推荐，郑太朴来到中华工商专科学校担任数学教授，并主持该校设在朱葆三路（现名溪口路）的分部的工作。其间，他依然认真教学，并继续关心和支持爱国学生运动。他认为：“革命胜利了，科学才能真正做到替人民服务；否则，科学的成果，往往属于反动派。今天我们只有一个目标，那就是集中力量打垮反动派。”

1948年5月，郑太朴积极开展多方筹款，支持上海市学联在交大举办“五·二零”运动一周年的纪念活动。6月5日，郑太朴还与中华工商专科学校的进步学生一道参加了上海的反美示威大游行，并曾与学生一起遭国民党军警围困，幸经友人王雪莹接应而脱险。针对此后反动派的疯狂搜捕，为了保护进步学生，郑太朴冒着危险多次将他们隐藏在王雪莹家中，并在设法获得“通行证”后资助他们转移至解放区。

返回上海后，郑太朴曾与郭沫若、茅盾、马寅初等24人发起成立全国学术工作者协会，后又参加了由沈体兰、张志让、蔡尚思等发起、在中共领导下的进步教授组织“上海大学教授联谊会”（简称大教联），致力于团结广大学术界人士，拥护中国共产党的正确主张，揭露和批判反动派的倒行逆施。1948年，经民主选举，郑太朴分别当选大教联干事会干事和大教联附设的文化研究所常委。在上海工作期间，郑太朴还一直与中共地下党组织保持联系，并多次检讨自己当年的脱党错误，希望能够恢复党籍，“叶落归根”。

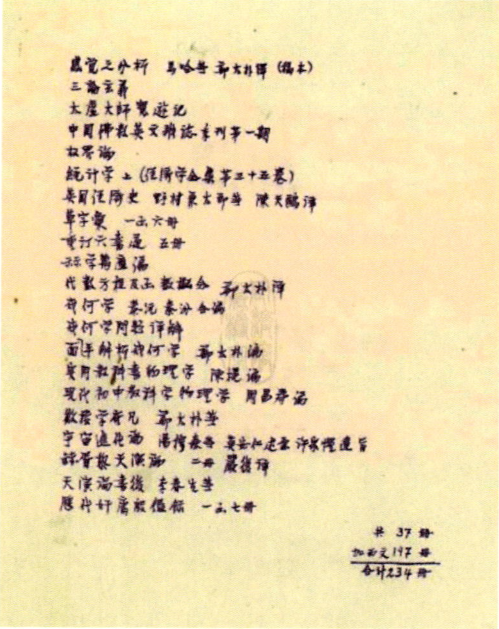
感觉之分析 马哈著 郑太朴译（稿本）
三论玄义
太虚大师寰游记
中国佛教英文杂志季刊第一期
统计学 上（经济学全集第三十五卷）
英国经济史 野村兼太郎著 陈大鹏译
草字汇 一函六册
代数方程及函数概念 郑太朴译
几何学问题详解
平面解析几何学 郑太朴编
现代初中教科书物理学 周昌寿编
共37册
加西文197册
合计234册

1953年，郑太朴教授亲属赠送给同济大学的图书目录

1948年上半年，中共中央发布纪念五一国际劳动节口号，提出“打到南京去，活捉蒋介石”，号召“各民主党派、各人民团体、各社会贤达迅速召开政治协商会议，并实现召集人民代表会议，成立民主联合政府”。郑太朴与在沪的民建常务理事们秘密集会，一致拥护中共中央关于召开政协会议的号召。此后，已任商务印书馆

1950 年 1 月 22 日在上海陕西北路 186 号举行的郑太朴追悼会

编审部部长的郑太朴还先后聘请了几十位进步教授和专家担任特约编辑，准备在上海解放后为发展新中国的出版事业大展身手。

1949 年 1 月 18 日，在中共上海地下组织的安排下，已收到参加政治协商会议邀请函的郑太朴随商务印书馆经理谢仁冰乘船赴广州、香港视察有关分支机构，并计划借机秘密转往北方参会。航行途中，积劳成疾的郑太朴于 19 日晚突患脑溢血跌倒在扶梯上。船只于 20 日靠岸后，郑太朴被立即送往香港东华医院，但终因抢救无效与世长辞。

噩耗传到上海后，郑太朴生前的朋友、学生无不悲痛万分。上海解放后，同济、交大、中华工商等三校的 454 名学生联名发起并筹备追悼会。1950 年 1 月 22 日，上海各界人士隆重举行郑太朴同志追悼会，马寅初、盛丕华、胡厥文、俞寰澄等出席，黄炎培、柳亚子、谭平山等发表悼词，李平心等发表悼文。黄炎培在悼词中指出：“以先生待人之厚，赴义之勇，处事之精实，而又天资超卓，学力过人，朋辈中竟罕其匹。东方将明，哲人遽萎，百身何可赎耶？用书哀感，以永怀思。”1950 年 2 月，上海市人民政府追认郑太朴为革命烈士。

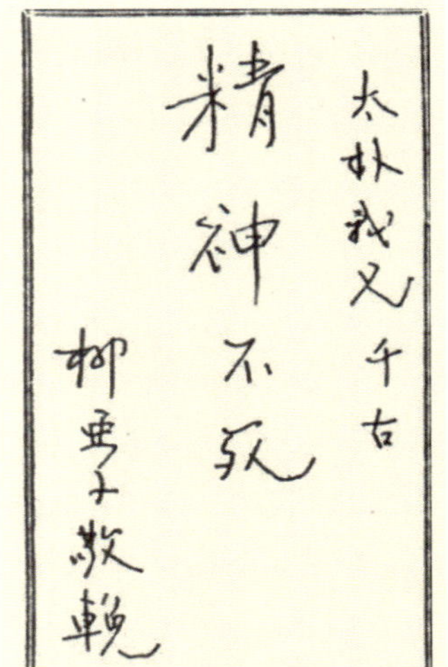

1950 年 1 月，柳亚子悼郑太朴的挽词

周均时：为民族解放事业不懈奋斗的教育家*

"我国贫弱，工业不振，
宜多设工厂以裕民生，多办学校广育人才！"
这是周均时的强国图存之道
也是他一生的事业和抱负
他是创实业谋救国的实干家
求学兵工科技，立志实业兴邦
致力经济发展，支援抗战军工
为改变贫穷落后状况尽心竭力
他是办教育促发展的教育家
潜心教育事业，引领同济发展
传播民主思想，塑造革命青年
为培育国家栋梁之才殚精竭虑
他是争民主反独裁的革命家
伸张民主正义，维护人民利益
加入民革组织，投身反蒋抗争
为推动民族解放事业奋不顾身

铭记同济英烈
让我们缅怀革命先烈周均时
感悟这位革命教育家的爱国和担当

* 原文名："为革命英勇献身的教育家——周均时烈士传略"，陈种美、郝敏真、屠听泉著，有删改。

周均时（1891—1949），四川遂宁人。曾在中国公学、上海高等实业学堂、吴淞商船学校学习。1913 年和 1922 年两度赴德国柏林工科大学留学。回国后曾创办中欧贸易公司。1927 年起，先后在暨南大学、中央大学、重庆大学等高校任教。抗战和解放战争时期，曾任同济大学校长、吴淞商船专科学校校长。抗战胜利后加入中国国民党革命委员会，参加争取民主、反对独裁的斗争。1949 年 8 月遭国民党军统逮捕，被囚于重庆中美合作所“白公馆”。同年 11 月 27 日英勇殉难，时年 58 岁。

一、办实业谋救国　尽心竭力

周均时，原名烈忠，字君适，1891 年 11 月 8 日出生于四川遂宁的一个商人家庭。父亲周汇山曾任聚兴诚银行上海分行经理。周均时幼年时即跟随父亲离开家乡移居重庆，十二三岁进入重庆正蒙公塾，1906 年随父来沪后就读于上海中国公学英语科，1910 年考入邮传部上海高等实业学堂船政科（1911 年 8 月更名为吴淞商船学校）。就读期间，他的学习成绩一直名列前茅。进入上海高等实业学堂后，他曾担任学校足球队边锋，球艺过人；毕业实习时，他出色地完成了学校委派其驾驶“保民轮”驶往青岛港的任务，从而取得船长资格，开创了华人学生充任轮船船长的先例。为此，英籍航海专家奥斯汀教授曾称赞他是难得的人才。

早在正蒙公塾就读时，周均时便已受到同盟会会员杨沧白等老师反帝爱国思想的启蒙。在此后的学习过程中，目睹帝国主义、封建主义对中国人民的奴役和国家的凌弱落败、百姓的悲惨境遇，周均时逐步建立了自己的理想，立志要“实业救国”，通过发展实业改变中国贫穷落后的面貌。1913 年，从吴淞商船学校毕业不久的周均时通过了由成都稽勋局组织的留学生资格考试，赴德国柏林工科大学深造。留学期间，他勤奋学习力学、弹道学等理论，关注和学习德国的兵工科技和组织管理，并主动关心和资助经济上出现困难的朱家骅等中国同学，帮助他们渡过难关。当遇少数外国人歧视中国留学生时，他便会挺身而出与之据理而争。他说："吾理足而不争，岂不弃人权！若理不足妄欲求胜，徒自辱耳。"

1920 年秋，周均时学成回国。当年冬天，他从上海来到重庆，与董鸿书结为伉俪。落户重庆后，根据巴蜀交通闭塞、新兴产业不发达等现状，周均时向分掌四川军政大权的熊克武、杨沧白提出了大力兴办地方实业、"以科学振兴经济"的建议，并得到两人采纳。1922 年秋，四川省政府计划在川内开办工厂，并委派周均时专程赴西欧考察。考察期间，因熊克武与杨沧白失和导致川局突变，原定的办厂计划被迫流产。于是，滞留德国的周均时再次考入柏林工业大学，师从冯劳厄（von Laue）教授学习和研究相对论理论，并曾聆听爱因斯坦的演讲。

1924 年，周均时回到国内。为了拓展中欧贸易往来，推动工业发展，他与友人在上海合作创办了中欧贸易公司，代理销售德国、奥地利、瑞士等 50 余家工厂的机械设备。朱家骅得知后曾劝他从政，但他认为："我国贫弱，工业不振，宜多设工厂以裕民生，多办学校广育人才。"按照周均时的设想，公司采取直销的销售模式，以减少外商和洋行的层层盘剥，从而给国内厂商带来最大的实惠。然而，由于当时内战频繁、民不聊生，加之社会上迷信洋行的积习已深，除磨面、造纸等小型设备有一定售出外，公司销售的各类大型设备均无人问津，以至于公司仅经营了不到两年便被迫停业。不久后，周均时又在重庆开办了"巴山冰厂"，并经多年努力使其成为重庆市最大的冷冻企业。

1931 年九一八事变后，全国掀起了规模空前的抗日救亡运动。受急剧变化的形势影响，为扩充军队规模、改进武器装备以巩固势力和地位，川军首领刘

周均时与夫人董希墨（鸿书）携女周遂良、子周遂初的合影

湘便开办了一家工业试验所（实为小型兵工厂），聘任周均时为试验所所长兼武器修理所技术指导。当有人为此对周均时提出疑问时，他回答说："我之所以要接受这两项任务，并非不知道刘湘过去在四川打内战，残害了不少善良人民，可是全国人民现已同是处在大敌当前、困难深重的危险境地，非上下一心，团结对外，无以图存。我能为该部急需的枪炮弹药贡献一点科技才智，意在促使刘湘能焕发爱国热忱，顺应民心，团结军民，共赴国难。"在周均时的指导和帮助下，川军的武器装备有了较大改善，也为日后川军出川抗战奠定了一定基础。全面抗战爆发后，主持国民政府兵工署工作的俞大维曾欲聘请周均时至重庆兵工署担任高级技术员，但周均时未予接受，而是留在了装备生产一线继续为抗战贡献才智。

二、办教育促发展　弹精竭虑

1927年6月，周均时受聘担任暨南大学高等物理学与数学教授。因学识渊博、教学严谨且授课时深入浅出，周均时的课程很受学生的欢迎。

1928年5月，受校长张乃燕邀请，周均时来到中央大学担任数学教授。时任数学系主任的何鲁教授曾赞许道，周均时所选用的教材“足为典范，敷讲有如连珠，一时盛况空前，亲教之助教学生，后多成为名教授。”其日常“行住坐卧，均以高深数理之书相随，未尝不终卷，未尝不演算，未尝不正误。”虽然学术精湛，但周均时从不摆专家学者架子，对学生的提问总是有问必答，耐心解答，直至学生完全理解教学内容为止。

1932年，周均时受聘担任重庆大学物理系主任。在讲授高等物理学课程时，他以风趣的语言、浅显易懂的渐进式教学方式讲授弹道学、兵器制造和射击技术方面的知识，既提高了学生听课的兴趣，也使学生在高深的科学原理学习中一次次豁然开朗，更加容易理解和掌握所学知识。他还曾以弹簧在拉力作用下会增加一定长度为比喻，鼓励学生要努力学好知识，并融会贯通加以创新。

八一三事变后，同济大学辗转内迁，并于1938年底迁至昆明。1940年7月，同济大学校长赵士卿辞职。鉴于周均时留德多年，且在国内科技学术界已享有盛誉，经国民政府教育部部长朱家骅推荐，周均时被任命为同济大学校长。上任后，周均时立即结合学校面临的校舍分散、经费不足、设备短缺、物价飞涨、师生待遇较低等问题做出了及时改进和部署：一是整顿校风，提倡合作精神，并慎重聘任各院系负责人；二是尽力改善教授待遇，狠刹兼职之风，促进教材的编写；三是加强德文教学，增加学生的实习机会，改善学生的学习、生活条件；四是充实教学设备，组织力量抢修工具机和各类实习器材，并移用庚子赔款订造机器设备、添购附设医院所需材料和药品。他还指出，“同济”一直是国内唯一采用德语教学的实科大学，负有中德文化沟通桥梁的使命，纵然有各种困难，仍应吸纳德国学术的优势，不断为国家培养有用人才。

1940年秋，日本军机开始对昆明实行疲劳性轰炸，学校也有学生在轰炸中遇难。为了保证师生安全，学校决定再次迁校。经过多方努力，在校友钱子宁的牵线和李庄乡绅罗南陔的积极协助下，学校决定迁往四川省南溪县李庄镇（今属宜宾市翠屏区）和宜宾县（今宜宾市）。考虑到时局和交通状况，周均时提出了分期迁校方案，并得到了学校各部门的认可和国民政府教育部的批准。1940年10月，同济大学开始迁往四川。

到达李庄、宜宾后，周均时首先会同总务长安排好师生的住宿与日常生活，随后便与教务长郑太朴教授一道将主要精力集中在联系各系科师生、研究教学规划、考察教学情况、添聘专家讲课等教学安排上，保证了教学秩序的快速恢复。由于师资力量出现暂时短缺，他本人还承担了高等数学的教学任务。

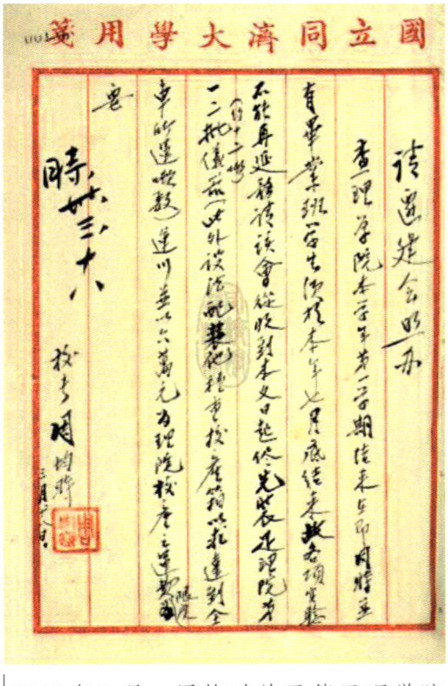
國立同濟大學用箋

1941年3月，周均时关于催运理学院实验仪器的批示

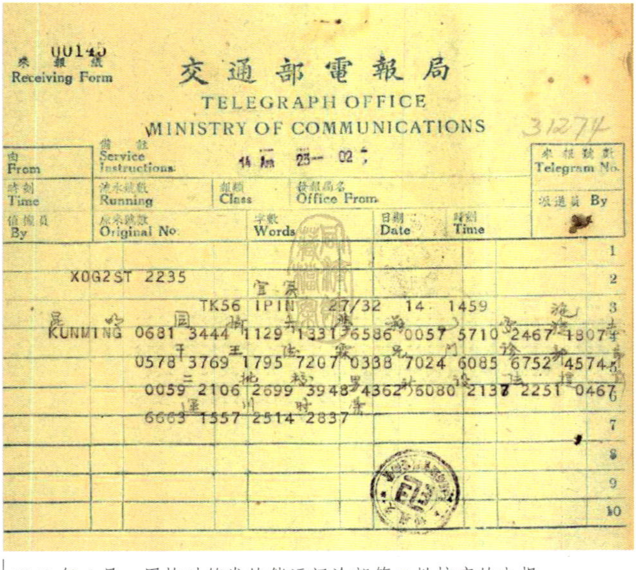
交通部電報局
TELEGRAPH OFFICE
MINISTRY OF COMMUNICATIONS

XOG2ST 2235
TK56 IPIN 27/32 14 1459
KUNMING 0681 3444 1129 1331 6586 0057 5710 2467 1807
0578 3769 1795 7207 0338 7024 6085 6752 4574
0059 2106 2699 3948 4362 6080 2137 2251 0467
6663 1557 2514 2837

1942年4月，周均时签发的催运门诊部第二批校产的电报

1941 年冬，因教育部未及时拨款，学校财政面临巨大压力，教职员工工资和学生助学金也被拖欠。为此，学校虽多次发电催款，但国民政府教育部总是一再拖延。其间，周均时还曾亲赴重庆，向国民政府教育部争取及时拨款和追加办学经费。由于工资和助学金无法按时发放，加之物价飞涨等因素，师生的不满情绪逐渐增加。此时，校内的“C·C”派学生也趁机煽动情绪，并以立即发放助学金、改善学生生活为由制造事端，不断向周均时施加压力。无奈之下，性情耿直的周均时于 1942 年 2 月辞去了校长职务。

1944 年，中国公学的师生要求尽快在重庆复校。身为中国公学校友的周均时积极协助母校开展寻找校舍、筹措经费、延聘师资、组织招生等工作，后受聘担任该校董事长。同年，在中共南方局的领导下，周均时还与重庆进步人士税西恒在江北盘溪开办了蜀都中学，周均时兼任学校董事长，税西恒任校长。蜀都中学注重用新民主主义思想教育和影响学生，校内进步思想浓郁，故很快成为重庆爱国民主运动的堡垒。该校同时也是中共地下党活动的一个据点，在进步思想的引领下，一大批青年学生由此走上了革命道路。

周均时与妻子、女儿的合影

1946 年 2 月，国民政府教育部决定恢复八一三事变中被日军炸毁的吴淞商船学校，并定名为“国立吴淞商船专科学校”。再次出任教育部部长的朱家骅委派周均时担任校长，并负责筹备复校事宜。

从事教育工作期间，周均时翻译出版了德国学者韦斯特法尔（W.H.Westphal）著的《高等物理学》，编著了《弹道学》，其书籍还曾被京、沪、渝各大学选作教材。

三、争民主反独裁　奋不顾身

全面抗战爆发后，中国军队相继取得平型关战役和台儿庄战役大捷，周均时因此看到了国共两党真诚合作、团结战胜日本帝国主义的重大意义。而此后，蒋介石开始推行消极抗战的政策，周均时便抨击道：“彼非真能抗战者，特借抗战以遂其领袖欲，不学无术，刚愎自用，任用私人，排除异己，以造成个人势力。推其用心，国家可亡，民族可灭，而其权力则不可失。训练百万大军，蓄无数量特工为其爪牙，民将无噍类矣！”抗战期间，周均时积极参加抗日宣传活动，常冒着危险发表讲演，深受爱国人士和进步师生拥戴。

抗战胜利后，广大人民迫切希望建立一个和平、民主、独立富强的新中国。国共两党签署“双十协定”后，国内要求和平与民主的浪潮日见高涨。迫于形势压力，国民政府公布了参议会组织条例和参议员选举条例。在重庆文教界人士的支持下，周均时参加了竞选并当选为重庆市参议员。当选后，周均时多次利用参议员身份伸张正义。因亲眼所见重庆市军警宪特的横行无忌，周均

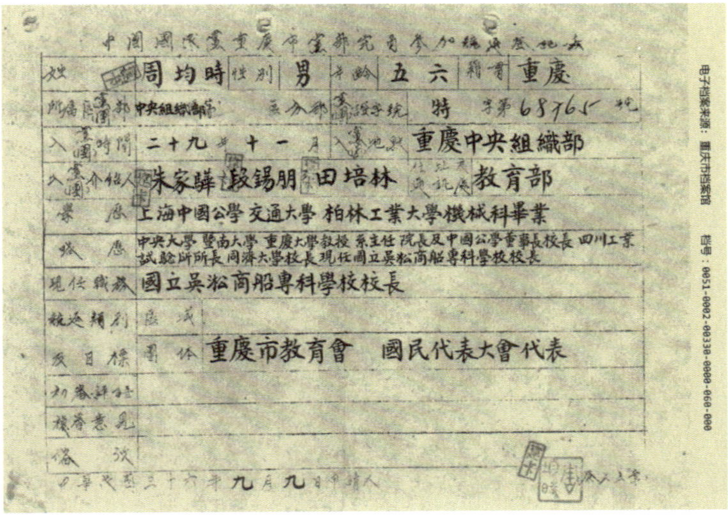

中國國民黨重慶市黨部黨員參加競選登記表

姓名	周均時	性別	男	年齡	五六	籍貫	重慶
所屬區黨部	中央組織部			黨證字號	特字第68765號		
入黨時間	二十九年十一月			入黨地點	重慶中央組織部		
入黨介紹人	朱家驊 段錫朋 田培林				教育部		
學歷	上海中國公學 交通大學 柏林工業大學機械科畢業						
經歷	中央大學 暨南大學 重慶大學教授 系主任 院長及中國公學董事長校長 四川工業試驗所所長 同濟大學校長 現任國立吳淞商船專科學校校長						
現任職務	國立吳淞商船專科學校校長						
競選類別	區域						
及目標	團體	重慶市教育會 國民代表大會代表					
初審評語							
複審意見							
備考							

中華民國三十六年九月九日申請人

电子档案来源：重庆市档案馆　档号：0051-0002-00330-0000-060-000

周均时的“中国国民党重庆市党部党员参加竞选登记表”

周均时与友人的合影

时便在 1946 年 2 月召开的市参议会第一次会议上提出了组建“人身自由保障委员会”以保障市民基本人权的建议，并得到了胡子昂等进步参议员的支持。此后不久，重庆化龙桥地区警察分局局长杨安中因区保干事未向其敬礼而与之产生纠纷，冲突中杨安中开枪并致街上行人熊生渠死亡，激起市民公愤。为此，周均时大声疾呼，要求惩办凶手以平民愤，并最终迫使政府当局将杨安中撤职法办。

1948 年，周均时加入中国国民党革命委员会，担任民革重庆地区负责人之一。1948 年冬，周均时、何鲁、税西恒及重庆市私立大专、中等学校的四五十名进步教师与大公、新民、世界三家报社的负责人共同召开了应变问题座谈会。会议期间，何鲁、陈豹隐等发表讲话，批评国民党的反动政策，部分青年教师也痛斥文教当局以驻兵为借口强占学校、乱收学费及压制学生校外活动等种种暴行。最后，大家一致推举周均时等人组成了“文教界应变联谊会”。该会的成立对推动重庆文教界的爱国民主运动起到了一定的促进作用。

1949 年，即将灭亡的国民党反动政府更加疯狂地镇压共产党人和革命志士。此前，周均时的公开活动早已引起国民党当局的注意，只因尚无确凿证据

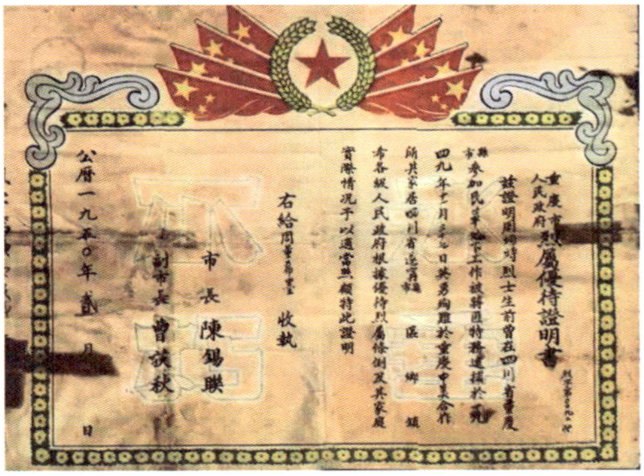

重庆市人民政府 烈属优待证明书

兹证明周均时烈士生前曾在四川省重庆市参加民革地下工作被蒋匪特务逮捕于一九四九年十一月二十七日英勇殉难于重庆中美合作所

其家居四川省 区 乡 镇

希各级人民政府根据优待烈属条例及其家庭实际情况予以适当照顾特此证明

右给周董希墨 收执

市长 陈锡联

副市长 曹荻秋

公历一九五〇年贰月 日

1950 年 2 月，重庆市人民政府颁发的“烈属优待证明书”

同济大学学生运动纪念园内的周均时烈士浮雕

并碍于他的声望暂时不便逮捕。在白色恐怖面前，周均时非但没有退却，反而积极地加入民族解放的斗争行列之中。1949 年夏，他参加了以杨杰为首的“七人小组时局讨论会”，制定了“保川拒蒋，迎接解放”方针，并着手承担对国民党地方部队策反的工作。

1949 年 8 月 24 日，因民革内部“奸细”告密，周均时在重庆被捕，后被囚于重庆中美特种技术合作所“白公馆”监狱。在狱中，周均时不仅痛斥了特务的暴行，还拒绝承诺不再参加民革活动。他曾对青年难友周居正说：“居正，你是一个青年，前途是无限量的。时代的巨轮是前进不已的，科学的发达是日新月异的。你们的头脑，一点也不能顽固，才能接受新知识。”其间，朱家骅等曾提出保释周均时，但未获蒋介石批准。1949 年 11 月 27 日夜，周均时被国民党反动派残忍地杀害于歌乐山松林坡，时年 58 岁。

1950 年 2 月，重庆市人民政府向周均时烈士遗孀董希墨颁发了“烈属优待证明书”。2018 年 1 月 19 日，同济大学在学生运动纪念园内举行了周均时烈士浮雕揭幕仪式。

阎镇家：面对险途无所畏惧的铮铮学子*

“我要面向东方而死！”
这是阎镇家宁死不屈的呐喊
也是他信仰高于生命的执着
他踊跃投身解放事业
反对内战独裁，宣传爱国民主
关心国家命运，投身解放事业
为民主自由燃烧青春
他誓死保卫新生政权
毅然放弃学业，报名奔赴西南
请缨征粮一线，深入偏远山区
为国家富强奔走驱驰
他明知艰险义无反顾
无惧猖獗土匪，镇定坚持工作
凛然面对生死，坚守革命气节
为人民幸福鞠躬尽瘁

铭记同济英烈
让我们缅怀革命先烈阎镇家
感悟这位铮铮学子的勇敢铁骨和爱国柔情

* 原文名：“‘我要面向东方而死’——阎镇家烈士传略”，顾自豪著，有删改。

阎镇家（1924—1950），甘肃陇西人。1947年考入同济大学法律系。他谦逊好学，追求进步，待人诚恳，作风朴实。1949年参加中国人民解放军西南服务团，同年加入中国新民主主义青年团。1950年1月任四川宜宾县委调研室调研员。2月赴柏溪区冠英乡任征粮工作组组长。春节前夕，遭数百名土匪突然进攻，与工作组成员一同被俘，数日后便遭杀害，时年26岁。

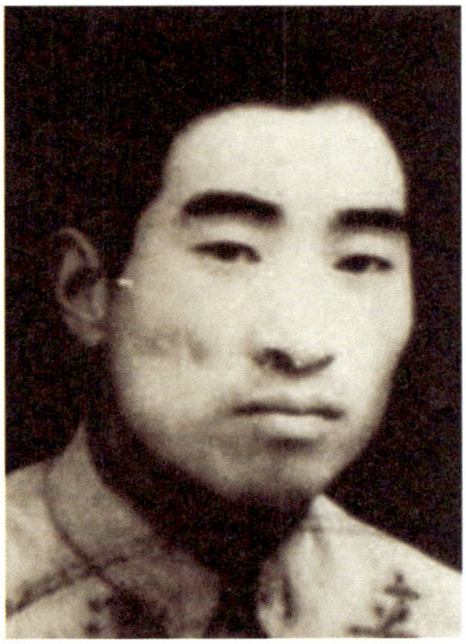

阎镇家，1924年生，甘肃省陇西县南安乡人。阎镇家自幼父母早亡，由祖母抚养成人。在高原地区长大的阎镇家身材高大，体格健壮，平时生活朴

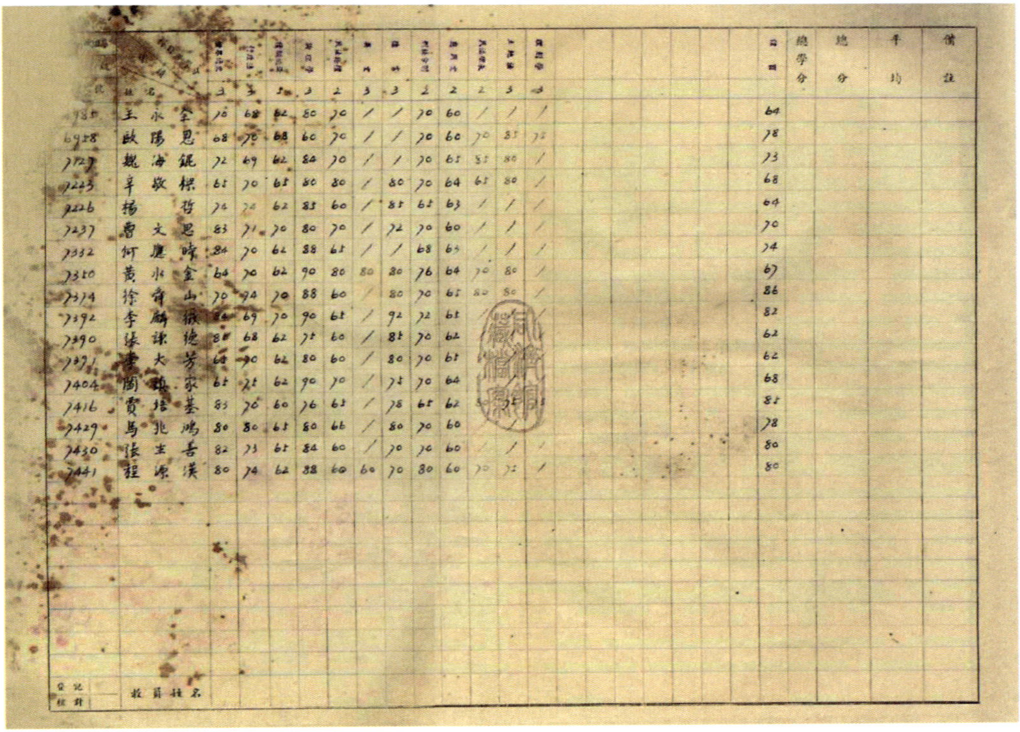

學號	姓名	[illegible]	[illegible]	[illegible]	[illegible]	[illegible]	[illegible]	[illegible]	[illegible]	[illegible]	[illegible]	[illegible]	[illegible]	[illegible]	總學分	總分	平均	備註
		3	3	5	3	2	3	3	2	2	2	3	3					
7185	王永全	70	68	62	80	70	/	/	70	60	/	/	/	64				
6958	歐陽恩	68	70	68	60	70	/	/	70	60	70	85	72	78				
7127	魏海錕	72	69	62	84	70	/	/	70	65	85	80	/	73				
7223	辛敬樑	65	70	65	80	80	/	80	70	64	65	80	/	68				
7226	楊哲	74	74	62	85	60	/	85	65	63	/	/	/	64				
7237	曹文思	83	71	70	80	70	/	72	70	60	/	/	/	70				
7332	何應暐	84	70	62	88	65	/	/	68	65	/	/	/	74				
7350	黃水金	64	70	62	90	80	80	80	76	64	70	80	/	67				
7374	徐育山	70	94	70	88	60	/	80	70	65	80	80	/	86				
7392	李麟徵	84	69	70	90	65	/	92	72	65				82				
7390	張謙德	88	68	62	75	60	/	85	70	62				62				
7371	李大芳	64	70	62	80	60	/	80	70	65				62				
7404	閻鎮家	65	75	62	90	70	/	75	70	64				68				
7416	賈培基	83	70	60	76	65	/	78	65	62				85				
7429	馬兆鴻	80	80	65	80	66	/	80	70	60				78				
7430	張書善	82	73	65	84	60	/	70	70	60	/	/	/	80				
7441	程源漢	80	74	62	88	60	60	70	80	60	70	72	/	80				

登記 核對 教員簽名

法学院的1948年度第二学期成绩册

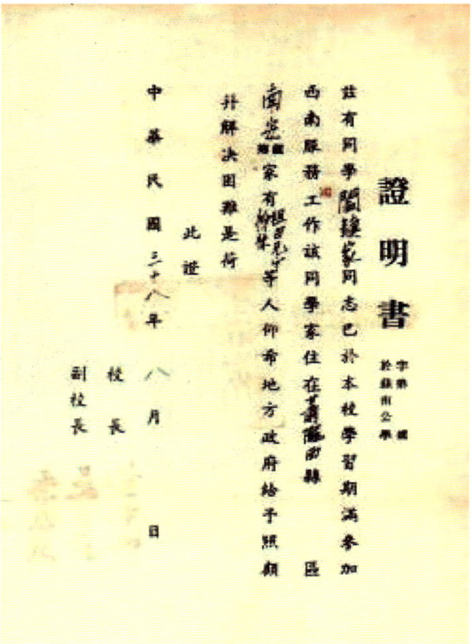
證明書

字第 號
於蘇南公學

茲有同學閻鎮家同志已於本校學習期滿參加西南服務工作該同學家住在[illegible]縣 區
閻鎮家家有[illegible]等人仰希地方政府給予照顧
并解決困難是荷
此證
中華民國三十八年八月 日
校長
副校長

1949年8月，苏南公学为阎镇家参加西南服务团出具的证明书

素，性格内向且谦逊好学。1947年，阎镇家考入同济大学法律系。就读期间，受学校浓厚的爱国民主学生运动影响，他关注时局发展，时常向进步同学举办的墙报投稿，揭露旧社会的黑暗腐败和反动统治，积极投身到迎接解放的斗争之中。

1949年上海解放后不久，阎镇家离开同济大学，报名参加了由中共苏南区委、苏南行政公署在原华中大学基础上组建的无锡苏南公学培训班。1949年8月，在苏南公学培训班结业的阎镇家既未留在江南，也未选择回西北家乡，而是响应组织号召报名参加了西南服务团。

按照西南服务团的统一部署，阎镇家和战友们于8月底来到南京参加集中学习，为奔赴大西南做最后的准备。10月1日，他随团离开南京，经徐州、郑州、武汉、岳阳等地来到湖南省桃源县。到达桃源后，他被编入川南支队宜宾大队。11月初，他随支队再次西征，翻山越岭步行三千里，于1950年1月初到达四川省宜宾县。其间，因沿途吃苦耐劳，表现优异，阎镇家被吸收为中国新民主主义青年团员。

抵达川南后，阎镇家被分配到中共宜宾县委调研室担任调研员。1950年1月宜宾县的征粮工作全面启动后，因从事一线工作的干部严重短缺，加之地方封建势力与国民党残余匪部相互勾结并以各种方式不断骚扰和破坏征粮工作，各地的征粮工作面临着重重困难。于是，阎镇家便与同机关的张子先、吕锡生、余仁等人主动向县委请缨，要求下乡赴一线参加征粮工作。考虑到机关的人手也不足，县委原本并未同意，后经慎重考虑，决定安排他们赴基层蹲点，一边开展调查研究，一边参加所在乡的征粮工作。当县委组织部宣布此项决定时，阎镇家又表示要到最偏远的山区去工作。阎镇家最终被派往柏溪区冠英乡任工作组组长。

冠英乡地处金沙江南岸，山高坡陡，路途遥远，从柏溪镇渡过金沙江还要爬一段高坡再走十余里路才能到达。另一方面，在金沙江南岸连绵起伏的大山间，还麇集着被反动会道门所蛊惑的大刀会众（意：持大刀的信徒），且横江镇封建头子江瀛州的匪部亦经常活动于此。明知前路艰险，但阎镇家已做好了充分准备，且毫无顾虑地欣然受命。临行前，他特意到地委机关向战友沈亦人告别："我将下乡参加征粮，临走前想送一点东西给你作个纪念。"说罢，他将西征途中仅剩的随身之物、一本学习用的毛泽东《新民主主义论》赠予了战友。

抵达柏溪镇后，阎镇家立即与因形势险恶已撤退至柏溪镇的原驻冠英乡工作组的同志们交流前方情况，制定工作方案。此后不久，在驻柏溪部队一个排的护送下，阎镇家率领工作组再次进驻冠英乡，并立即投入了征粮宣传和相关准备工作。

农历春节前夕，阎镇家得知土匪计划于近期攻打冠英场（即观音场，因当地有座观音庙而得名）。但他依然镇定自若，毫不退缩，白天和同志们一起坚持工作，夜晚则和同志们分散到附近老乡家中休息。

春节期间的一天中午，数十名持枪土匪伙同数百名大刀会匪徒突然进攻冠英场。因寡不敌众，工作组的同志不幸全部被俘。被关押期间，阎镇家等遭受了残酷拷打。其间，阎镇家曾设法托人秘密带信向县委书记汇报情况，并计划组织越狱，可惜计划尚未实施即遭杀害。

被害前一日，阎镇家已抱必死决心。乘看守匪徒疏忽间隙，他隔着栅栏对工作组的其他同志嘱托道：你们三人若有人能出去，请将我的情况带出去，并转告我的家人。我是甘肃人，已无父母，仅有一个祖母……

2 月20日（正月初四），土匪将阎镇家押解到冠英场外道路旁的一棵大树下。行刑前，匪徒喝令其跪下，但阎镇家依然昂首挺立，并面向东方高声呼喊：“我要面向东方而死！”牺牲时，阎镇家年仅 26 岁。

阎镇家被害后，乡亲们将遗体掩埋于冠英场外郊野处，并立木碑为志。匪乱平定后，当地政府将其遗骸移葬于宜宾县烈士陵园。

刘敬光：投身人民解放事业的爱国青年 *

"日本人已打到这儿来了！"

这是刘敬光懵懂之时流露的殷殷爱国情

也点燃了他的红色革命生涯

他是追求真理的进步青年

参加抗日救亡，投身解放斗争，诠释爱国激情

致力民主运动，坚持团结护校，尽显果敢机智

在第二条战线上勇斗顽敌

他是巩固政权的革命战士

不顾女友劝阻，坚定服务西南，保障新生政权

开展征粮宣传，发动当地民众，夯实斗争根基

在革命新征程中奋不顾身

对待革命事业，他不顾安危、奋勇争先

面对土匪袭击，他顽强抵抗、坚决还击

铭记同济英烈

让我们缅怀革命先烈刘敬光

感悟这位有志青年对党和人民的深深热爱

* 原文名："保卫人民政权　洒尽一腔热血——刘敬光烈士传略"，荆旋、诸刚著，有删改。

刘敬光（1928—1950），原名王荣敦，四川宜宾人。1943—1949年间，先后在同济大学附中和工学院机械系学习。在校期间，他努力学习，积极参加爱国学生运动。1949年2月加入中国共产党。同年4月奉调赴江苏常州参加军管工作；6月参加西南服务团，12月任四川酉阳地委组织部干事，1950年2月担任酉阳地委工作队指导员。至龙潭区开展征粮工作期间，在与土匪的激战中壮烈牺牲，时年22岁。

刘敬光，原名王荣敦，1928年11月出生于四川省宜宾县古柏乡。王荣敦幼年时父母便相继去世，后由其兄长王荣增抚养长大。他自幼喜爱数学，尤其擅长珠算。读小学时，懵懵懂懂的王荣敦已开始表现出爱国热情，他经常把中国地图拿出来，指点着对同学们说“日本人已打到这儿来了！”

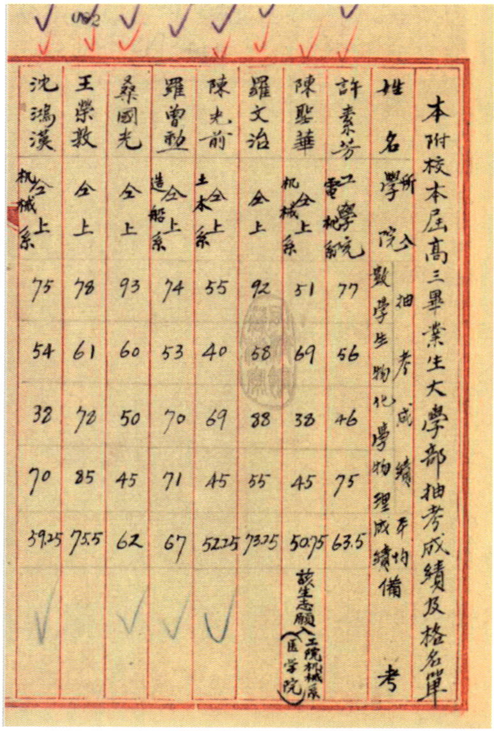

本附校本屆高三畢業生大學部抽考成績及格名單

姓名	所入學院	數學	生物	化學	物理	平均成績	備考
許素芳	工學院電機系	77	56	46	75	63.5	
陳聖華	仝上 机械系	51	69	38	45	50.75	該生志願（工院机械系）（医学院）
羅文治	仝上	92	58	88	55	73.25	
陳光前	仝上 土木系	55	40	69	45	52.25	
羅曾勳	仝上 造船系	74	53	70	71	67	
桑國光	仝上	93	60	50	45	62	
王榮敦	仝上	78	61	72	85	75.5	
沈鴻漢	仝上 机械系	75	54	32	70	59.25	

《国立同济大学1947年录取新生名册》中的“附中毕业生升学抽考合格名单”

1939年从古柏乡小学毕业后，王荣敦进入宜宾县立中学读初中。1942年，他又来到省立宜宾中学读高中。中学期间，他参加了抗日宣传队，常与同学们一起高唱抗日救亡歌曲，抒发对祖国的热爱和对敌人的仇恨。1943年，王荣敦考入当时已迁至南溪县李庄镇的同济大学附中。1946年4月，王荣敦随同济大学师生一道踏上了复员上海的旅程。随着师生陆续返回，学校于同年12月在上海恢复教学。1947 年，王荣敦高三毕业，经入学考试合格后由附中升入大学部机械系就读。

1946 年 6 月，国民党反动派悍然撕毁“双十协定”，并发动了全面内战。为了揭露蒋介石政府“假和平，伪民主”的真相，王荣敦一边认真学习课堂知识，一边积极参加“抗暴”“反饥饿、反内战、反迫害”等一系列反蒋斗争，并通过斗争加深了对美蒋反动派的认识，提高了对中国共产党的认同感。1948 年下半年，他还参加了学校工学院党的秘密外围组织“乐群社”。

辽沈、淮海、平津三大战役后，中国人民解放军百万雄师陆续集结于长江北岸，蒋介石反动政府面临崩溃的边缘。面对时局的快速发展，因惧怕学生“趁机闹事”，上海市政当局千方百计地哄骗学生离校返乡。为了挫败反动派的阴谋，同济地下党带领各进步社团深入师生群体，积极动员师生员工同舟共济、保护学校，防止反动派搞破坏活动。其间，王荣敦利用各种机会走访师生，宣传解放战争的大好形势和团结护校的重要性。

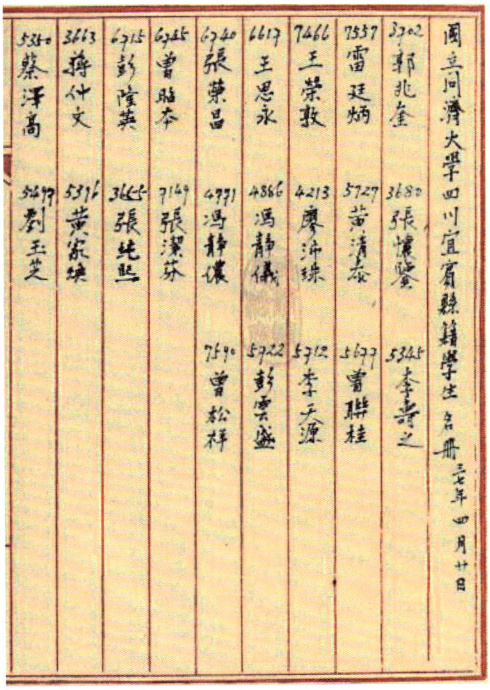

1948 年 4 月，《国立同济大学四川宜宾县籍学生名册》

当时的同济校园内拥有受上海地下党学委领导的中共同济大学总支、中共浙南特委上海支部、中共江南工委（即茅山工委）同济支部等多个地下党组织。经过培养和考察，中共江南工委同济支部决定吸收王荣敦加入党组织。1949 年 2 月 5 日，王荣敦参加了在同济大学工学院附近荒僻处举行的入党宣誓仪式。在宣誓仪式上，由江南工委委派主持仪式的陈静同志分析了上海所面临的形势，指出当前的主要任务是在社会的各个层面广泛宣传解放战争的大好形势，发动工人和学生护厂护校，严防敌人撤退时搞破坏，同时要加强策反攻势，逐步分化和瓦解敌人。王荣敦全神贯注地听着，并将组织的要求牢记于心中。

根据党组织的安排，王荣敦立即全力以赴地开展了发动群众和策反军警的工作。他在徐汇、卢湾、长宁等区大量分发或寄送来自新华社或摘录于毛泽东《新民主主义论》《论联合政府》等著作的宣传品。其中，《告各界人民书》要求大家团结起来护厂护校，反对迁厂迁校，防止反动派破坏设备、财产和档案；《告国民党党政军警人员书》刊载了“惩办战犯条例”，警告他们不准镇压群众、破坏人民财产，敦促他们以实际行动为人民立功，争取宽大处理。4 月下旬，王荣敦还参与印发了毛泽东、朱德发布的《向全国进军的命令》和《中国人民解放军布告》。虽然发送给国民党党政军警机关及其头面人物的宣传品主要通过邮局寄发，但这项工作仍具有相当的危险性，稍不留意很容易被敌人发现。最终，不顾个人安危、机智果敢的王荣敦圆满地完成了党组织布置的各项任务。

1949 年 4 月 23 日晚，人民解放军突破“长江天险”，解放了国民党反动派的统治中心南京。4 月 26 日，深感末日来临的上海国民党反动政府在撤退前夕实施了大搜捕（即“四·二六”大搜捕）。当天凌晨，上万名军警紧急出动，在同济、交大等大中学校大肆搜捕共产党员和进步人士。4 月 28 日，国民党军队强行进驻设在其美路（今四平路）的同济大学工学院，学校师生被迫迁至位于四川路（今北四川路）末端的文法学院（今复兴初级中学所在地）。当天下午，中共江南工委通知同济支部，要求支部的 19 名党员立即编组前往江苏常州解放区接受新的任务。接到通知后，王荣敦便与同志们一起火速赶往目的地。

王荣敦等到达常州后不久，上海回到了人民的怀抱。此后，地处西南的大部分地区也陆续解放。然而，仍盘踞在西南地区山林里负隅顽抗的国民党反动派残余势力、美蒋特务及地方封建势力、土匪武装等相互勾结，阴谋暴乱，妄图阻挠和破坏当地人民政府开展的工作和人民的正常生活。为了深入群众开展宣传，恢复正常的生产生活秩序，保证城市粮食供应，中国人民解放军成立了西南服务团，并号召进步青年踊跃加入服务团开展革命工作。于是，来到常州参加军管工作不久的王荣敦与几位同济的同学一道毅然报名参加了中国人民解放军西南服务团。加入西南服务团后，王荣敦便将姓名更改为刘敬光。

得知此消息后，刘敬光热恋中的女友数次写信做他的工作，甚至赶到南京当面劝他返校继续读书深造。经过一番思想斗争，刘敬光决定以革命事业为重，依然选择赴西南地区开展革命工作。于是，他耐心说服女友，并认真参加临行前的集训。1949 年 10 月 1 日，刘敬光和西南服务团的战友们身着军装告别南京，踏上了革命的新征程。

1949 年 12 月，刘敬光随西南服务团来到四川，被分配在酉阳地委组织部任干事。1950 年 2 月，刘敬光报名参加地委组织的征粮工作，并担任龙潭区征粮工作队指导员。驻扎苦竹乡期间，他与工作队的同志们一道深入群众，了解情况，团结当地干部共同开展教育宣传和征粮工作。由于伪乡长与当地反动势力串通勾结，2 月 23 日，工作队驻地被大批土匪团团包围。刘敬光带领工作队的同志们给予了顽强抵抗和坚决还击。但终因兵力悬殊，寡不敌众，刘敬光不幸在战斗中壮烈牺牲，年仅 22 岁。

牺牲后，刘敬光被安葬在酉阳二区古竺坝。1950 年 10 月 5 日，刘敬光被川东行署批准为烈士。此后，刘敬光的遗骸被移葬至酉阳烈士陵园。

李桦：守护川藏公路的高原雄鹰

“雨后观察塌方，下塌异常严重，真危险。
但为了获得第一手资料，没有什么可怕！”
这是李桦科考日记的真实独白
面对灾害频发的塌方路段
他义无反顾参加科考
冒险爬上山体，探寻塌方成因
开展深入分析，制定解决方案
以实际行动护卫川藏大动脉的畅通安全
面对险恶无常的自然环境
他一往直前勇闯新域
克服重重困难，深入对岸险境
开挖取样试坑，探索开辟新路
用宝贵生命诠释科技工作者的初心使命

铭记同济英烈
让我们共同缅怀革命先烈李桦
感悟这位科技工作者的责任担当与奉献精神

李桦（1936—1967），原名李启仁，浙江温州瓯海区永中镇人，中共党员。1958年7月毕业于温州第一中学，后到温州市五马针织厂任会计。1959年9月考入同济大学公路与城市道路专业，1964年7月毕业后被分配到交通部交通科学研究院，1965年调至重庆分院任技术员。1967年6月参加川藏公路拉月大坍方联合科考，后在“八·二九”特大山崩中遇难，时年31岁。

李桦，原名李启仁，1936年12月生，浙江省温州市瓯海区永中镇东风大队普门村（今龙湾区永中街道）人。1958年7月毕业于温州第一中学（今温州中学），后到温州市五马针织厂任会计。1959年9月，李桦考入同济大学路桥系公路与城市道路专业，1964年7月毕业后被分配到交通部交通科学研究院（北京总院）。1964年10月至1965年9月，在广东省公路建设工地参加劳动锻炼。1965年9月，调至新成立的重庆分院道路室任技术员。1967年6月，赴西藏波密地区参加川藏公路拉月大塌方的科考工作。

1954年12月建成通车的川藏公路是连接成都和拉萨的大动脉，全线总长2 400余公里，沿途地质构造复杂，自然环境恶劣，平均海拔达3 000米以上。

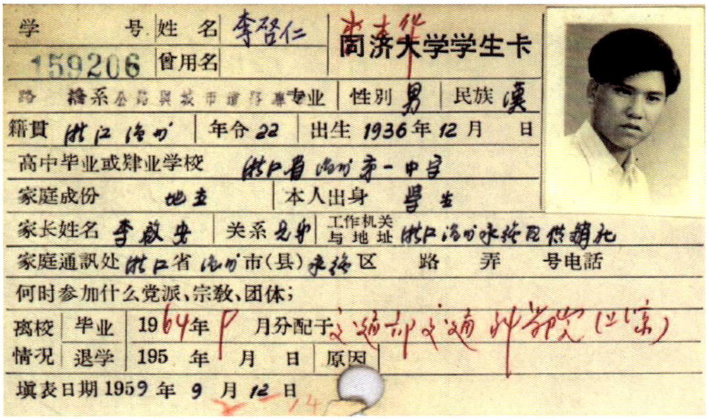

李桦（李启仁）入学时填写的学籍卡

1965 年 9 月离京赴渝前夕，李桦在北京交研院的合影（程家驹提供）

川藏公路拉月段有一段公路道路狭窄，一边靠着喜马拉雅山脉的帕龙山，一边紧临雅鲁藏布江支流东久河。受气候和地质环境影响，该路段时常发生塌方现象，严重时甚至阻断交通达三个月之久，不仅严重影响了交通运输，对过往车辆及人员安全也构成了巨大威胁。

为摸清拉月段塌方规律，消除安全隐患，1967 年 6 月，由西藏交通厅牵头，西藏交通厅科学研究所会同交通部交通科学研究院重庆分院（今招商局重

1966 年元旦，李桦在重庆分院的合影（程家驹提供）

庆交通科研设计院有限公司)、西藏扎木公路养护总段、中国人民解放军52师309团等单位组成了20余人的联合科学考察队，对拉月地区开展地质灾害防治科学考察。6月下旬，李桦和同事邹大龙、程家驹（大学同班同学）等一道随科考队出发，途经成都、雅安、泸定、康定、甘孜等地，于7月13日到达林芝县东久乡（今林芝市巴宜区鲁郎镇）拉月村。来到前沿营地后，科考队员们与负责保护工作的5名解放军战士一起砍树搭建了木屋，并依靠间隔几天送往营地的米、蔬菜、军用罐头等生活物资开始了艰苦的科考生活。经过周密的准备，7月23日，现场科考工作正式开启。

1967年6月下旬赴藏途中，李桦途经当年红军十八勇士飞夺的泸定铁索桥（程家驹提供）

位于东久河北岸的帕龙山塌方区山势险峻，时常有巨石等飞滚而下，有时甚至会持续很久。为了获取第一手资料，在西藏交通厅科学研究所和交通部交通科学研究院重庆分院的4名主要技术人员的带领下，科考队员们手持砍刀披荆斩棘，忍受着蚂蟥、蚊虫和草虱子的叮咬，背着仪器日复一日艰难地在山林中穿行。队员们还冒着生命危险爬上山体考察塌方范围，探寻塌方成因和治理方法。因道路艰险曲折，队员们有时天黑后才能回到住地，晚饭后还要在灰暗的灯光下整理和分析相关资料，交流、优化后续考察方案，工作十分辛苦。

功夫不负有心人。经过一段时间的考察和分析，队员们终于发现了塌方的主要成因和范围：塌方的山体虽未发生基岩错动，但已有多条宽达几十厘米乃至一米以上、蜿蜒曲折、分布很广的裂缝；雨季时，水流沿多道山沟下泻，并不断侵蚀山体，导致塌方体范围不断增大和蔓延；整个塌方区沿公路方向长达4.6公里……经综合研判，科考队得出了拉月塌方烈度将进一步加剧、塌方范围不断扩大的结论，并决定着手研究公路改线至东久河南岸的可行性。

为了搜集公路改线的第一手资料和数据，科考队决定派部分队员到东久河南岸开展近距离考察，并实时拍摄北岸的塌方情况。随后，科考队员们沿着此前话务兵架设电话线时建立的连接东久河两岸的简易溜索来到南岸，在河滩附近设立了观察哨，并在高于水面约50米的山腰处建立了观测棚。

简易溜索的保护措施十分有限，稍不留心或一旦发生索道断裂、锚定处松动等现象，索道上的人就会坠入波涛汹涌、湍急冰冷的东久河中，人员生还的可能性极低。第一次进藏的李桦和许多同事此前从未见过溜索，溜索下方又是湍急的河水，但为了完成科考任务，大家没有退缩。他们每天像“空中飞人”一样在东久河上空南来北往，不断地开挖试坑，观测和记录塌方次数、具体时间及塌落物的运动轨迹，并拍摄坍方部位，目测塌方石块尺寸。

8月25日，因坍方加剧，该路段交通再次阻断。途经此地的中国人民解放军汽车17团12连排长曲月伦不得不将汽车停在科考队驻地，等待时机通过。8月26日，又有40辆军车和一辆客车受阻。李桦和同事们热情接待了部队官兵和旅客，并将铺位让给了妇女和儿童。

自该日起，不仅塌方的强度越来越凶猛，次数也更加频繁，有一次竟持续长达24分钟；有些落石还弹飞至东久河南岸的观察哨周围以及科考人员的安全帽上，给科考工作带来极大的危险。为了争取时间，科考队决定加快进度，安排更多队员到东久河南岸开展科考。

科考队员们心里明白，此时前往塌方山体附近将面临更大的危险，但大家都义无反顾，勇往直前。李桦曾在日记中写道：“雨后观察塌方，下塌异常严重，真危险。但为了获得第一手资料，没有什么可怕。”8月29日早饭后，邹大龙曾说：“不入虎穴、焉得虎子”。当天上午，部分科考队员按照计划乘溜索来到东久河南岸，陈英业、麻如增负责在观察哨记录和拍摄塌方情况，张宗太、杨焕全负责警卫和安全提醒工作，李桦和邹大龙、王洪志、胡剑鸣、杨忠宁等队员则继续深入危险区挖掘试坑和取样。

当日，大大小小的塌方几乎从未停过。下午1时25分，正当李桦等在危险区中心地带专心致志地挖掘试坑时，川藏公路爆发了通车以来的特大山崩！随着一阵震彻东久河谷的闷雷式巨响，帕龙山半侧约两千余万方的山体从700米高处崩塌下来，山谷中刹那间地动山摇，巨石夹带着树木、泥沙像凶猛的野兽铺天盖地般地扑向东久河南岸。顿时，灰尘弥漫着整个天空，高山被削去了大半，原来奔腾的东久河被拦腰截断。等到尘埃落定、山川恢复平静之时，李桦等9位科考队员已音讯全无。

坍方变成了山崩，这是科考队未曾预料到的。从惊愕中冷静下来的其他科考队员们一边呼唤着战友的名字，一边凭借记忆朝着山崩之前战友所在的位置搜索前进，并鸣枪表明自身所处位置，但始终未得到9位失踪同事和战士的回答。随后几天，由人民解放军、科考队员及相关技术人员、工人组成的小分队

李桦烈士追悼大会（程家驹提供）

民政部向李桦烈士遗属颁发的“革命烈士证明书”

位于温州翠微山烈士陵园内的李桦烈士墓

虽踏遍了河边的群山野岭，但终未找到他们的身影。李桦、邹大龙、杨忠宁、胡剑鸣、陈英业、麻如增、王洪志、杨焕全、张宗太等 9 位执行科考任务的科技工作者为了护卫川藏公路而光荣牺牲。遇难时，李桦年仅 31 岁。

拉月大塌方震惊了全国。1967 年 9 月 2 日，西藏交通厅厅长汤化东、西藏公路管理局局长崔鸣琴等赶到拉月，为死难烈士举行了隆重的追悼仪式。1969 年 4 月，经交通部申请、内务部（民政部前身）批准，李桦等 9 名在拉月科考中殉难的科考人员被批准为革命烈士。1970 年 10 月 10 日，李桦被追认为中国共产党党员。1988 年 11 月 17 日，民政部向李桦烈士遗属补发了“革命烈士”证明书。

参考文献

1.《全国支援西藏》，西藏自治区人民政府办公厅、西藏自治区党委党史研究室编著，西藏人民出版社 2002 年 10 月版，第 216～217 页。

2.《浙江省革命烈士英名录（第 3 卷）》，浙江省民政厅编，1982 年，第 19 页。

陈瑞生：胸怀理想甘于奉献的青年标兵

“除了奋斗，我别无选择！”
这是陈瑞生的孜孜追求
也是他短暂一生中璀璨发光的动力源泉
他立志成才
钻研专业知识，提高艺术修养
坚信勤能补拙，练就过硬本领
以奋发进取的精神刻苦磨炼栋梁功底
他胸怀理想
坚定入党信念，提高理论素养
对标先锋模范，誓志建设边疆
以坚定不移的意志努力塑造人生目标
他甘于奉献
乐于帮助他人，热心社会公益
谦让帮困补助，舍身救助少年
以服务人民的热情不断践行人生价值

铭记同济英烈
让我们共同缅怀革命烈士陈瑞生
感悟这位青年标兵乐观向上的精神风貌和忘我奉献的崇高品格

陈瑞生（1977—1998），河南遂平县人。1996年9月考入上海铁道大学（2000年4月，同济大学与上海铁道大学合并成立新的同济大学），曾任班级团干部。1997年12月加入中国共产党。1998年7月15日，刚回到家乡的陈瑞生为救助两位落水少年而英勇牺牲，时年22岁。

一、塑造品格　奋发进取

陈瑞生，1977年出生于河南省遂平县张湾村一个农民的家庭。陈瑞生的父亲当过几年民办教师，深感读书的重要，便节衣缩食尽力保证三个孩子读书。为了补贴家用，陈瑞生的父亲还外出给人打零工，其母亲也帮人在河里挖沙，并因此被机器震坏了耳朵，还落下了严重的关节炎。父母执着培养子女读书成才的决心深深地激励了姐弟三人。他们没有辜负父母的期望，经历十几年寒窗苦读后，姐弟三人先后完成了高中学业。1994年，陈瑞生姐姐陈向荣考上了大学，但当她得知要交4 000元学费时，便悄悄地藏起了录取通知书，毅然背起行囊选择了外出打工。临行前，她对陈瑞生说："瑞生，你们一定要上大学，钱由姐姐来供你们。"陈瑞生在回忆这段经历时曾感慨地说："姐姐是我心中的一盏灯。"

陈瑞生平时勤学好问，有不明白的地方他要问，有不同见解时他要说，以至于当同学们提问时老师常常要先"声明"："陈瑞生同学，请你在课外个别提问，以免其他同学没有机会提问。"一分辛勤一分收获。经过不懈努力，他的学习成绩由高二时的全班第四名一跃成为高三时的全班第一。高中期间，陈瑞生还年年被评为三好学生，并获得过全国数学竞赛二等奖。

陈瑞生与同学关系融洽，人缘很好，并经常担当调解员的角色。有一次排队买饭时，一名同学不小心把饭打翻并泼到了另一位同学身上，双方因此发生争执后，陈瑞生站出来劝解说："人多拥挤，你们都不是故意的，再说大家都有损失嘛。"在他的调解下，双方冷静下来，避免了一场即将升级的争斗。

陈瑞生乐于助人。上高中时，班级里有一名家庭经济贫困的同学得了肝硬化，陈瑞生便发动全班同学为其捐款治病。一年冬天晚自修时，陈瑞生去办公室向老师答疑，老师发觉他衣着单薄，还不住地打着寒颤，便问他怎么不穿外衣，他说："我不怕冷。"老师走进教室后才发现，原来陈瑞生的外衣正披在另外一位同学的身上。

高三那年，班里有几名同学因家庭贫困辍学了。陈瑞生深知读书给贫困家庭带来的沉重负担，但他更明白读书是解决贫困的根本途径。于是，他协助老师到辍学同学家中一家家"劝学"，不厌其烦地向他们的父母讲述道理。最终，有几位同学重新回到了教室，班主任表扬他说："你比我还行。"被他劝说复学、后来考上武汉一所大学的刘伟曾说道："我永远都会感激陈瑞生！"

1995 年高考前，班级里得到了一个高考时可以加分的地区级"三好学生"的评选名额。同学们一致推选陈瑞生，他却毫不犹豫地把这个名额让给了另外一名同学。高考结束后，虽然他的成绩已超过本科线，但因志愿填报过高而未被录取。如若有了地区级"三好学生"的加分，他便可早一年进入大学了。

1996 年 9 月，陈瑞生再次参加高考，并以优异成绩考入上海铁道大学（注：2000 年 4 月，上海铁道大学并入同济大学），成为张湾村有史以来的第一位大学生。村里人都为他和他们家高兴，有的送煮鸡蛋，有的送钱为他添衣加被，一位细心的邻居还特地花了几十元钱为他买了件西装。入学报到时，陈瑞生扛着装有简单生活用品、书籍和一只篮球的两个编织袋，带着父母、乡亲们的期望和对未来美好生活的憧憬走进了大学的校门。

1996年河南省普通高等学校招生录取新生审批表

学校代码：398　学校名称：上海铁道大学　理工类　计划招生数：　实际录取数：48　第2页（共3页）

序号	地市	准考证号	姓名	性别	民族	特征	毕业中学或住址	综合	语文	数学	外语	物理	化学	加试	分数	录取系（科）或专业	录取志愿	备注
0058	南阳市	1715650177	申 [illegible]	男	汉		淅川县高中	616	405	668	615	639	633			交通土建工程	第一志愿	本科并轨
0064	驻马店	1513500055	陈瑞生	男	汉		遂平县第一高中	698	612	662	654	730	613			交通土建工程	第一志愿	本科定向
0065	漯河市	1213500190	张[illegible]	男	汉		临颍县第一高中	653	643	638	574	667	582			交通土建工程	第一志愿	本科定向
0003	鹤壁市	0912500032	[illegible]	女	汉		[illegible]	711	659	581	720	667	694			建筑工程（工民建）	第一志愿	本科并轨
0008	焦作市	0601500659	张[illegible]武	男	汉		焦作市第一中学	698	668	554	744	604	702			建筑工程（工民建）	第一志愿	本科并轨
0023	开封市	0201500601	石[illegible]	男	汉		开封高中	658	575	702	608	661	576			交通运输	第一志愿	本科并轨
0044	周口地	1419500834	孙 [illegible]	男	汉		淮阳中学	630	534	681	602	585	613			交通运输	第一志愿	本科并轨
0048	商丘地	1313500741	杜小[illegible]	男	汉		县高中	628	668	559	681	571	528			交通运输	第一志愿	本科并轨
0060	洛阳市	0309500359	[illegible]	男	汉		洛阳市第一高中	613	561	675	547	614	553			交通运输	第一志愿	本科并轨
0004	开封市	0201500976	牛[illegible]	女	汉		开封高中	710	619	741	654	655	648			会计学	第一志愿	本科并轨
0009	周口地	1416500394	刘 [illegible]	男	汉		[illegible]二高	695	627	662	704	629	640			会计学	第一志愿	本科并轨
0011	南阳市	1716551948	王 [illegible]	女	汉		邓州市一中	693	635	596	681	619	720			会计学	第一志愿	本科并轨
0019	信阳地	1611500819	张雪[illegible]	女	汉		信阳县一高	663	541	616	681	619	686			会计学	第一志愿	本科并轨
0002	开封市	0201500453	张 乐	女	汉		开封高中	723	676	622	736	639	694			临床医学	第一志愿	本科并轨
0014	洛阳市	0305500477	李 [illegible]	男	汉		洛阳铁一中	683	635	688	579	595	720			临床医学	第一志愿	本科并轨
0015	新乡市	0501500297	韩 [illegible]	女	汉		一中 [illegible]	677	619	741	660	609	564			临床医学	第一志愿	本科并轨
0016	洛阳市	0302500181	宋[illegible]	男	汉		洛阳轴承厂一中	667	604	681	720	571	582			临床医学	第一志愿	本科并轨
0017	洛阳市	0305500279	[illegible]	女	汉	[illegible]	洛阳市第一高中	647	684	538	558	717	582			临床医学	第一志愿	本科并轨
0020	洛阳市	0309500613	刘[illegible]	女	汉		洛阳市第一高中	661	627	656	744	525	582			临床医学	[illegible]	本科并轨
0024	鹤壁市	0911500642	李[illegible]	男	汉		[illegible]	656	635	656	647	558	620			临床医学	第一志愿	本科并轨

学校录取负责人签字：

录取专用章

1996 年河南省普通高等学校招生录取新生审批表

二、勤奋刻苦　立志成才

陈瑞生十分珍惜进入大学读书的难得机遇。“非学无以广才，非志无以成学。”他刻苦勤奋地学习，从不浪费时间。他说：“我从农村出来，基础差，必须花更多的时间和精力，花更大的力气。”为了在学习上不断鞭策自己，他在许多书本的扉页上写道：“除了奋斗，我别无选择”，“如果你立志成为一名元帅并为之不断地努力，你至少可以成为一名将军。”

初到上海时，陈瑞生的家乡口音很重，有时跟同学交流也有困难。于是，他便努力向周围的同学学习普通话。两年下来，他的普通话水平提高了一大步。

学讲普通话困难，学习英语就更难了。受之前的教学条件影响，陈瑞生的英语听说基础比较差。为此，他从有限的生活费中省下钱来买了一台旧的单放机，反复地练习听力，并敢于大胆朗读，从不怕被人笑话。1997 年底，因参加全国英语四级考试未能通过，他竟难过地哭了。他坚信勤能补拙，决心以“人一之而吾十之，人十之而吾百之”的精神学好英语。功夫不负有心人，陈瑞生终于通过了 1998 年 6 月举行的全国大学生英语四级考试。

陈瑞生十分注重学习方法和效率。学习《高等数学》等基础课时，陈瑞生总是早早地坐在靠前的位置，上课时全神贯注地听讲，认真记着笔记；遇到不明白的地方时做好记号，并利用课间或下课后向老师请教，尽可能当场解决问题。学习专业基础课时，陈瑞生珍惜每一次专业实习的机会，认真观察打桩、浇注混凝土、砌墙等过程，不懂就问，俨然是现场的一名学徒工。在地质勘测实习时，他不畏艰苦，认真记录地形地貌，尽可能多地积累感性认识和现场作业经验。

陈瑞生善于思考和总结，不断改进学习方法。他曾总结归纳了六条学习体会：一要学会休息，二要精神专一,三要善于总结，四要及时复习，五要抓住重

陈瑞生与同学在绍兴的合影

点，六要做好作业。陈瑞生坚持在学习中思考，在思考中学习，并经常与同学交流，逐渐掌握了学习的主动权，取得了好成绩，并年年获得奖学金。

陈瑞生是一个热心人，而参加社会工作往往需占用不少学习时间。为了做到学习、工作两不误，他认准了一个“挤”字。1997年11月学校举办辩论赛时，陈瑞生担任了学院代表队的总指导。从选题取材找资料到队员配备，从营造赛场气氛到服装色调的选配，他都积极参与策划，整整忙碌了一个星期，他所在的代表队最终也在辩论赛中取得了好成绩。比赛结束后，他放弃了其他娱乐活动，立即抓紧一切时间补习功课。

陈瑞生注重提高艺术修养。在选修山水画课程期间，为了弥补无绘画基础的缺憾，他每次总是比别的同学多画几幅画带给老师评阅。经过一年的练习，他已基本掌握了钩皴点染、干湿浓淡、阴阳向背、虚实疏密等基本表现手法，绘画水平大有进步。为此，任课老师还特意送给他一幅“鲲鹏一日乘风起，扶摇直上九万里”的条幅以示鼓励。陈瑞生还积极参加文艺活动。在一次迎新晚会上，他扮演了一个巴结上司、胸无点墨的应聘者，惟妙惟肖地塑造了人物的性格和特点，博得了满场的掌声和笑声。

三、胸怀理想　孜孜追求

进入大学后不久，陈瑞生就慎重地向党组织递交了入党申请书，迈出了他人生旅途中的重要一步。通过参加党章学习小组和系统地学习党的基本理论知识，他的视野更加开阔，理想信念更加坚定。陈瑞生在谈学习体会时曾说道：“我参加了系、校党的基本知识培训班，对党的认识更进一步加深。”他立志要成长为“为最多的人做最大贡献”的有志青年。他在入党申请书中写道：“无论在什么时候，在什么岗位上，我一定自觉按照共产党员的标准要求自己，始终不渝地为党的共产主义事业奋斗终生！”

陈瑞生注重政治理论修养的提高。他积极参加邓小平理论研讨会和社会实

陈瑞生与同学参观龙华烈士陵园

践考察等系列活动，并在不到两年的时间里写了15篇有一定深度的学习体会文章。他还在床头放着《邓小平文选》《毛泽东选集》等书籍，以便随时可以研读。两年中，他先后组织班级同学参观了嘉兴南湖中共一大会址、上海龙华烈士陵园、绍兴周恩来故居、南京梅园新村等教育基地及“红岩魂”展览，收看了纪录片《邓小平》等，使大家在接受爱国主义和革命传统教育的同时，加深了对邓小平理论的认识和理解。

陈瑞生的入党信念始终坚定不移。在南京实习期间的一天晚上，同学们在谈及党内的一些不正之风和腐败现象时表示了担忧，陈瑞生则表示：“我们要看到党坚决清除腐败的决心和行动。中国共产党能够克服艰难险阻，缔造伟大的人民共和国，还有什么样的缺点和困难不能克服！”1997年陈瑞生20岁生日这一天，他满怀激情地向党组织表示：“战争年代，冲锋陷阵、甘愿为人民流

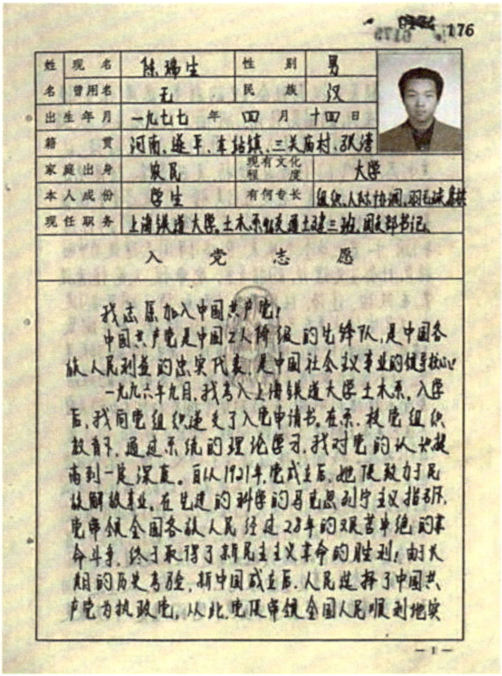

176

姓名 现名	陈瑞生	性别	男
曾用名	无	民族	汉
出生年月	一九七七年四月十四日		
籍贯	河南、遂平、车站镇、三关庙村、张湾		
家庭出身	农民	现有文化程度	大学
本人成份	学生	有何专长	组织、人际协调、羽毛球、象棋
现任职务	上海铁道大学、土木系94交通土建三班、团支部书记		

入党志愿

我志愿加入中国共产党！

中国共产党是中国工人阶级的先锋队，是中国各族人民利益的忠实代表，是中国社会主义事业的领导核心。

一九九六年九月，我考入上海铁道大学土木系，入学后，我向党组织递交了入党申请书。在系、校党组织教育下，通过系统的理论学习，我对党的认识提高到一定深度。自从1921年党成立后，她很致力于民族解放事业，在先进的科学的马克思列宁主义指引下，党带领全国各族人民经过28年的艰苦卓绝的革命斗争，终于取得了新民主主义革命的胜利！面对长期的历史考验，新中国成立后，人民选择了中国共产党为执政党，从此，党很带领全国人民顺利地实

—1—

1997年12月17日陈瑞生填写的入党志愿书

血牺牲的是共产党员！和平年代，站在改革开放前列、国家建设第一线的是共产党员！当人民财产遭受巨大损失时，第一个挺身而出的还是共产党员！我强烈要求入党，就是要以此为榜样，严格要求自己，积极进取，把全心全意为人民服务这一根本宗旨作为我一生的行动动力。”

经过个人的不懈努力以及党组织的考察和培养，1997年12月19日，陈瑞生光荣地加入了中国共产党。他在入党前一周的思想汇报中写道：“我敬慕焦裕禄的品质，敬慕他无私奉献、一心为公、全心全意为人民谋利益的崇高精神和伟大人格……我一定要努力学习，将来也像焦裕禄一样，做一名热爱人民、无私奉献、清正廉洁、全心全意为人民谋利益的人民公仆。”

陈瑞生敬仰共产党人的高风亮节。在收听广播剧《孔繁森》后，他为孔繁森呕心沥血、死而后已的奉献精神所深深感动。在经过认真思考和激烈的思想斗争后，他多次向党组织表示，毕业后愿以孔繁森为榜样，到条件较为艰苦的新疆工作。在一次班会上，陈瑞生公开表达了毕业后去新疆工作的意愿。事后有一名同学问他：“在新疆工作的艰苦，想必你已经考虑过了。可你替父母想过吗？”他思考了一会儿后回答道：“偏远地区是祖国的一部分，需要发展、需要建设、需要人才……我去新疆是为了实现我的专业价值和人生理想……我这样做真的对不起我的父母……可是我热爱我的祖国，如同热爱我的父母，忠孝不能两全，我会为他们二老寄钱的，并且教育好我的弟弟，让他代我向父母尽一份做儿子的孝心。”他还说：“我们国家如果多出几个焦裕禄、孔繁森，就一定

能把边疆建设好。”陈瑞生朴素而真诚的话语使提问的同学十分感动。

理想既是目标，也是动力。陈瑞生认为，要成为一个有益于社会的人，现在就应该有为同学服务的热情和乐于奉献的精神。他始终以饱满的热情为班级和同学服务，同学们都看在眼里、记在心上。于是，大家有思想问题时与他交流，有入党意愿时找他商量，想看理论书籍时向他借阅……师生们纷纷称他是“说得好，做得更好”的好“支书”。

陈瑞生善于做同学的思想工作。为了开展评优工作，他在与一名学习成绩很好的同学谈心时说道：“在学习上，你是优秀的，我很佩服，愿向你讨教。不过我觉得你在政治上应该有更高的追求。如果一个人生活中没有坚定的信念，没有一个可以为之奋斗一生的目标，那他最后将飘浮不定，一事无成。”他还给这名同学讲了一些提高理论水平的方法，介绍了几本书给他看。

陈瑞生待人诚恳，帮助他人时既注重方法，又不失原则。在一次发展党员的讨论会上，大家对一名同学平时粗心大意的毛病提出了意见。陈瑞生在发言时既指出了这一缺点的危害性，也以自身曾有的类似问题现身说法，建议这名同学平时多用记事本或便条记下要做的事，以便不时提醒自己。还有一次，同寝室有位同学不慎损坏了桌面，陈瑞生当即提出了批评。但这位同学不服气，认为他是小题大做、不给面子。陈瑞生便耐心地做工作，使这位同学最终接受了批评。

四、乐于助人　甘于奉献

陈瑞生具有急公好义、乐于助人的优良品德。有一次，轮到寝室值日的同学因急于外出办事而未认真打扫，陈瑞生便主动帮助他将寝室打扫得干干净净。平时，他还主动在下课后擦黑板，为同学们打开水，在公交车上给老人、妇幼让座。他常说，在生活中“要甘心做一名傻子。”

1997年暑假，学校组织部分留校参加勤工助学的同学推销“旭日升”冰

陈瑞生大学时期的宿舍（左下方靠窗位置为陈瑞生床位）

茶。当一位同学为未能完成当天的推销指标而暗自发愁时，陈瑞生便冒着高温酷暑奔波于大街小巷，硬是帮助这位同学完成了任务。这位同学觉得过意不去，执意要表示一点谢意，陈瑞生则连连摆手道："这不是小事一桩吗？"

有一次，班级里有位同学因家庭经济困难未能交齐学费，陈瑞生便积极组织同学凑钱，帮助这位同学解了燃眉之急。校团委曾发起为希望工程捐款，要求每名团员交纳 3 元的特殊团费，陈瑞生却带头交了 10 元钱。他说："我来自农村，了解穷孩子想读书的心情。有的孩子因为十几元钱就不能上学，我们多捐一点就可以让更多的儿童读书。尽管我自身条件有限，但我应尽最大努力去帮助他们。"在他的表率作用带动下，他们班的人均捐款额位居前茅。

在对待学校帮困助学金的问题上，陈瑞生也有自己的态度。每当学校组织申请困难补助时，他总是先想到比他更困难的同学，一次次地将补助机会让给其他同学。有一次，学校关心下一代工作委员会的老师找陈瑞生了解贫困学生的情况，陈瑞生详细介绍了其他几位经济困难的同学，却只字未提自己的情况。直到陈瑞生牺牲后，这位老师才知道真相，他含着泪说道：“真没想到他的家原来这么穷，他为什么不申请补助呢？”

陈瑞生总是以积极乐观的态度面对人生、克服困难。因家庭经济困难，陈瑞生主要依靠勤工助学收入和奖学金维持日常开支，平时省吃俭用，生活十分简朴。他在一封家信中写道：“我倒觉得，一个‘穷’字渐渐地塑造了我，一次次改变、深化着我的思想，这是我将来成功的基石！生在这样的家庭，是我的幸运。”

陈瑞生总是兢兢业业、一丝不苟地做好班级工作。在开展团支部活动时，陈瑞生注意听取同学的意见，力求使工作做得细致周到。乘车外出时，他总是先做好前期联络，并最后一个上车，清点好人数；校内活动结束后，他又会在检查好门窗后最后一个离开。为了营造班级氛围，班委商议成立班级足球队。为促成此事，陈瑞生慷慨地拿出了自己的奖学金，缓解了燃眉之急。每当比赛时，他总是积极充当场外后勤，不仅为球队呐喊助威，还掏钱为队员准备饮料。虽然不是场上队员，但他似乎比场上队员还忙碌。

在一次参加播放录像的勤工助学活动时，陈瑞生联想到了如何发挥好宣传教育阵地的作用。于是，他利用周末四处奔波，终于买到了《毛泽东》和《雷锋的故事》两部 VCD 片子。回校后，他在校园内张贴海报，动员同学们前来观看。有的同学担心说：“现在是期末复习阶段，能有几个人来看？”陈瑞生却认真地说：“只要有一个人来看，我就没有白忙活。”放映那天，小礼堂内人头攒动、人气爆棚，后来还不得不加映了一场。

陈瑞生还热心社会服务工作，并担任了本年级的青年志愿者服务队队长。有一次到敬老院为老人服务时，他注意到一位老人目光呆滞，眼神里还流露出一丝恐惧。当了解到这位老人的具体情况后，陈瑞生便对他特别关注，为他剥香蕉、倒茶水，十分耐心地陪他聊天。返校时，这位老人依依不舍地拉着陈瑞生的手一再叮嘱道，“下次一定要来噢。”

陈瑞生参加志愿服务时的留影

1998年暑假，陈瑞生和往年一样回到老家与父母团聚。7月5日下午2时，刚回家不久的陈瑞生觉得家里太热，便到村边的汝河堤岸上纳凉。突然，河面上传来急切的呼救声，陈瑞生循声望去，只见两名少年在河水中时隐时现。见此情景，身高不足1.6米、体重才100斤的陈瑞生毫不犹豫地边脱衣服边向河边跑去。他奋不顾身地跳入水中，快速游向两名少年，使足力气将其中一名少年拉到岸边，之后又再次扑入河中，将与自己身高差不多的第二名少年艰难地推上岸。然而，由于体力不支，他自己却被河水淹没……

村民们闻讯后纷纷拥到岸边加入救人行列，河对岸的村民也迅速赶到河边。人们怀着焦急的心情用土办法牵起绳、拉起网，会游泳的人则跳入河中摸寻。经过两个小时的搜寻，人们才从河对岸将陈瑞生打捞上岸，但此时的陈瑞生已停止了呼吸。

陈瑞生牺牲后，全村男女老幼纷纷赶来向他道别。陈瑞生曾经辅导过功课的十几个孩子赶来了，他们哭喊着要再看一眼瑞生哥哥；周围村的木匠听到陈瑞生救人牺牲的消息后，也赶来为陈瑞生料理后事；一位70多岁的铁路系统老职工帮忙干了一夜，当人们劝他回去休息时，他说瑞生是个好孩子，我们要对得起他啊！7月6日，张湾村和附近村庄的村民自发地赶来为陈瑞生送行，村民们哭泣着、呜咽着，悲痛地喊着陈瑞生的名字。

1998年8月15日，上海铁道大学党委追认陈瑞生为中共正式党员。8月20日，上海铁道大学党委授予陈瑞生“优秀共产党员”荣誉称号。9月8日，共青团上海市委授予陈瑞生“上海市新长征突击手”称号。同日，铁道部政治部追授陈瑞生“铁路青年五四奖章”光荣称号。10月26日，上海铁道大学党委决定将陈瑞生生前所在班级命名为“瑞生班”。12月9日，上海铁道大学举行了陈瑞生铜像落成仪式。

1999年2月5日，教育部授予陈瑞生“舍己救人的优秀大学生”荣誉称号。4月5日，共青团中央、全国学联授予陈瑞生“舍己救人优秀青年”

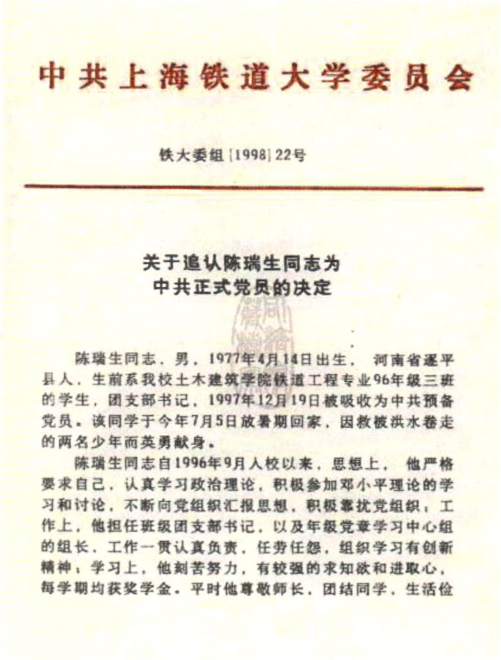

中共上海铁道大学委员会

铁大委组[1998]22号

关于追认陈瑞生同志为
中共正式党员的决定

陈瑞生同志，男，1977年4月14日出生，河南省遂平县人，生前系我校土木建筑学院铁道工程专业96年级三班的学生，团支部书记，1997年12月19日被吸收为中共预备党员。该同学于今年7月5日放暑期回家，因救被洪水卷走的两名少年而英勇献身。

陈瑞生同志自1996年9月入校以来，思想上，他严格要求自己，认真学习政治理论，积极参加邓小平理论的学习和讨论，不断向党组织汇报思想，积极靠拢党组织；工作上，他担任班级团支部书记，以及年级党章学习中心组的组长，工作一贯认真负责，任劳任怨，组织学习有创新精神；学习上，他刻苦努力，有较强的求知欲和进取心，每学期均获奖学金。平时他尊敬师长，团结同学，生活俭

1998年8月，上海铁道大学《关于追认陈瑞生同志为中共正式党员的决定》

位于同济大学沪西校区的陈瑞生塑像

荣誉称号。6 月 28 日，河南省人民政府批准陈瑞生为“革命烈士”。

参考文献

1.《上海铁道大学志》，上海铁道大学志编写组编，同济大学出版社，2012 年 12 月，第 598～677 页。

2.《我心飞翔　大学生思想政治与道德修养》，倪颖主编，复旦大学出版社，2004 年 11 月，第 35～37 页。

3.《上海高校英烈谱》，周桂发主编，复旦大学出版社，2011 年 6 月，第 343～345 页（王毓灵：奋发豪情立壮志，誓作贡献为人民——记陈瑞生烈士）。

后　记

在庆祝中国共产党成立 100 周年之际，为弘扬共产党人矢志不渝、不畏牺牲的奋斗精神，传承同济血脉中的红色基因，同济大学档案馆（校史馆）修订出版了《同济英烈》（第二版），谨献给广大师生、校友和读者，并以此祝贺中国共产党建党百年，推进学校“三全育人”工作。

此书的再版源于档案馆（校史馆）开展的“校史回眸”系列推送活动。2019 年 6 月初，档案馆（校史馆）启动为期一年共 52 期的“历史上的这一周”校史推送活动。2020 年 1 月，档案馆在策划“校史回眸”系列的后续推送内容时选定以 1997 年出版的《同济英烈》为蓝本，在此基础上进行修订和补充，并计划于同年 6 月起开展为期一年的推送。《同济英烈》的系列推送在师生中引起了强烈反响，并成为学校开展“四史”学习教育的生动教材。在学校领导的关心支持下，为进一步激励师生传承同济红色基因、弘扬优秀传统文化、勇担时代发展使命，去年下半年，《同济英烈》被纳入书籍再版计划。

为了传承好红色基因，做好推送和再版工作，档案馆（校史馆）以严谨的工作态度查询线索和资料，采访烈士后人，收集烈士事迹，在此基础上对原书中英烈事迹的文稿进行了重新整理，修改了部分内容与描述，补充了有关档案史料，增加了与英烈相关的珍贵图片。值得欣慰的是，经进一步深入挖掘和查档考证，我们在研究过程中新发现了 6 位同济英烈，并将其全部充实到再版书籍内，从而丰富了英烈人物和事迹，提升了书籍的完整性。同时，为了更准确地契合主题，档案馆（校史馆）确定了以“英烈”二字为主基调的英烈人物选取基本原则，其中，创校后至新中国成立初期的英烈人物选取以县以上各级人民政府认定的烈士为主，同时保留了原书中少数虽未被认定为烈士、但已在中国的民族独立和人民解放事业中英勇献身或不幸逝世的英雄楷模和革命志士；在社会主义建设时期，英烈人物则仅选取已由各级人民政府认定的烈士。依据上述原则，再版后的书籍共收录同济英烈25位，并按照英烈牺牲或逝世的时间顺序进行了编排。

档案馆（校史馆）有关同志们承担了本书的编审工作。章华明同志主要负责前期的线索搜集、资料查找、烈士后人采访、文字及图片汇总等校编工作，形成了本书的初稿。张静同志主要负责每位英烈事迹文稿的导语编写工作。林强同志主要负责文稿的文字修改、逻辑编排、每位英烈事迹文稿及相关段落的重新起名、部分史实的考证、部分史料及图片的补充等审编工作。此外，档案馆的王毓灵负责前期推送期间的版面设计与推送工作，周玮、刘丽娟、季玲玉、李双双、吕真真等同志协助开展了部分英烈档案史料的查证工作。

学校领导对本书的再版给予了高度重视，党委书记方守恩同志亲自为本书的再版作序，党委副书记吴广明同志直接指导本书的出版工作。学校党委宣传部对本书的出版给予了大力支持，并安排李华、宋宇星等两位同志带领学校广播台学生播音员为前期的推送活动配制了音频版，拓宽了师生了解英烈事迹的方式。同时，多个档案馆、烈士陵园纪念馆、党史研究室等单位以及有关烈士家属、战友等也给予了大力协助，为我们提供了宝贵的资料和图片。在此，谨向所有为此书出版及前期相关活动提供帮助的单位和个人致以诚挚的谢意！

由于学校历史悠久，校友及史料众多，给相关资料的收集整理带来一定难度，加之我们编纂能力有限、时间仓促，书中收集的英烈人物、事迹描述可能会有遗漏或不足之处，敬请谅解，并欢迎予以指正。同时，恳请广大师生、校友和读者及时向我们反馈有关信息，我们将在后续的工作中不断充实和完善英烈人物及事迹，更好地传承同济血脉中的红色基因。谢谢！

编　者

2021年5月